应用型高等教育财经类专业“十三五”规划教材

会计学原理

张　丹　冯　兵　主　编
赵爱良　唐瑞芹　副主编

上海财经大学出版社

图书在版编目(CIP)数据

会计学原理/张丹主编．一上海:上海财经大学出版社,2017.8
(应用型高等教育财经类专业“十三五”规划教材)
ISBN 978-7-5642-2815-6/F·2815

Ⅰ.会… Ⅱ.①张… ②冯… Ⅲ.①会计学-高等学校-教材
Ⅳ.①F230

中国版本图书馆CIP数据核字(2017)第194774号

□ 责任编辑 徐 超
□ 联系邮箱 1050102606@qq.com
□ 封面设计 张克瑶

HUI JIXUE YUANLI

会计学原理

张 丹 冯 兵 主 编
赵爱良 唐瑞芹 副主编

上海财经大学出版社出版发行
(上海市中山北一路369号 邮编200083)
网 址:http://www.sufep.com
电子邮箱:webmaster @ sufep.com
全国新华书店经销
上海景条印刷有限公司印刷装订
2017年8月第1版 2017年8月第1次印刷

787mm×1092mm 1/16 15印张 384千字
印数:0 001—4 000 定价:37.00元

前　言

伴随着经济全球化、资本市场国际化以及我国经济规模日益扩大的趋势，会计信息在宏观调控和微观管理方面发挥了不可替代的作用。多年来，我国的会计理论研究与会计改革相辅相成，为了规范会计核算工作，提高会计信息质量，我国先后颁布了41项会计准则指导会计实践。为了适应会计准则的推陈出新和会计教育国际化的需要，高等院校的会计教材建设必须与时俱进。为此，本教材在充分借鉴国内外同行教材经验的基础上，以我国最新的会计规范体系的内容为依据，包括2016年修订并颁布的《企业会计准则——基本准则》《会计档案管理办法》以及营改增的有关规定等，对传统教材的教学内容进行了诸多更新和完善，以满足会计教学的需要。

"会计学原理"是会计专业的入门课程，对于初学者有一定的难度。本教材在章节安排上力求循序渐进、由浅入深；在内容上简明扼要、直击主题、突出重点；在应用举例及凭证样表等方面尽量直观，文句通俗易懂，避免初学者因为太强的专业性而产生厌学心理。同时，注重基本理论与实际相结合以及基本技能的提升，便于教师组织教学。

本教材可以供高等院校会计学、财务管理以及经济、管理类专业在校本科学生使用，也可以作为从事会计、财务管理等相关专业工作人员的自学用书。

本教材由张丹教授任主编，负责书稿大纲的拟定、编写；由冯兵教授总纂定稿；赵爱良副教授、唐瑞芹老师、杨同芝副教授、李琴副教授也参与了部分章节的编写；中南财经政法大学会计学院胡梅沁同学协助全书文字、图表的校对工作。

在本书编写过程中，参考了许多同行教材和课程建设网站的成果，在此表示衷心的感谢。

由于时间仓促，加之我们水平能力有限，书中难免错误或缺陷，恳请读者和同行批评指正。

编　者

2017年6月30日

目　录

第一章　总　论

【学习要求】

1. 了解会计产生与发展过程；
2. 理解会计的含义；
3. 掌握会计职能和目标；
4. 了解会计方法体系，明确会计核算的主要方法；
5. 了解会计学科体系。

【专业术语】

会计(Accounting)
会计对象(Accounting object)
资金(Funds)
会计职能(Accounting function)
会计监督(Accounting supervision)
会计目标(Accounting goal)
管理会计(Management accounting)
财务会计(Financial accounting)

第一节　会计的产生与发展

会计作为一种商业语言在现代经济社会中发挥了不可替代的作用。会计是适应社会生产实践活动和经济管理的客观要求产生和发展起来的。

人类要生存，社会要发展，就必须进行物质资料的生产。人类的生产活动是最基本的实践活动，是决定其他一切活动的东西。生产活动一方面会取得一定的劳动成果，创造物质财富；另一方面又会耗费一定的人力、物力，发生劳动耗费。以尽可能少的劳动耗费和劳动时间取得尽可能多的劳动成果，是发展生产的客观要求。长期的社会生产实践使人们逐渐认识到，为了更好地发展生产，就必须在不断革新生产技术的同时，采用一定的方法对生产过程进行管理，即对生产过程中的所得与所费、收入与支出，进行观察、计量、记录、考核、比较、分析和控制，以使劳动耗费不断减少，劳动成果不断增大，于是就产生了会计。可见，人类会计行为是社会生产发展到一定阶段的产物。

伴随着人类的生产经济活动走过了一个漫长的发展过程，会计也经历了由简单到复杂、由低级到高级、由粗略到日趋完善的发展过程，大致可划分为如下几个发展阶段。

一、简单计量阶段

在人类历史发展的初期阶段——古代的原始经济时代，人们为生存而进行的原始生产，一开始并未产生会计行为，只是当社会生产发展到了一定的水平，有了剩余产品，需要进行初始的分配和交换时，人类的原始计量、记录的会计行为才得以萌芽。据历史考证，大约在旧石器时代的中、晚期，产生了简单原始的刻记、积石、“结绳记事”、“刻契计数”等计量记录行为。特别是人们用刀笔在竹木、石板、龟甲、兽骨上的“刻契计数”行为，是原始经济时代简单计量、记录阶段的一次质的飞跃，是会计活动的最初雏形。

由于当时的生产力水平十分低下，生产过程简单，生产规模不大，使得人类最初的会计行为仅仅只是作为“生产职能的附带部分”，即由生产者在“生产时间之外附带把收入、支付日期等记载下来”。随着社会生产的发展，生产规模的日益扩大，生产过程的日益复杂，人们对生产活动的计量、记录行为逐渐成为大量的经常的活动，生产者忙于生产，无暇兼顾，会计就逐渐“从生产职能中分离出来，成为特殊的、专门委托当事人的独立的职能”。

二、古代会计阶段

当人类社会步入自然经济时代后，会计与当时的社会生产相适应，大约在原始社会末期和奴隶社会初期，开始孕育产生了单式簿记，以后经过几千年的发展完善，逐步建立了完整的单式簿记体系。这一时期会计核算和监督的内容主要是朝廷官府的钱粮赋税收支等活动，故我们将其称之为以“官厅会计”为主要特征的古代会计阶段。

我国素以文明古国著称，我国的古代会计技术和理论为人类文明作出了不可磨灭的重要贡献。据《周礼》记载，我国早在三千年前的西周奴隶社会，就已经建立起一套完整的簿记工作组织系统。西周王朝设立了专门管理钱粮赋税的官吏，总管王朝财权的官员谓之“大宰”，主管王朝计政的官员谓之“司会”。《周礼·天官·司会》篇指出：“以逆群吏之治，而听其会计。”不仅如此，西周王朝还建立了一套“日成月要岁会”的会计制度。“日成”、“月要”、“岁会”均属报告文书，已初步具备现代会计报表的功能，相当于现在的旬报、月报和年报。可见，我国在西周时代，就已经取得了相当高的会计成就。

自春秋战国至秦代，出现了以“入”、“出”作为记账符号来反映各种经济事项的“籍书”或称“簿书”。“籍书”或“簿书”的专业化应用至西汉时代已有了显著发展，当时将会计记录与统计记录作了初步的区分，即把记录会计事项的简册谓之“簿”或“簿书”或“计簿”，把记录统计事项的简册谓之“籍”。“簿书”或“籍书”实为我国会计账簿的最早形式，“计簿”则为我国会计报表的最初形态。

唐宋时期，我国最早发展起来的官厅会计日趋完备，当时在记账规则、会计账簿和会计报表的设置上，均取得了长足发展，由流水账（日记账）和誊清账（总清账）所构成的账簿已初步形成。特别重要的是“四柱清册”结算法的创立和运用，标志着我国单式记账法已演化到一个较高的水平。所谓“四柱”，是指“旧管”、“新收”、“开除”、“实在”四个部分。“四柱清册”通过“旧管＋新收＝开除＋实在”的平衡公式，科学地反映了经济活动的内在关系。而且“四柱”之间相互衔接，形成了一个有机整体，既反映了经济业务的增减动态，又反映了其期初和期末的结存静态；既可检查日常记账的正确性，又可全面、系统、综合地反映经济活动的全貌。“四柱清册”

法当时在民间也逐步加以应用，并广为流传。“四柱清册”法的创建和运用，是我国古代会计的一个杰出成就，它为我国的收付记账法奠定了理论基础。

在欧洲，其古代会计的发展也经历了我国古代会计类似的发展过程，只是当时欧洲社会的生产水平远比东方落后，其会计方法的发展未达到较高的水平。

三、近代会计阶段

当人类社会处于封建社会的末期，各国尽管不可能同步地跨入资本主义的商品货币经济时代，但在那些资本主义商品货币经济首先到来的国家，随着商品生产和商品交换的不断发展，资本主义信用交易的大量出现，单式记账法已不能适应日趋复杂的资本主义生产经营活动的管理需要，迫切需要有更先进的会计管理方法，于是复式记账法便应运而生。

13～15 世纪，地中海沿岸一些城市的手工业、商业和金融业发展较快，商品货币经济比较发达。意大利的佛罗伦萨、热那亚、威尼斯等地的经济兴旺繁荣，成为当时的世界贸易中心。商品经济的迅猛发展，使货币计量在会计工作中的全面运用成为可能。日益发展的商业和金融业逐渐以合伙经营、代理经营形式取代独资经营，并在会计上提出了与业主相区别的会计主体概念和损益计算的要求，于是复式借贷记账法的会计实践最早出现在佛罗伦萨的银行业，以后相继流行于热那亚、威尼斯等地，并不断地得到改进和完善，当时人们称之为“威尼斯簿记法”。1494 年，意大利数学家卢卡·巴乔利(Loca Pacilo)经过六年的系统调查，在全面掌握了“威尼斯簿记法”的基础上，出版了专著《算术、几何及比例概要》，系统地介绍了威尼斯的复式记账法，并结合数学原理从理论上进行了概括和阐述。正是由于该书的出版，使得复式记账法在欧洲乃至在全世界广为流传。因而人们将复式记账在理论上的总结，看成是近代簿记发展史上的一个重要的里程碑。

由簿记时代向会计时代的转变发生在 19 世纪 30 年代末期。18 世纪末至 19 世纪初，欧洲各主要资本主义国家在英国的带动下，相继进行了产业革命，社会生产力水平有了较大提高，英国则成为当时工业最发达、生产力水平最高的国家。随着欧洲经济中心向英、法等国的转移，近代会计的发展中心也从意大利转移到英国。为适应社会化大生产的需要，在英国首先产生了新的企业组织形式——股份公司，从而对会计管理提出了新的要求：扩大会计的服务对象，会计不仅仅只为单个企业服务，而且还要为企业的所有相关人服务，使会计的服务成为一种社会活动；发展新的成本计算程序和方法，以适应日益扩大的生产规模和日益复杂的生产过程的管理；企业所有权和管理权的分离及信贷业务的发展，要求在会计上将收益和资本进行严格区分；会计不仅要记账和算账，还要编制和审查报表，以满足企业外部和内部对财务会计信息的需要；企业的会计核算应接受外界的监督，只有在超然的第三者的监督之下，企业的账目和报表才能取信于人；等等。所有这些，都需要会计在实务上和理论上有新的发展和完善。因而英国在“威尼斯簿记法”的基础上发展了会计报表方法，并充实和完善了凭证→账簿→报表的“会计循环”内容。不仅如此，在社会上还出现了专以查账和公证为职业的注册会计师，并于 1854 年成立了世界上第一个会计师协会——“爱丁堡会计师协会”。会计报表的产生和注册会计师协会的问世，被认为是近代会计发展史上的又一个里程碑。

与此同时，地处东方的中国在会计方法和理论上也有了新的发展。明末清初，商业和手工业逐步趋向繁荣。山西人傅山在参考官厅会计和“四柱清册”原理的基础上，设计出一套比较完善的适用于民间商业的会计核算方法——“龙门账”。“龙门账”把全部账目按其性质和渠道科学地划分为“进”(全部收入)、“缴”(全部支出)、“存”(全部资产)、“该”(全部权益)四大类，设

"总清账"分别进行记录;运用"进－缴＝存－该"的平衡公式,计算确定当年盈亏,验证两方差额的平衡关系,分别编制"进缴表"(相当于现代的"利润表")和"存该表"(相当于现代的"资产负债表")。人们将这种双轨计算盈亏、检查全部账目平衡关系的方法,形象地称为"合龙门","龙门账"因此而得名。在清代,随着商品货币经济的进一步发展,资本主义经济关系逐渐萌芽,我国会计工作者在"龙门账"的基础上,创建了"四脚账"。"四脚账"又名"天地合"。这种记账方法要求日常发生的所有账项,均应在账簿上记录两笔账,不论是现金出纳、商品购销,还是内外往来等,既要登记其"来账",又要登记其"去账",以反映每一项账的来龙去脉。账簿分上下两格,直行书写,上格记"收"为"天",下格记"付"为"地",上下两格所记数额对应相等,谓之"天地合"。"龙门账"、"四脚账"以后演变发展为具有中式会计特色的复式收付记账法。由此可见,"龙门账"、"四脚账"的创建和应用,不仅是中国"复式记账"产生的重要标志,而且还是世界会计发展史上与西方"复式记账"产生和发展遥相呼应的重大事件,是我国会计工作者为近代会计中的"复式记账"原理作出的重大贡献。

四、现代会计阶段

第一次世界大战以后,世界经济中心移向美国,无论在经济上,还是科学技术的发展上美国都处于世界领先的地位,世界会计学的发展中心也由英国易位于美国。20 世纪 20～30 年代,泰罗的科学管理在美国企业中得到广泛推行,为配合企业提高生产效率和工作效率的科学管理,会计科学建立了"标准成本"、"预算控制"和"差异分析"等专门的方法体系,以加强对企业生产经营的控制和分析。到了 20 世纪 40 年代,尤其是第二次世界大战以后,随着资本主义经济、技术迅速发展和市场竞争的日趋激烈,企业规模日益扩大,生产工艺技术日益复杂,企业管理当局为增强经济实力,战胜竞争对手,均十分重视提高企业内部工作效率,积极推行职能管理与行为科学管理。"量、本、利分析"、"弹性预算"、"变动成本法"和"责任会计"等专门方法正是在这种形势发展的要求下提出来的。之后,会计科学为适应企业经营管理的需要,进一步吸收了数量管理中的一些专门方法,加强了对企业生产经营活动事前的全面规划和日常的控制,以满足管理者的决策信息需要。至此,以内向服务为主,以加强企业经营管理为核心职能的"管理会计"理论体系逐步形成,成为与传统财务会计并驾运行的会计学新分支。管理会计不受会计准则的束缚,在时间和空间上均具有很高的灵活性和随意性。它运用科学的定量化手段,既要考核和评价企业的过去,控制和监督企业的现在,还要预测和决策企业的未来。管理会计的出现,极大地丰富了会计管理的内容,是近代会计发展为现代会计的重要标志之一。

现代会计的另一分支是财务会计。由于它产生一系列财务指标,主要提供企业的财务状况、经营成果和现金流量等财务会计信息,故称为"财务会计"。又由于它提供的财务会计信息,不仅为企业经营管理服务,而且侧重于为企业外部一切相关部门、集团、单位和个人服务,亦称为"对外会计"。财务会计的对外服务,主要是通过企业以定期向外部编报各种财务会计报表的形式发送会计信息来履行的。这种信息的发送直接涉及各相关方面的经济利益和经济决策,牵动面广、影响大,所以在资本主义经济环境下获得前所未有发展。20 世纪 20～30 年代,特别是在金融资本市场迅速发展的美国,为保证和提高会计的信息质量,社会经济的发展从客观上迫切要求建立起会计信息的社会化、标准化体系,要求在尽可能科学、客观和公正的基础上,对企业的会计核算进行全面规范,制定出统一、公认的会计准则,以维护各相关方面的利益。

在美国会计准则示范效应下,西方其他一些发达国家,如英国、法国、日本、澳大利亚、加拿大、新西兰、德国等，都纷纷根据本国的具体情况制定和发布了本国的会计准则。财务会计准则的出现，是近代会计发展为现代会计的又一个重要标志。

随着经济的发展，企业经济业务日趋国际化，国际经济合作组织、跨国公司的大量涌现，国际资本市场的形成和发展，对会计准则国际化的客观要求愈来愈强烈。1973 年 6 月，由美国、英国、法国、日本、德国、加拿大、荷兰、澳大利亚、墨西哥 9 个国家的 16 个主要会计职业团体在伦敦联合发起成立了国际会计准则委员会(IASB)。其目标是制定、发布和解释国际会计准则(IAS)，促进各国会计实务在国际范围的协调一致。

管理会计的形成，财务会计的准则化发展，现代管理技术和方法的应用，会计电算化的普及等，极大地丰富了现代会计学的内容。现代社会对会计信息的多样化需求，使得现代会计呈现出目标多元化、领域宽广化的发展趋势：在空间上由企业、单位向社会、国家扩展；在时间上由事后向事中、事前延伸；在内容上由价值领域向非价值领域渗透。因此，近 30 多年来，从会计领域不断分化出众多的新兴会计学科，如社会会计、社会责任会计、决策会计、人力资源会计、质量会计、环境会计、国际会计、行为会计和电算化会计等。今后，随着现代经济和科学技术的不断发展，现代会计还将会不断地创新与发展。

辛亥革命之后，我国蔡锡勇、潘序伦、谢霖等会计学家引进了西方会计，在 20 世纪 30 年代曾发起了改良中式簿记的运动，在一定程度上推动了我国会计事业的发展，但仍存在“中式簿记”与“西式簿记”并存的局面。新中国成立后，我国主要沿用苏联的会计模式。1985 年，颁布了《中华人民共和国会计法》，使会计走上法治化的道路。1992 年，财政部颁布了《企业财务通则》和《企业会计准则》以及分行业的会计制度和财务制度，史称“两则两制”，于 1993 年 7 月 1 日起在全国实施，掀起了第一次“会计改革风暴”，使我国会计朝着与国际惯例接轨的方向迈开了实质性的步伐。经过 20 多年的会计改革，财政部先后颁布、重新制定或修订了 1 项《企业会计准则——基本准则》和 41 项《企业会计准则——具体准则》指导会计工作实践；同时，提高了我国企业会计信息在全球经济中的可比性，实现了我国会计准则与国际会计准则的实质性趋同。

第二节 会计的含义

一、会计的概念

随着社会的进步和经济的发展，会计的内容日新月异、不断发展，会计本身也在与时俱进，会计的内涵与外延也在不断地演化与变异。关于会计的本质，会计学界有会计工具论、会计信息系统论、会计管理活动论和会计控制活动论等观点，百家争鸣，无法定论。要回答什么是会计，必须正确地理解会计的本质、对象、职能、目标、程序、方法等方面的理论内涵，这对于我们弄清楚究竟什么是会计是至关重要的。

从会计产生和发展的历史过程来观察，会计是随着社会生产的发展而产生、发展的，不同社会发展阶段的生产力水平不同，会计反映和控制的具体内容、程序和方法及其发展水平亦不相同，因而不同社会发展阶段的会计具有不同的时代特征。但是从会计的本质来观察，或者说从各个不同时代的会计共性来看则是共同的，即会计的本质是一种经济管理活动。我们说会计的本质是一种经济管理活动，但并不否认会计是一个“信息系统”，因为会计为各相关人提供的经济决策信息，正是会计管理活动产生的结果。

正确地认识会计的本质，也就奠定了会计定义的基础。从会计产生和发展的历史事实来看，会计管理的对象是社会再生产过程中的经济活动，就一个单位而言，是该单位能够以货币表现的所有经济活动；会计的基本职能是对这些经济活动进行全面的核算和控制；会计在从事会计管理活动过程中，具有自己特有的较为科学的核算控制程序，并形成了一套比较系统、完整的专门管理方法；会计的直接财务报告目标是为各相关利益人提供决策有用的财务会计信息，会计的终极目的是为了提高经济效益。

基于现阶段对会计的上述认识，我们可以将会计定义为：会计是经济管理的重要组成部分，是以提供财务会计信息为主的经济管理系统；它是以货币为主要计量单位，运用专门的程序和方法，对各单位的经济活动进行综合、连续、系统、全面的核算和监督，旨在提供财务会计信息和其他经济信息，提高企业经济效益的一种管理活动。

二、会计的特点

会计的特点，是指会计作为一种经济管理活动与其他管理活动相区别的特殊性。从会计产生和发展的历史过程来看，会计是由人类最初的原始计量、记录活动中分离发展起来的具有自己独特个性的专门管理活动。会计核算与统计核算、业务核算相比，具有如下特点：

（一）以货币为主要计量单位

会计核算与统计核算、业务核算以及其他管理活动之间最重要的区别，就是会计以货币为主要的计量单位。也就是说，会计是以货币为基本计量尺度来量度所有核算对象的，并将企业的生产经营活动、财务状况、经营成果、现金流量的数据资料转化为按统一货币单位反映的会计信息。

尽管企业的经济活动可以用不同的计量尺度来量度，如实物量度、劳动量度、货币量度等，但是在商品经济条件下，会计所使用的共同尺度只能是货币量度。这是由货币量度的优越性和实物量度、劳动量度的局限性所决定的。因为实物量度只能总计同一种类的物资，而不能总计各种不同种类的物资，更不能综合反映各种不同的经济活动；劳动量度只能核算工作时间方面的劳动耗费，而不能核算价值形式的劳动耗费。因此，唯有货币能为会计计量及会计记录的分类和总括反映提供其他任何量度都无法提供的统一计量标准。从这个意义上讲，货币是会计的基本计量单位，而其他量度则属于辅助计量单位。

（二）定期进行综合核算，完整、连续、系统地提供会计信息

会计核算在时间上表现为定期核算，即将企业持续不断的生产经营活动人为地分割为长度相等的会计期间，定期地运用统一的货币量度将经济活动过程和结果综合为各种总括的价值指标，分期确定各个会计期间的收入、费用和利润，反映每一会计期间的期初、期末的资产、负债和所有者权益，并进行账目结算和编报会计报表，完整地、连续地、系统地向企业的各利益相关人提供必要的会计信息。会计核算的完整性、连续性和系统性是由会计目标所决定的。

（三）以提高经济效益为终极目的

在现代市场经济条件下，企业是以获利和维持偿债能力为财务目的的经济组织，一切经济管理活动都是为了提高企业的经济效益。经济效益是经济效果和经济利益的综合概念，通常是指在经济活动中产出大于投入、得大于失、劳动成果大于劳动占用和劳动耗费的增量。讲求经济效益与会计有着特殊的渊源关系，会计本身就是基于提高经济效益的客观要求产生和发展起来的。企业提高经济效益的重要途径在于加强经济管理，经济管理的重心在于经济决策，

经济决策则离不开必要的信息资料。会计正是适应这种客观需要，运用会计核算、会计控制、会计分析、会计检查以及会计预测与决策等各种方法和手段，将企业的经济业务活动加工整理、转换为有用的价值管理信息，为企业的经济决策服务。所以，会计的终极目的就是为了提高经济效益。

第三节 会计的职能与目标

一、会计的职能

会计职能是指会计在经济管理中所具有的功能，即会计作为一种经济管理活动，客观上应具备的本质功能。其基本职能则主要表现在如下两个方面：

（一）会计的反映职能

会计的反映职能，是指会计通过确认、计量、记录、报告等，主要以货币形式对生产经营过程进行数量上的综合反映，并透过这些数量信息，对再生产过程的质量方面进行分析和认识，为经济管理提供会计信息的功能。

会计的反映职能，是与生俱有的一种最基本职能。在会计的最初阶段，人们就通过会计从数量方面计量、记录经济活动。以后随着社会经济的不断发展，会计的内容日益充实，会计的作用愈益扩大，会计的反映职能也愈益得到加强。时至今日，现代会计仍以客观地反映经济活动，提供经济管理所需的会计信息为其最基本职能。

现代会计反映职能与统计核算、业务核算和传统会计核算相比较，具有如下特点：

1. 主要利用货币计量，综合反映企业、行政事业单位的经济活动，提供经济管理必需的会计信息

企业、行政事业单位的经济活动从数量方面进行反映，通常有统计核算、业务核算和会计核算三种经济核算形式。统计核算和业务核算主要侧重于以实物量度、劳动量度等方式来单方面地反映具体经济活动，会计核算则主要运用货币量度综合地反映各种经济活动。因为在商品经济发达和价值规律发挥作用的条件下，货币量度是统一的价值尺度，会计只有以货币量度为主要的计量单位，才能为经济管理提供全面、系统的会计信息。

2. 不仅要如实地反映已经发生或已经完成的经济活动，还要预测未来的经济活动

传统会计的反映职能，主要是对已经发生或已经完成的经济活动进行事后反映。随着社会生产的发展，市场规模的日益扩大，社会生产过程的日趋复杂，企业所面临的是更激烈的市场竞争和更加多变的市场环境，企业为谋求其生存和发展，不仅要随时了解其经营现状，检查、评价其经营目标和执行情况，还要缜密地筹划未来的经济活动，以保证其稳定、持续地向前发展。由此，就要求会计在全面、客观地反映过去经济活动的基础上，按照企业未来的经营目标和方针，充分地考虑市场经济规律的作用和经济条件的限制，科学地预测企业未来的销售、生产、利润、成本和资金的变动趋势及水平，为企业经营决策提供可靠的会计信息。

3. 对企业、行政事业单位经济活动的反映，要求具有完整性、连续性和系统性

会计对经济活动的反映，不应该是孤立的、单个的、静止的反映，而应该在空间上具有完整性，在时间上具有连续性，在内容上具有系统性。所谓完整性，是指会计对企业、行政事业单位的全部经济活动均要进行确认、计量、记录和报告，不能遗漏。我国《会计法》将企业应该办理

会计手续，进行会计核算的事项归纳为7个方面，即：款项和有价证券的收付；财物的收发、增减和使用；债权债务的发生和结算；资本、基金的增减；收入、支出、费用、成本的计算；财务成果的计算和处理；需要办理会计手续，进行会计核算的其他事项。所谓连续性，是指会计对企业、行政事业单位发生或完成的各种经济活动应按其时间的顺序依次进行反映，不能有所中断。所谓系统性，是指会计应该科学地、分类地反映经济活动，不能杂陈不清。

（二）会计的监督职能

会计的监督职能，是指会计按照一定的目的和要求，对企业、行政事业单位的经济活动进行监督、协调和修正，以达到预期目标和功能。

如前所述，会计是一种有明确目的的经济管理活动，它通过会计反映所提供的经济信息，可以对经济活动的全过程进行事前、事中和事后的全面监督，随时发现脱离了预期目标的不良活动，并给予及时反馈，为经营管理者采取协调和修正的控制行为提供依据。所以，会计的监督职能是其本质性的重要表现。

会计的监督职能是随着经济的发展和会计的内容及作用不断扩展而发展的。现代会计监督职能的特点主要表现在以下几个方面：

1. 会计监督具有明确的预期目标

在现代市场经济条件下，每个企业都在为实现自己的预期目标从事各种各样的经济活动。尽管各个企业的经营目标不一，但是其财务目标则一般是共同的：一是获取利润；二是维护偿债能力。现代会计控制的主要任务，就是按照企业的预期经营目标和财务目标，运用监督、协调和校正等手段，把经济活动纳入社会所要求、企业所希望的运行轨道，并在最有利的条件下实现其预期目标。

2. 会计监督遵循严格的判断标准

会计对经济活动实施控制，判断其运行正常与否，须遵循严格、规范的判断标准。这些判断标准主要是指国家的财经政策、法令、条例、准则、制度、计划和企业的目标、预算、规划等，会计对照这些判断标准，主要运用货币计价形式对每一项经济业务的合法性、合理性和有效性进行事前、事中和事后的控制，促使其符合规定的要求，防止损失和浪费，以保证达到预期的目的。

3. 会计监督具有强制性和严肃性

会计监督是会计对再生产过程发生的各种经济活动进行控制的主要手段，按照我国《会计法》的规定，会计监督的主体是各单位的会计机构和会计人员；会计监督的对象是本单位的经济活动。因此，“各单位应当建立、健全本单位内部会计监督制度”。会计监督是依据国家的财经法规和财经纪律进行的，既是法律规定的责任，也是法律赋予的权利。会计监督是在会计反映经济活动的同时进行的，它包括事后、事中和事前监督三个方面。从会计发展的观点看，事前、事中的监督比事后的监督更为重要。

会计反映与会计监督作为会计的两大基本职能，两者相辅相成，密不可分。会计反映是会计监督的基础，会计监督是会计反映的保证。没有会计反映，会计监督就失去了存在的前提；没有会计监督，会计反映就失去了存在的意义。

随着社会经济的发展、技术的进步和管理理论的创新，会计职能不断地丰富和完善，派生出预测、决策、控制和分析等新的职能。

二、会计的目标与任务

(一)会计的目标

概括来讲,会计目标就是设置会计的目的与要求。会计目标是指在一定的会计环境下,对会计自身所提供的经济信息的内容、种类、时间、方式及质量等方面的要求。会计目标指明了会计实践活动的目的和方向,成为会计发展的导向。在会计理论上,关于会计目标有两种不同的观点。

1. 受托责任观

在委托代理框架下,管理者需要运用合适的方式报告其受托责任的完成情况,而这种报告主要以财务报表为手段,因此,“受托责任观”认为会计的目标是向资源的所有者报告受托资源的管理情况,应以提供历史的、客观的会计信息为主,强调会计信息的客观性和可验证性。

2. 决策有用观

其主要观点是:会计的目标在于向信息使用者提供有助于经济决策的数量化的信息,会计信息是经营决策的基础。现代社会,会计信息的使用者很多,主要包括投资者、债权人、社会公众、财政和税务等政府机构、证券交易所、财务分析机构和往来客户、企业管理当局、内部职工等。使用者不同,其决策所需要的信息也有所差异。

3. 会计目标的内涵

鉴于两种不同的会计目标观,我国《企业会计准则——基本准则》规定,企业应当编制财务会计报告,财务会计报告的目标是向财务会计报告使用者提供与企业财务状况、经营成果和现金流量等有关的会计信息,反映企业管理层受托责任履行情况,有助于财务会计报告使用者作出经济决策。

(二)会计的任务

会计的任务是指根据会计的职能而规定的会计应该完成的工作和所要达到的目的要求,它是会计职能的具体化,也是发挥会计作用的前提。会计的任务取决于会计的职能和经济管理的要求,并受会计对象的特点所制约。具体来说,会计的任务包括以下内容:

1. 严格执行国家的方针政策和财经法规、会计准则和会计制度,保护国家利益、社会公众利益和所有者的权益

保护国家利益、社会公众利益和投资者利益是企业会计的主要任务。必须做到:(1)企业的一切经济活动必须严格按照国家的政策法令和财务制度办事,并监督其执行。(2)保障投资人的权益,不得任意增减资本金,不得任意转移资金和盈余,并保证国有资产不受损害。(3)全面记录企业财物的增减变动情况,定期组织财产的清查和核对,保证企业财物在数量上和质量上的安全和完整。(4)加强会计稽核和检查,进行事先、事中和事后的控制,促使企业合理有效地运行,并制止乱挤成本、乱摊费用和铺张浪费、违法乱纪等行为。

2. 根据会计核算要求,及时正确地反映经济情况,提供会计信息

会计信息是经济信息的重要方面,会计部门必须利用会计的全面性和综合性特点,按照《会计法》规定,正确贯彻《企业财务通则》和《企业会计准则》,正确、及时、完整地反映企业的经济活动和经营成果,为企业经营决策和为投资人等提供可靠的会计信息。

3. 加强计划和预算,合理和节约使用资金,改善经营管理

在市场经济的条件下,企业的一切经济活动在很大程度上受市场变化的影响,因此对企业资金的筹集和使用,都必须加强计划和预算,防止脱节和浪费。财会部门更应当在企业内部实

行人、财、物的综合利用，节约人力、财力和物力，并对企业货源和销售实行有效的控制，对商品物资实行严格的管理，以促进改善企业经营管理。

4. 检查分析企业经营业绩，参与企业的预测和决策，增强企业活力，提高企业经济效益

通过会计信息的检查分析，预测企业经济前景，控制企业经营过程，参与企业经营计划和经营决策是对会计工作提出的新要求。加强经济核算，重视经济效益，收集和利用经济信息对经济活动进行组织、控制、调节和指导是企业提高经济效益的一种管理活动，它要求财会部门在日常核算和监督过程中加强财务管理，促进企业按计划目标和市场要求，不断提高经济效益。

第四节　会计方法

一、会计方法体系

会计方法是反映和控制会计对象，完成会计任务的具体手段。会计方法源于人们对社会生产管理的实践，是人们长期的会计实践活动的科学总结。随着社会生产的发展，科学技术的进步，经济管理要求的提高，会计反映和控制内容的日趋复杂，会计方法也不断变革，逐步完善和提高，并且不断地丰富和发展。

会计方法体系，是指由一系列彼此独立又相互联系的会计方法所构成的有机统一整体。现代会计为了完整、连续、系统地反映和控制会计的对象，主要由会计预测方法、会计决策方法、会计控制方法、会计核算方法、会计检查方法、会计分析方法等构成了一套较为完整的会计方法体系。

(1)会计预测方法是在准确的会计信息和其他社会经济信息的基础上，根据会计管理对象的历史和现状，对其未来经济发展过程进行科学判断或预见所运用的方法。会计预测方法主要包括定性预测和定量预测两大类。常用的定性预测方法主要有集合意见法、基本因素分析法、类比分析法等；常用的定量预测方法主要有时间序列分析法、回归分析法、概率分析法等。

(2)会计决策方法是会计管理机构为达到预定的财务目标，在会计预测分析的基础上，根据有关经营管理的条件提出的两个或两个以上的备选方案，并从中选择优化行动方案所运用的方法。会计决策方法按其决策条件的确定程度，一般分为确定型决策方法、风险型决策方法和非确定型决策方法三类。常用的确定型决策方法主要有本量利分析法、差量分析法、线性规划法等；常用的风险型决策方法主要有决策树分析法、矩阵分析法等；常用的非确定型决策方法主要有小中取大分析法、大中取大分析法、折中分析法等。

(3)会计控制方法是会计管理机构通过会计管理活动，使经济活动及其相应的资金运动按其既定的目标运行所运用的方法。会计控制是提高企业经济效益的重要手段，是会计管理职能的重要内容，主要包括事先会计控制、事中会计控制和事后会计控制三个方面。常用的会计控制方法主要有政策控制方法、法律制度控制方法、计划控制方法、定额控制方法、责任控制方法等。

(4)会计核算方法是对会计管理对象进行连续、系统、全面、综合的确认、计量、记录、报告和日常监督所运用的方法。会计核算方法是会计管理最基础的方法，一般包括设置会计账户、复式记账、填制和审核凭证、登记账簿、成本计算、财产清查、编制会计报表等。

(5)会计检查方法是利用会计核算提供的信息资料，检查单位经济活动的合法性、合理性、有效性以及会计记录的真实性、完整性和正确性所运用的方法。会计检查方法主要包括会计查账方法和会计查实方法两大类。常用的会计查账方法主要有审阅法、核对法、复核法、查询法、控制法等；常用的会计查实方法主要有实地盘点法、技术推算盘点法、调节法、观察法、鉴定法等。

(6)会计分析方法是利用会计核算提供的信息资料和其他社会经济信息资料，对企业、单位的经济活动及其财务状况、经营成果、现金流量等进行比较、计算、研究和评价所运用的方法。常用的会计分析方法主要有比较分析法、比率分析法、因素分析法、平衡分析法、账户分析法、账龄分析法、ABC 分析法等。

在上述会计方法体系中，会计核算方法是基础，其他会计方法是会计核算方法的延伸和发展。本书作为会计学科体系的基础教材，将重点阐述会计核算的各种专门方法。至于其他会计方法，将在后续的有关会计学专业教材中分别予以叙述。

二、会计核算方法

会计核算是会计的基础环节，主要包括以下几种专门方法。

(一)设置会计账户

设置会计账户，是对会计对象的具体内容进行分类核算和监督的一种专门方法。社会再生产过程中能用货币反映的经济活动，都是会计的对象，其内容复杂多样，既包括资产、负债、所有者权益等静态要素的增减变动，也包括收入、费用、利润等动态要素的发生、结转情况。为了对各项经济业务实施系统的核算和监督，就必须按照经济业务的内容和管理的要求进行科学分类，划分若干会计科目，并按会计科目开设具有一定结构内容的账户，通过账户分门别类地登记核算，以便获得所需的会计信息。

(二)复式记账

复式记账是一种科学的记账方法，它是单式记账法的对称。其特点是对每笔经济业务都以相等的金额在两个或两个以上的对应账户中进行相互联系登记的方法。复式记账能如实反映资金的来龙去脉，便于对记录的结果进行试算平衡。通过账户对应关系，可以全面反映各种经济现象之间的相互关系；通过金额平衡关系，可以系统检查有关业务记录的正确性。

(三)填制和审核会计凭证

填制和审核会计凭证，是通过会计凭证办理会计手续，真实客观地反映和监督经济业务的发生和完成情况，保证会计核算质量的一种专门方法。会计凭证是记录经济业务、明确经济责任的书面凭据。为了保证会计记录的真实性和正确性，任何经济业务都应按实际发生和完成情况填制合法的会计凭证，并经会计人员审核无误后方能作为记账的依据。填制和审核会计凭证是会计核算工作的首要步骤，它能提供客观真实的原始数据资料，保证会计的日常监督。

(四)登记会计账簿

登记会计账簿，是以会计凭证为依据，采用复式记账方法，在会计账簿上完整、连续、系统地记录和反映经济业务的一种专门方法。经济业务通过会计凭证反映，只能说明个别的分散的经济事项；只有按照经济管理的要求，将会计凭证所提供的单个会计资料加以归类整理，登记到有关会计账簿，并定期进行结账和对账，才能提供比较全面和系统的会计信息。

(五)成本计算

成本计算，是按照一定的成本计算对象归集和分配企业生产经营过程中发生的各种费用，以确定该对象的总成本和单位成本的一种专门方法。成本计算是企业进行经济核算的中心环节。通过成本计算、比较收支，可以反映企业经营过程的经济效益，监督营运资金的运用效果，促使企业寻找降低成本的途径，提出改进措施，发挥会计的职能管理作用。

（六）财产清查

财产清查，是通过定期或不定期地盘点财产实物、货币资金，查询往来账款，核对其实有数与账存数是否相符，并查明账实不符原因的一种专门方法。通过财产清查，可以保证会计记录的真实性和正确性，反映财产、资金的账实相符程度和资产的使用管理情况。对于财产清查中发现的账实不符、账款不符问题，可以及时查明原因，分清责任。这对于保证账实相符和保护资产的安全完整，挖掘企业物资的利用潜力，加速经营资金周转都具有重要意义。

（七）编制会计报表

编制会计报表，是以特定的表格报告形式，定期总括地反映企业、行政事业单位的财务状况、经营成果和现金流量的一种专门方法。会计报表是企业、行政事业单位日常经济业务核算的总结。它主要以会计账簿记录为依据，经过加工整理产生出一套完整、系统的会计指标体系，对外、对内提供各单位经济活动中最重要的会计信息，以使信息使用者能够更集中、更全面地了解各单位经济活动全貌，加强微观和宏观的经济管理。

上述各种会计核算方法相互联系、相互补充、密切配合，构成了一个以复式记账为核心的完整的会计核算方法体系。在一个会计期间，依次连续运用会计的核算方法，就构成了一个会计循环：对生产经营活动中发生的各项经济业务，经办人员要填制或取得原始凭证；会计人员根据审核无误的合法原始凭证，按照设置的会计账户，运用复式记账方法，编制记账凭证，并据以登记账簿；月终根据账簿记录，对生产经营过程中发生的各项费用进行归集和分配，实施成本计算，组织财产清查，在账证、账账、账实、账款相符的基础上，定期编制会计报表。会计核算的这七种方法相互联系，缺一不可，形成一个完整的核算方法体系。

第五节 会计学及其体系

一、会计学

会计学是人们对会计实践进行科学总结而形成的知识体系。会计理论从簿记理论开始，均来自于会计实践活动的总结；反过来，会计理论又对会计实践起指导作用。会计学研究的对象是全部会计工作，既包括会计理论研究工作，又包括会计实践工作。

会计学是管理科学的一门分支，属于应用管理学。现代管理科学和技术的发展对会计学的发展起到了重要的作用，尤其是现代管理科学方法和系统论、信息论、控制论等科学成果，渗透到会计领域，使会计和现代管理技术紧密结合，形成了管理会计学。随着计算机硬件和软件技术突飞猛进的发展，计算机在会计研究中所扮演的角色越来越重要，会计电算化迅速普及推广，会计控制理论体系和方法正在形成，大大丰富了会计学的内容。会计和数学的关系也很密切，各种会计方法和技术都离不开数学，会计实证研究以数学模型为主要研究手段，以统计分析为主要方法，并采用计算机对数据进行处理，使定量分析法在会计研究中得以广泛运用。如果没有高效准确的计算机，大量繁杂的会计数据和资料就得不到科学的处理和运用，会计实证法的量化研究就难以达到所要求的精确和可靠程度。

可见，会计实践的不断发展推动了会计理论不断地丰富和完善，使会计学的内容不断地推陈出新。

二、会计学科体系

会计学科体系并不是一成不变的。随着科学的发展，技术的进步，自然科学和社会科学相互渗透，边缘科学或交叉科学的出现，会计学科体系不断地创新和延伸，会计学分化出很多分支，每一分支形成了一个独立的学科。这些学科相互促进、相互补充，构成了一个完整的会计学科体系，其内容如图1—1所示。

- 会计学科体系
  - 理论会计学
    - 会计史
    - 会计理论
      - 规范会计理论
      - 实证会计理论
  - 应用会计学
    - 财务会计
      - 企业会计
      - 非营利组织会计
      - 国际会计
    - 管理会计
      - 传统的管理会计
        - 成本会计
        - 责任会计
      - 现代的管理会计
        - 作业成本会计
        - 现金流动会计
        - 质量成本管理会计
        - 生命周期成本管理会计
        - 资本成本管理会计
        - 增值会计
        - 战略管理会计
        - 环境管理会计
        - 人力资源管理会计
        - 国际管理会计
        - ……
    - 审计
      - 国家审计
      - 单位内部审计
      - 注册会计师审计

图1—1 会计学科体系示意图

除此之外，按研究内容划分，会计学主要由基础会计学、中级财务会计学、高级财务会计学、成本会计学、管理会计学、财务管理学、审计学和会计电算化等重要分支学科组成；按照会计主体划分为宏观会计学和微观会计学。随着管理活动不断创新，会计为满足管理的需要也产生了一系列特殊领域的会计学分支，诸如无形资产会计、物价变动会计、破产会计、期货会计、清算会计、遗产会计、司法会计、人力资源会计等。

【复习思考题】

1. 什么是会计？会计是如何产生和发展起来的？
2. 会计的基本职能有哪些？
3. 什么是会计目标？我国的会计目标和任务有哪些？
4. 会计方法有哪些？它们之间有何关系？
5. 会计核算方法包括哪些内容？各种专门方法之间的关系如何？

第二章　会计要素与会计等式

【学习要求】

1. 掌握会计对象及工业企业的资金运动；
2. 理解六大会计要素的基本定义，掌握各自的基本分类；
3. 了解会计确认的基本含义，熟悉六大会计要素确认的标准；
4. 理解会计计量含义和会计计量属性；
5. 掌握权责发生制和收付实现制的含义、区别及运用；
6. 掌握会计等式；
7. 掌握经济业务的发生对会计要素、会计等式的影响。

【专业术语】

会计要素(Accounting element)
流动资产(Current assets)
长期投资(Long-term investment)
负债(Liabilities)
长期负债(Long-term liabilities)
股本(Capital stock)
收入(Revenues)
利润(Profits)
会计计量(Accounting measurement)
公允价值(Fair value)
收付实现制(Cash-basis accounting)
资产(Assets)
固定资产(Fixed assets)
无形资产(Intangible assets)
流动负债(Current liabilities)
所有者权益(Owner's equity)
留存收益(Retained earnings)
费用(Expenses)
会计确认(Accounting recognition)
历史成本 (Historical cost)
权责发生制(Accrual-basis accounting)
会计等式(Accounting equation)

第一节　会计对象

一、会计对象的含义

会计对象是指会计反映和控制的内容，即会计的客体。社会再生产过程由生产、分配、交换、消费四个相关联的环节组成，它包括各种不同的经济活动。会计只能反映和控制那些能够以货币计价形式表现的经济活动，而不是社会再生产过程经济活动的所有方面。这些能够以货币表现的经济活动，我国会计学界称之为资金运动。所以，在社会主义市场经济条件下，会计的一般对象是社会再生产过程中的资金运动，即能够以货币表现的经济活动。

会计管理活动总是在一个企业或行政事业单位里进行的。每一个企业或行政、事业单位能够以货币表现的经济活动，实质上就是该单位的资金运动表现形式。全社会的企业或行政、事业单位的资金运动链条，就构成了社会再生产过程的总资金运动，反映社会再生产的过程和结果。因此，我们说在宏观经济领域中进行的社会再生产过程的社会总资金运动是会计的对象；各个企业或行政事业单位进行的资金运动，是企业或行政、事业单位会计的对象。

二、企业的会计对象

现代会计是以“企业会计”为主体的。所谓企业是指在社会再生产过程中从事生产经营活动的经济组织，是按照经济核算的原则，自主经营，自负盈亏，享有民事权利和承担民事责任的团体法人。我国企业按其在社会再生产过程中的经营业务分工和特定的管理要求，划分为工业企业、商品流通企业、交通运输企业、金融企业、旅游和饮食服务企业、农业企业、对外经济合作企业、施工和房地产开发企业、电影和新闻出版企业等。其中，以工业企业的生产经营过程最具代表性，其资金运动的规律性表现也最为完整、最为典型。

(一)资金平衡原理

资金是企业在一定时日拥有或控制的一切经济资源的货币表现。这些资金来源主要有投资人投资和债权人借入资金，即所有者权益和负债。工业企业主要通过生产销售工业产品和提供工业性劳务，以满足社会需要并获取盈利，来维持自身的生存和发展。工业企业要从事正常的生产经营活动，就必须拥有或控制一定的资源，如厂房、机器设备、材料物资和货币资金等。这些资源的货币表现同样是企业的经营资金。也就是说，资金按其来源表现为所有者权益和负债，按其用途表现为各种资产。资金的来源应该等于资金的占用，这就是资金平衡原理。

(二)工业企业的会计对象

工业企业的会计对象是工业企业的资金运动。工业企业资金运动一般包括资金的投入、资金的周转、资金的退出三个阶段。随着企业生产经营活动的不断进行，企业的经营资金依次经过供应、生产、销售三个过程，有规律地按顺序转化，不断地进行循环和周转：由货币资金转化为固定资金、储备资金，再转化为生产资金、成品资金，最后又转化为货币资金。整个资金运动过程如图 2—1 所示。

企业在接受了投资者投资和负债筹集到的货币资金以后，就以货币资金购建房屋、设备等固定资产，采购生产所需的各种材料，支付采购费用及其他开支。在生产阶段，劳动者通过劳

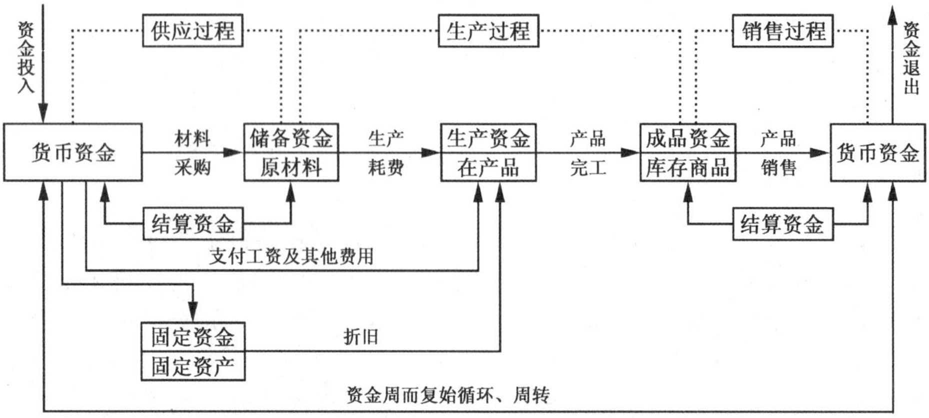

图 2—1 工业企业资金运动示意图

动手段加工劳动对象，从而发生材料消耗、固定资产折旧、支付工人工资及其他费用等各种生产费用，随着生产过程的完成，原材料被加工制造为产成品入库；在销售阶段，产成品对外销售收到货币，形成产品销售收入，从中扣减产品成本及有关费用后，即为一定时期内实现的利润；再从中扣减上缴的所得税后，即为企业在一定时期内实现的净利润；然后进行利润分配，提留的利润积累下来，分配给投资者的利润退出了企业。至此，企业的经营资金完成了一次循环。经营资金周而复始的循环即为资金周转。所有这些，就是工业企业会计反映和监督的具体内容。

3. 商品流通企业的会计对象

商品流通企业的经营过程分为商品购进和商品销售两个过程。在商品购进过程中，主要是采购商品，此时货币资金转换为商品资金；在商品销售过程中，主要是销售商品，此时资金又由商品资金转换为货币资金。在商业企业经营过程中，也要消耗一定的人力、物力和财力，它们表现为商品流通费用。在销售过程中，也会获得销售收入和实现经营成果。因此，商品流通的资金是沿着“货币资金—商品资金—货币资金”方式运动。其运动过程如图 2—2 所示。

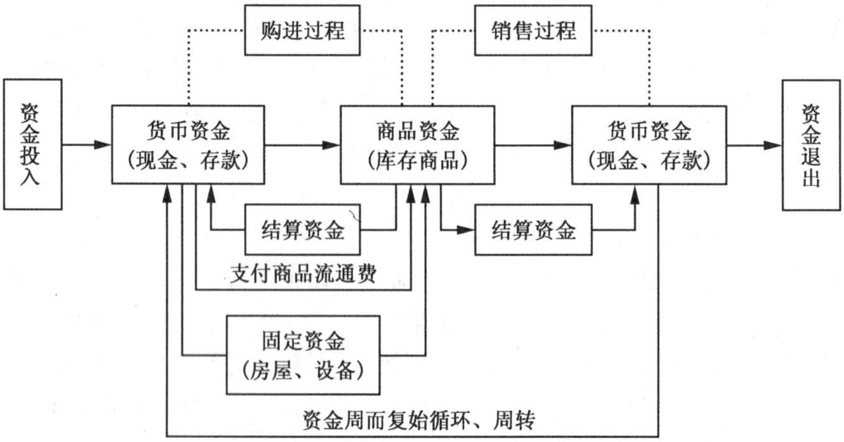

图 2—2 商品流通企业资金运动示意图

4. 行政事业单位的会计对象

行政事业单位为完成国家赋予的任务，同样需要一定数额的资金，但其资金主要来源是国家财政拨款。行政事业单位在正常业务活动过程中，所消耗的人力、物力和财力的货币表现，即为行政费用和业务费用。一般来说，行政事业单位没有或只有很少一部分业务收入，因为费用开支主要是靠国家财政预算拨款。因此，行政事业单位的经济活动一方面按预算从国家财政取得拨入资金；另一方面又按预算以货币资金支付各项费用。资金运动的形式是：资金拨入—资金付出。由此可见，行政事业单位会计对象的内容就是预算资金及其收支。

综上所述，不论是工业企业、商业流通企业，还是行政事业单位都是社会再生产过程中的基层单位，会计反映和监督的对象都是资金及其运动过程。正因为如此，我们可以把会计对象概括为社会再生产过程中的资金运动。

第二节　会计要素

一、会计要素的含义

会计要素是对会计对象的具体内容所作的最基本分类，是会计对象的基本组成部分。由于会计对象是社会在生产过程中的资金运动，而资金运动内容繁多、涉及面广，因此合理划分会计要素，不仅有利于依据各要素的性质和特点分别制定确认、计量、处理和报告的标准与方法，而且有利于为合理建立会计科目体系和会计报表体系提供依据和基本框架。

我国《企业会计准则——基本准则》根据企业会计对象和企业会计核算管理的要求，将会计要素划分为资产、负债、所有者权益、收入、费用和利润六大类，并规定了同国际公认原则一致的确认、计量会计要素的一般原则，从而使会计要素准则成为企业会计准则的重要组成部分。

六大会计要素又可以划分为两大类，即反映财务状况的会计要素（又称为资产负债表要素或者静态要素），包括资产、负债和所有者权益；反映经营成果的会计要素（又称为利润表要素或动态要素），包括收入、费用和利润。

二、会计要素的内容

（一）资产

资产是指企业过去的交易或者事项形成的，由企业拥有或控制的，预期会给企业带来经济利益的资源。作为一项资产，必须具备下列基本特征：(1)资产是由过去的交易或事项形成的；(2)资产是企业拥有或者控制的资源；(3)预期会给企业带来经济利益。凡是符合上述资产定义的资源，同时还需满足下列两个条件才能确认为资产：一是与该资源有关的经济利益很可能流入企业；二是该资源的成本或者价值能可靠地计量。

企业的资产按其流动性质分为流动资产和非流动资产。

流动资产是指可以在一年或者超过一年的一个营业周期内变现或者耗用的资产，主要包括现金及各种存款、交易性金融资产、应收及预付货款、存货以及一年内到期的非流动资产等。

非流动资产是指除流动资产以外的其他资产，主要包括长期投资、固定资产、无形资产、递延资产和其他非流动资产。长期投资是指除短期投资以外的投资，包括持有时间准备超过一年(不含一年)的股权性质的投资、不能变现或不准备随时变现的债券、其他债权投资和其他长期投资等;固定资产是指使用年限在一年以上,单位价值在规定标准以上,并在使用过程中保持原来物质形态的资产,包括房屋及建筑物、机器设备、运输设备、工具器具等;无形资产是指企业长期使用而没有实物形态的非货币性长期资产,包括专利权、非专利技术、商标权、著作权、土地使用权、特许经营权等;其他资产是指除上述资产以外的其他资产,如长期待摊费用等。

企业资产的构成及分类,如图 2—3 所示。

- 资产
  - 流动资产
    - 库存现金
    - 银行存款
    - 交易性金融资产
    - 应收票据
    - 应收账款
    - 预付账款
    - 应收利息
    - 存货
    - 一年内到期的非流动资产等
  - 非流动资产
    - 长期投资
    - 固定资产
    - 无形资产
    - 递延资产
    - 其他非流动资产

图 2—3 企业资产的构成及分类

(二)负债

负债是指企业过去的交易或者事项形成的,预期会导致经济利益流出企业的现时义务。负债具有如下特征:(1)负债是由企业以往交易或事项所导致的现时义务;(2)负债在将来必须以债权人所能接受的经济资源加以清偿;(3)负债的清偿会导致经济利益流出企业。负债是企业筹措资金的主要渠道之一,但是企业的负债是有期限的,债务资产的取得也是有偿的,到期必须履行偿还本金的义务,并要按债务资产使用时间长短支付利息;否则,企业就要依法予以赔偿或受到经济制裁,如罚款,支付违约金、滞纳金,赔偿经济损失等。因此,负债实质上体现了企业与债权人之间的债权债务关系。

负债按其偿还期限长短划分为流动负债和长期负债。流动负债是指将在一年(含一年)或者超过一年的一个营业周期内偿还的债务,包括短期借款、应付票据、应付账款、预收账款、应付职工薪酬、应交税费、应付股利、其他应付款、应付利息和一年内到期的长期借款等;长期负债是指偿还期在一年或者超过一年的一个营业周期以上的债务,包括长期借款、应付债券、长期应付款等。

企业负债的构成及分类,如图 2—4 所示。

(三)所有者权益

所有者权益是指企业资产扣除负债后,由所有者享有的剩余权益。它是企业所有者依据所投入的资产产权而享有的获得经济利益的权利。这种权利体现为所有权与经济利益相联系,故称为“所有者权益”。其主要特征表现为所有者权益并不与企业的具体资产项目发生相对应的关系,即所有者权益与企业特定的具体资产并无直接联系。所有者权益只是在整体上、

- 资产
  - 流动负债
    - 短期借款
    - 应付票据
    - 应付账款
    - 应付职工薪酬
    - 预收账款
    - 应交税费
    - 应付股利
    - 其他应付款
    - 应付利息
    - 一年内到期的长期借款等
  - 长期负债
    - 长期借款
    - 应付债券
    - 长期应付款等

图 2—4　企业负债构成及分类

在抽象概念上与企业资产保持数量关系。

所有者权益的来源包括所有者投入的资产、直接计入所有者权益的利得和损失、留存收益等。所有者权益按其构成不同分为实收资本(或者股本)、资本公积、盈余公积和未分配利润等。

(1)实收资本是指投资者按照企业章程,或合同、协议的约定,实际投入企业的资本,按其投资主体和区域不同分为国家资本金、法人资本金、个人资本金和外商资本金等。

(2)资本公积是一种资本储备形式,是一种可以转化成资本金的资本准备,是归企业所有者共同拥有的资本,包括资本(或股本)溢价和其他资本公积,其用途主要用于转增资本。

(3)盈余公积是指企业按照法律法规的有关规定从净利润中提取的留存收益,包括法定盈余公积和任意盈余公积。盈余公积可以用来弥补亏损、转增资本,符合条件的企业,也可以用盈余公积分派现金股利。

(4)未分配利润是企业留作以后年度分配的利润或待分配利润。这部分利润也属于企业的留存收益。

企业所有者权益的构成及分类,如图 2—5 所示。

- 所有者权益
  - 实收资本
    - 国家资本金
    - 法人资本金
    - 个人资本金
    - 外商资本金
  - 资本公积
    - 资本(或股本)溢价
    - 其他资本公积
  - 盈余公积
    - 法定盈余公积
    - 任意盈余公积
  - 未分配利润

图 2—5　企业所有者权益构成及分类

(四)收入

收入是指企业在日常活动中形成的、会导致所有者权益增加、与所有者投入资本无关的经济利益的总流入。收入主要特征为:(1)收入来自于企业的日常活动,如商品销售收入、劳务提供收入等,而不是从偶发的交易或事项中获得的;(2)收入可能引起企业资产的增加,也可能引起企业负债的减少,或者是二者兼而有之;(3)收入能导致企业所有者权益的增加;(4)收入只包括企业经济利益的流入,不包括为第三方或客户代收的款项。

收入包括主营业务收入、其他业务收入和投资收益等。

(1)主营业务收入也称基本业务收入,是指企业在其经常性、主要业务活动中所获得的收入,如工商企业的商品销售收入、服务性劳务收入。

(2)其他业务收入是指企业在非主要业务活动中所获得的收入,如工业企业销售原材料、出租包装物等业务取得的收入。

(3)投资收益是指企业对外投资所取得的收益减去发生的投资损失后的净额。

以上收入是指狭义上的收入,广义上的收入还包括计入当期利润的利得,即营业外收入。营业外收入是指企业发生的与其生产经营活动无直接关系的各项收入,包括处置固定资产的净收益和取得的罚款收入等。

(五)费用

费用是指企业在日常活动中发生的、会导致所有者权益减少的、与向所有者分配利润无关的经济利益的总流出。费用的特征有:(1)费用产生于企业的日常活动;(2)费用表现为资产的减少或负债的增加,并且导致所有者权益的减少,或者兼而有之;(3)费用归属于一定会计期间。

费用按其归属不同分为成本和期间费用两类。

(1)成本是指企业为生产产品、提供劳务而发生的各种耗费。成本按其计入分配的方式不同,还可分为直接费用和间接费用。直接费用是指直接为生产产品和提供劳务等发生的直接人工、直接材料和其他直接费用等,这部分费用在发生时直接计入生产成本;间接费用是指企业内部生产经营单位为组织和管理生产经营活动而发生的共同费用和不能直接计入产品成本的各项费用,如多种产品生产共同消耗的材料物料费用、固定资产折旧费等,这些费用发生后应按一定标准分配计入产品的生产成本。

(2)期间费用是指企业在销售商品和提供劳务过程中发生的营业费用,为组织和管理企业生产经营所发生的管理费用,为筹集生产经营所需资金等而发生的财务费用等,这些费用发生时应按一定期间归集汇总,直接计入当期损益。

企业费用的构成及分类,如图 2—6 所示。

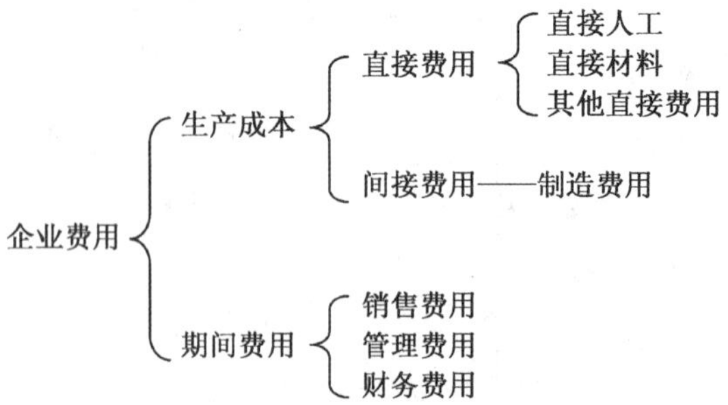

图 2—6　企业费用构成及分类

费用和成本既有联系又有区别。费用是和期间相联系的,而成本是和产品相联系的;成本要有实物的承担者,而费用一般没有实物承担者。两者都反映资金的耗费,都意味着企业经济利益的减少，都是由过去所发生的经济活动引起或形成的。

上述所定义的费用是狭义上的概念，广义上的费用还包括直接计入当期利润的损失和所得税费用。直接计入当期利润的损失即营业外支出，是指企业发生的与其生产经营活动无直接关系的各项收入和各项支出，包括固定资产盘亏、处置固定资产和无形资产的净损失、罚款支出、捐赠支出和非常损失等。所得税费用是指企业按照企业所得税法的规定向国家缴纳的所得税。

（六）利润

利润是指企业在一定会计期间的经营成果，它包括营业利润、利润总额和净利润。利润包括收入减去费用后的净额、直接计入当期利润的利得和损失等。其中收入减去费用后的净额反映的是企业日常活动的业绩，它是企业的收入与费用配比相抵后的差额，是衡量企业经济效益高低的一项重要综合指标。直接计入当期利润的利得和损失反映的是企业非日常活动的业绩。企业在生产经营活动中因提高产品质量、扩大产品产销量、降低产品成本、加速资金周转等增长的经济效益，最终都会综合地反映在利润指标上。

(1)企业营业利润是指营业收入减去营业成本、营业税金及附加、销售费用、管理费用、财务费用、资产减值损失，加上公允价值变动收益和投资收益后的金额。其中，营业收入是指企业经营业务所确定的收入总额，包括主营业务收入和其他业务收入；营业成本是指企业经营业务所发生的实际成本总额，包括主营业务成本和其他业务成本；资产减值损失是指企业计提各项资产减值准备所形成的损失。公允价值变动收益（损失）是指企业交易性金融资产等公允价值变动形成的应计入当期损益的利得（或损失）。投资收益（或损失）是指企业以各种方式对外投资所取得的收益（或发生的损失）。

(2)利润总额是指企业的营业利润，加上营业外收入，减去营业外支出后的金额。

(3)净利润是企业利润总额减去应计入当期损益的所得税费用后的金额。它是广义收入和广义费用配比后的结果。企业净利润再按国家有关利润分配制度和办法进行利润分配。

第三节　会计要素的确认与计量

企业应当对其本身发生的交易或者事项进行会计确认、计量和报告。会计信息的载体是财务报告，财务报告是由会计要素组成的，对会计要素进行报告之前必须进行会计要素的确认与计量、记录。本节主要讨论会计要素确认和会计计量的有关内容。

一、会计要素的确认

（一）会计确认的含义

会计确认是会计基本程序的首要环节。所谓会计确认，是指依据一定的标准，将经济业务中的某一项目作为一项会计要素加以记录和将其列入财务报告的过程。美国财务会计准则委员会(FASB)将会计确认定为“把一个事项作为资产、负债、收入和费用等正式加以记录和列入会计报表的过程”。由此可见，会计确认主要解决某一个项目是否确认、如何确认和何时确认三个问题，它包括在会计记录中的初始确认和在财务报告中的最终确认。

（二）会计要素的确认条件

经济业务引起的会计确认，在方法上是按照会计管理的要求，通过填制和审核经济活动的会计凭证来进行的。因此对经济业务的会计确认，就是认定该项业务是否为会计反映和监督的对象，是否符合会计要素的确认条件。

我国2016年新修订的《企业会计准则——基本准则》规定了会计要素的确认条件：

第一，符合资产定义的资源，在同时满足以下条件时，确认为资产：(1)与该资源有关的经济利益很可能流入企业。(2)该资源的成本或者价值能够可靠地计量。(3)符合资产定义和资产确认条件的项目，应当列入资产负债表；符合资产定义但不符合资产确认条件的项目，不应当列入资产负债表。

第二，符合负债定义的义务，在同时满足以下条件时，确认为负债：(1)与该义务有关的经济利益很可能流出企业。(2)未来流出的经济利益的金额能够可靠地计量；(3)符合负债定义和负债确认条件的项目，应当列入资产负债表；符合负债定义但不符合负债确认条件的项目，不应当列入资产负债表。

第三，由于企业的所有者权益就是投资人对企业净资产的所有权，且在数量上等于企业全部资产减去全部负债后的余额，故它的会计确认主要取决于资产和负债的会计确认。

第四，收入只有在经济利益很可能流入从而导致企业资产增加或者负债减少，且经济利益的流入额能够可靠计量时才能予以确认，即符合收入定义和收入确认条件的项目，应当列入利润表。

第五，费用只有在经济利益很可能流出从而导致企业资产减少或者负债增加，且经济利益的流出额能够可靠计量时才能予以确认：(1)企业为生产产品、提供劳务等发生的可归属于产品成本、劳务成本等的费用，应当在确认产品销售收入、劳务收入等时，将已销售产品、已提供劳务的成本等计入当期损益。(2)企业发生的支出不产生经济利益的，或者即使能够产生经济利益但不符合或者不再符合资产确认条件的，应当在发生时确认为费用，计入当期损益。(3)企业发生的交易或者事项导致其承担了一项负债而又不确认为一项资产的，应当在发生时确认为费用，计入当期损益。(4)符合费用定义和费用确认条件的项目，应当列入利润表。

第六，利润是企业一定时期内收入与费用配比的结果，故利润的会计确认主要取决于收入与费用的会计确认。

二、会计要素的计量

(一)会计计量的含义

会计计量与会计确认是密切相关的两个基础环节，确认是计量的前提条件，计量是将确认的会计事项进行定量化处理的必要手段。

所谓会计计量，是指在一定的计量尺度下，运用特定的计量单位，选择合理的计量属性，确定应予记录的经济业务和事项金额的会计记录过程。因此，会计计量应包括计量尺度和计量属性两个基本构成要素。

(二)会计计量尺度

凡是计量均须有计量的尺度，会计计量也不例外。我们知道，在商品经济条件下，一切商品只有转化为货币，其价值才能实现。这就决定了主要提供定量财务会计信息的会计信息系统，其对经济活动的会计计量应当以货币为计量单位来量度其核算对象，以便将会计主体的经营活动、经营状况、财务状况、经营成果、现金流量等的数据资料转化为按统一货币单位反映的会计信息。

会计在采用货币尺度计量经济活动时可能会发生如下两种情况：

第一，在货币币值相对稳定的前提下，取名义货币为会计的计量单位。这是世界各国会计准则规定会计核算的基本前提之一。因为按照各国的会计惯例，只有当货币本身的价值波动不大或者前后波动相抵消时，会计对经济活动的计量，以本国流通的法定货币为计量单位才具有意义。

第二，在物价波动剧烈，出现持续、恶化的通货膨胀情况下，以一般购买力为会计的计量单位。即当一国经济发生异常波动，一般物价水平持续上升、货币严重贬值时，以名义货币单位计量和反映经济活动的会计信息就会严重失真。为了消除与减轻物价变动对会计信息的影响，可以选定某一时日的货币购买力为基础，对不同时期的名义货币单位进行调整和折算，以使不同时期的货币保持在不变的计量基础之上。一般购买力在会计计量上通常称为不变币值。

（三）会计计量属性

计量属性是指被计量对象的特性。会计计量属性，是指资金运动所引起的会计要素（特别是资产）的变化。可以从不同的角度和方面进行货币计量的特性。归纳起来，会计的计量属性主要有如下几种类型：

（1）历史成本。在历史成本计量下，资产按照购置时支付的现金或者现金等价物的金额，或者按照购置资产时所付出的对价的公允价值计量。负债按照因承担现时义务而实际收到的款项或者资产的金额，或者承担现时义务的合同金额，或者按照日常活动中为偿还负债预期需要支付的现金或者现金等价物的金额计量。

（2）重置成本。在重置成本计量下，资产按照现在购买相同或者相似资产所需支付的现金或者现金等价物的金额计量。负债按照现在偿付该项债务所需支付的现金或者现金等价物的金额计量。

（3）可变现净值。在可变现净值计量下，资产按照其正常对外销售所能收到现金或者现金等价物的金额扣减该资产至完工时估计将要发生的成本、估计的销售费用以及相关税费后的金额计量。

（4）现值。在现值计量下，资产按照预计从其持续使用和最终处置中所产生的未来净现金流入量的折现金额计量。负债按照预计期限内需要偿还的未来净现金流出量的折现金额计量。

（5）公允价值。在公允价值计量下，资产和负债按照市场参与者在计量日发生的有序交易中，出售资产所能收到或者转移负债所需支付的价格计量。

以上五种计量属性的比较见表2—1。

表2—1　　五种计量属性比较

计量属性	对资产的计量	对负债的计量
历史成本	按照购置时的金额	按照承担现时义务时的金额
重置成本	按照现在购买时的金额	按照现在偿还时的金额
可变现净值	按照现在销售时的金额	—
现值	按照未来净现金流入量折现	按照未来净现金流出量折现
公允价值	有序交易中出售资产所能收到的价格	有序交易中转移负债所需支付的价格

企业在对会计要素进行计量时，一般应当采用历史成本，采用重置成本、可变现净值、现值、公允价值计量的，应当保证所确定的会计要素金额能够取得并可靠计量。

三、会计要素确认与计量的要求

对会计要素的确认与计量不仅要符合一定的条件，还要在确认与计量过程中遵循以下要求：历史成本计量、收入和费用配比、划分收益性支出和资本性支出。

(一)历史成本计量

历史成本计量又称为实际成本计量或原始成本计量，是建立在币值稳定假设的基础上，要求资产和负债按其取得或交换时的实际交易价格入账。在物价变动时，除国家另有规定外，不得调整账面价值。历史成本计量强调会计信息的客观性、可靠性和可验证性，往往只对实际交易活动产生的结果进行确认，而不对尚未发生的交易进行估计。从股东及债权人的角度看，这种以交易事实为依据的金额是客观的、可验证的，以此计算的收益亦是可信且可靠的；同时，也使得收入和费用的配比建立在实际交易的基础上，防止企业随意改动资产价格任意操纵企业的经营业绩。因此，历史成本计量属性在会计实践中得以广泛地应用。

然而，由于历史成本不涉及后续确认问题，忽视了对经济事项做全面、立体、动态的衡量，因此所提供的数据与不断变化的现时价格脱节，缺乏可加性和配比性。在历史成本会计下，经营状况和信用质量的恶化得不到反映，报表使用者无法根据报表所提供的信息对企业的财务状况和经营成果作出评价，从而影响其投资决策。

(二)收入与费用配比

在一个会计期间内，企业的营业收入应与其相对应的成本、费用一起被会计确认，两个会计要素的确认要相互配合。坚持收入与费用相配比原则，是正确确认一个会计期间内经营成果的保证。

收入和费用配比包括两个方面：一是收入和费用在因果上的配比，即取得的收入和为了取得这些收入的支出进行配比；二是收入和费用在时间意义上的配比，即一定会计期间的收入和费用配比。

(三)划分收益性支出与资本性支出

一项支出性质的经济业务是确认为费用，还是确认为长期资产，应以严格区分收益性支出与资本性支出为标准。凡是支出的效益仅属于当期的，应作为收益性支出确认为当期费用；凡是支出的效益属于几个会计期间的，应作为资本性支出确认为长期资产。

具体来说，收益性支出是为取得本期收益而发生的支出，应当作为本期费用，计入当期损益，列入利润表中，如已销商品的成本、期间费用和所得税等；资本性支出是为了形成生产经营能力，为以后各期取得收益而发生的各项支出，应当作为资产反映，列入资产负债表中，如购置固定资产和无形资产的支出等。

三、收付实现制和权责发生制

(一)会计处理基础

由于企业的经营活动是连续的，而会计期间是人为划分的，某一会计期间因生产经营活动所发生的收入(费用)，可能在本期已收到(付出)相关的货币资金，也可能在本期尚未收到(付出)相关的货币资金；本期发生的费用，可能与本期获得的收入相关，也可能与本期获得的收入无关。为使企业的收入与费用能够合理配比，真实、正确地核算企业在一定会计期间的损益，在客观上就必须明确某项经济业务所产生的经济后果所应归属的具体会计期间：是将其归属于与该项经济业务发生相关的货币资金收入或支出的会计期间？还是归属于该项经济业务所体现的权利或责任产生实际影响的会计期间？这是有关会计确认的时间基础问题。因此，会计处理基础是有关不同会计期间的收入与费用的确认标准，亦称会计确认基础。显然，会计处理基础是明确某项经济业务所产生后果（收入与费用）的具体归属期间的标准，因而也是会计核算的一个前提。所有经济业务的会计核算，均须以相应的会计处理基础为基本依据。

针对上述差异，在会计上确认各个会计期间的收入与费用时，就可以采用两种不同的会计处理基础：收付实现制与权责发生制。

（二）收付实现制

收付实现制，亦称实收实付制或现金制，它是以款项的实际收到、付出作为本期收入和费用的确认标准，不考虑其相应的权利、责任应否归属于本期。

当经济业务的发生或完成的时间与其相应的货币资金收付结算时间不一致的情况下，会产生某一会计期间的收入、费用的确认与其对应的权利、责任相背离的现象。这种背离现象按月度计算比按季度计算多，按季度计算比按年度计算多。这种现象的出现主要是受具体的结算方式、结算时间、商业信用、往来款项等诸多因素的影响而形成的。在这种情况下，采用收付实现制会计处理基础，凡属本期收、支款项的收入和费用，无论其权利、责任应否归属于本期，均作为本期的收入和费用处理；反之，凡属本期未曾收、支款项的收入和费用，即使其权利、责任应该归属于本期，也不作为本期的收入和费用处理。由于款项的收付实际上是以货币资金的收付实现为依据的，故亦称为实收实付制。

在收付实现制下，由于计入本期损益的实际收入和费用，不一定完全属于本期，使得一定会计期间计算、确定的经营成果不一定完全真实可靠，不同时期的会计信息也缺乏相应的可比性。但采用收付实现制不考虑预计收入、预付费用、应计收入、应计费用等的存在，会计期末无须对账簿记录进行调整，核算手续较为简便，容易被一般人所接受，因此只适用于那些经济业务内容简单，且往来结算业务较少的非营利性的行政、事业、团体单位。

（三）权责发生制

权责发生制，亦称应收应付制或应计制，是指以经济业务的权益和责任的发生，即以应收应付作为确定本期收入和费用的标准。因为在一定的会计期间内，只要发生经济业务，就会相应地获得一定的经济权益或承担一定的经济责任，因而它是一种应收或应付事项。采用权责发生制会计处理进行损益确认，凡属当期应该承担责任的收入和费用，即属于应收或应付事项，无论其是否收到或付出相应货币资金，均作为本期的收入或费用确认和计量，即作为当期的收入和费用处理；反之，凡不属当期应该承担责任的收入和费用，即不属于当期的应收或应付事项，即使其款项已在当期实际收付，也不作为当期的收入和费用处理。由于收入和费用的确认以其是否应计入本期为标准，而无论其款项的收付，故亦称为应收应付制。

采用权责发生制确认本期的收入和费用，可能会出现下列两种不同情况：一是经济业务权责的发生与其现金款项的收付相一致，即在一定会计期间内，经济业务发生后其应收的款项已经收到，应付的款项亦已经付出，未出现跨期收、付款的收入和费用；二是经济业务权责的发生与其现金款项的收付不一致，即在一定会计期间内，除已收到款项的实现收入和已付出款项的应计费用外，还有未收到款项的实现收入和未付出款项的应计费用，或是收到不属于本期收入的款项以及付出不属于本期费用的款项等。强调会计核算要严格按照权责发生制基础确认当期的收入和费用，重点应该是对上述第二种情况的严格规范。我国《企业会计准则——基本准则》明确规定："企业的会计核算应该以权责发生制为基础。"

应该指出的是，权责发生制在企业会计核算中的普遍运用，并不意味着对收付实现制的完全否定；恰恰相反，收付实现制下的相关信息含量也可以成为权责发生制下会计信息的有益补充。因为企业会计信息的使用者尽管可通过权责发生制核算的资产负债表和利润表获得企业的财务状况、经营成果、偿债能力、营运能力、盈利能力等基本信息，但从上述会计报表却无法获得企业经营活动、投资活动和筹资活动等所引起的现金流入量、现金流出量、现金净流量及其实际支付能力等情况，了解企业利润与经营活动现金净流量发生差异的原因，分析企业收益的质量。因此，企业会计信息要能满足会计信息使用者的上述相关需要，就有必要要求企业在编制资产负债表和利润表之外，编制第三张基本报表——现金流量表。而现金流量表的编制，则必须先将权责发生制下所确认的各相关项目按照一定的逻辑关系转化为收付实现制基础。由此可见，在现代企业会计核算中，权责发生制与收付实现制实际上是一种相互补充的关系。

（四）两种会计处理基础的比较

为进一步理解和掌握两种会计处理基础的基本特征，现举例对两种会计处理进行比较分析。

【例 2—1】 某企业 2016 年 7 月份发生以下经济业务：

(1)7 月 5 日，用存款支付上月份电费50 000元；

(2)7 月 9 日，收回上月的应收账款100 000元；

(3)7 月 10 日，销售产品一批，收到货款80 000元，存入银行；

(4)7 月 15 日，购买办公用品 900 元；

(5)7 月 18 日，支付下季度保险费18 000元；

(6)7 月 20 日，销售产品收入250 000元，款项尚未收到；

(7)7 月 25 日，预收客户货款50 000元；

(8)7 月 31 日，本月应负担保险费6 000元，已于上季度预付。

要求：分别用权责发生制和收付实现制确定 7 月份的收入、费用和利润。

根据以上资料分析如下：

(1)7 月 5 日，用存款支付上月电费50 000元。在权责发生制下，由于是上月的电费，不管是否在本月支付，都不应作为本月费用。而在收付实现制下，因为是本月支付，应计入本月费用。

(2)7 月 9 日，收回上月的应收账款100 000元。在权责发生制下，由于产品是上月销售的，应该计入上月的收入，本月不计收入；在收付实现制下，因为是本月收到款项，应当作为本月收入。

(3)7 月 10 日，销售产品一批，收到货款80 000元，存入银行。在权责发生制下，属于本月销售，应计算本月收入；在收付实现制下，本月收到货款，应作为本月收入。

(4)7 月 15 日，购买办公用品 900 元。在权责发生制下，属于本月费用；在收付实现制下，本月支付 900 元，应计入本月费用。

(5)7 月 18 日，支付下季度保险费18 000元。在权责发生制下，下季度保险费不属于本月费用；在收付实现制下，本月支付了18 000元，不管属于哪一会计期间，都应该作为本月费用。

(6)7 月 20 日，销售产品收入250 000元，款项尚未收到。在权责发生制下，产品在本月销售，不管款项是否收到，应作为本月收入；在收付实现制下，由于未收到款项，不能作为本月收入。

(7)7 月 25 日，预收客户货款50 000元。在权责发生制下，本月预收货款未实现销售，不应计入收入；在收付实现制下，由于收到货款，应作为本月收入。

(8)7 月 31 日,本月应负担保险费 6 000 元,已于上季度预付。在权责发生制下,本月应负担费用6 000元;在收付实现制下,本月并未支付款项,不应作为本月费用。

根据以上分析结果,计算两种会计处理基础下的收入、费用和利润见表 2—2。

表 2—2　**两种会计处理基础应用结果比较表**

2016 年 7 月 31 日　单位:元

业务号	权责发生制		收付实现制	
	收入	费用	收入	费用
(1)		×		50 000
(2)	×		100 000	
(3)	80 000		80 000	
(4)		900		900
(5)		×		18 000
(6)	250 000		×	
(7)	×		50 000	
(8)		6 000		×
合　计	330 000	6 900	230 000	68 900
利润	323 100		161 100	

第四节　会计等式

一、会计等式的含义

某一会计主体(企业、单位等)财务会计核算的全部内容,最终都表现在会计等式上。会计等式,亦称为会计平衡式或会计方程式,它是反映会计要素之间数量关系的恒等式。

(一)基本会计等式

企业从事生产经营活动,一方面必须拥有一定数量的资产,这些资产以各种形态分布于企业生产经营的各个阶段;另一方面,占用在资产上的资金来源于投资人的投资和向债权人借入的资金。在任何时候,由于资金的来源等于资金的占用,所以,企业的资产恒等于其投资人和债权人对这些资产的要求权。债权人对企业资产的要求权通常被称为是企业的负债,由于投资人对企业净资产的要求权称为所有者权益,因此,它们之间的数量关系,可用等式表示:

资产=负债+所有者权益

资产、负债、所有者权益是反映企业资金运动静止状态下基本内容的三个会计要素,是资金运动的静态表现形式,形成了反映企业资金运动过程中某一特定时点财务状况的基本会计等式。它是编制资产负债表的理论依据。

(二)动态会计等式

企业通过生产经营活动,一方面生产、销售商品和提供劳务,实现销售收入,发生货币资金的流入;另一方面又因生产、销售商品和提供劳务,发生各种资源的耗费,形成费用开支。通过收入和费用的比较,可以确认企业在一个会计期间的经营成果。若是收入大于费用的经营成果，即表现为企业利润，它将导致企业资产总额和权益总额的同时增加；反之，则表现为企业亏损，将导致企业资产总额和权益总额的同时减少。收入、费用、利润三者之间的关系可用如下等式予以表述：

收入－费用＝利润

收入、费用、利润是反映企业资金运动状态下基本内容的三个会计要素，是资金运动的动态表现形式。因此，这三个动态会计要素形成了反映企业资金运动过程中一定会计期间经营成果的会计等式。它是编制利润表的理论依据。

（三）扩展的会计等式

企业的生产经营成果必然会影响所有者权益，即企业获得利润将使所有者权益增加，资产也会随之增加；反过来，如果企业发生亏损将使所有者权益减少，资产也会相应地减少。因此，企业生产经营过程产生收入、费用、利润后，则基本等式演变为：

资产＝负债＋所有者权益＋利润

或：

资产＝负债＋所有权益＋（收入－费用）

资产＋费用＝负债＋所有者权益＋收入

会计等式揭示了各个会计要素之间的内在联系，它是设置会计账户、复式记账、试算平衡及编制会计报表的理论依据。

二、经济业务的发生对会计要素、会计等式的影响

经济业务是反映资金运动的具体经济活动，它必然会引起会计要素的有关项目发生增减变化；会计等式又概括反映了会计要素之间的关系。因此，经济业务与会计要素、会计等式存在着密切的关系。但不管经济业务影响会计要素如何变化，都不会破坏会计等式的平衡关系。

下面举例说明经济业务的发生对会计要素、会计等式及企业资金总额的影响。

【例 2－2】 五岳公司 2016 年 7 月 31 日资金总额为1 000万元，2016 年 8 月发生下列经济业务：

（1）收到投资人投入的机器设备，价值2 000 000元；

（2）向供货单位购入原材料50 000元，货款尚未支付；

（3）以银行存款归还短期借款200 000元；

（4）将现金存入银行10 000元；

（5）向中国银行借入短期借款300 000元，用来偿付甲单位货款；

（6）用存款购买办公用品4 000元；

（7）销售产品取得销售收入150 000元，货款未收；

（8）以盈余公积转增资本400 000元；

（9）将收入150 000元转入本年利润。

根据以上资料分析如下：

（1）这笔经济业务发生，使所有者权益要素中的“实收资本”项目增加2 000 000元，资产要素中的“固定资产”项目增加2 000 000元。资产和所有者权益同时增加，资金总额增加到12 000 000元。

（2）这笔经济业务发生，导致资产要素中的“原材料”项目增加50 000元，负债要素中“应付账款”项目增加50 000元。资产和负债同时增加，资金总额增加到12 050 000元。

(3)这笔经济业务发生,使资产要素中的“银行存款”项目减少200 000元,负债要素中“短期借款”项目减少200 000元。资金总额减少到11 850 000元。

(4)这笔经济业务发生,引起资产要素中的“库存现金”项目减少10 000元,“银行存款”项目增加10 000元。资产要素中的两个项目一增一减,资金总额不变,仍然是11 850 000元。

(5)这笔经济业务发生,引起负债要素中的“应付账款”项目减少300 000元,“短期借款”项目增加300 000元。负债要素中的两个项目一增一减,资金总额不变,仍然是11 850 000元。

(6)这笔经济业务发生,引起费用要素中的“管理费用”项目增加4 000元,资产要素中的“银行存款”项目减少4 000元。费用和资产要素中的项目一增一减,资金总额不变,还是11 850 000元。

(7)这笔经济业务发生,使得资产要素中的“应收账款”项目增加了150 000元,收入要素中的“主营业务收入”增加了150 000元。资产和收入要素中的项目同时增加150 000元,资金总额增加到12 000 000元。

(8)这笔经济业务发生,使得所有者权益中的“实收资本”项目增加400 000元,“盈余公积”减少400 000元,所有者权益中的两个项目一增一减,资金总额不变,为12 000 000元。

(9)这笔经济业务发生,使得收入要素中的“主营业务收入”项目减少150 000元,所有者权益中的“本年利润”项目增加150 000元,收入和所有者权益要素中的项目一增一减,资金总额不变,为12 000 000元。

以上分析结果,见表 2—3。

表 2—3　经济业务的发生对会计要素、会计等式的影响及资金总额变化分析表　单位:元

业务序号	会计要素及会计等式					资金总额
	资产	费用	负债	所有者权益	收入	10 000 000
(1)	+2 000 000			+2 000 000		12 000 000
(2)	+50 000		+50 000			12 050 000
(3)	−200 000		−200 000			11 850 000
(4)	+10 000 −10 000					11 850 000
(5)			+300 000 −300 000			11 850 000
(6)	−4 000	+4 000				11 850 000
(7)	+150 000				+150 000	12 000 000
(8)				+400 000 −400 000		12 000 000
(9)				+150 000	−150 000	12 000 000
资金总额合计	12 000 000		12 000 000			12 000 000

根据表 2—3 可以归纳如下结论:

(1)任何经济业务的发生,至少会引起两个以上的会计要素或一个会计要素的两个以上项目发生变化。

(2)任何经济业务的发生,都不会破坏会计等式的平衡关系。

(3)影响会计等式一边的要素的项目一增一减,影响会计等式两边的要素项目同增同减。

(4)影响会计等式一边的要素的项目由于一增一减,资金总额不变;影响会计等式两边的要素项目同增同减,资金总额发生变化。

【复习思考题】

1. 工业企业的会计对象是什么?其资金是如何运动的?
2. 简要陈述工业企业会计要素的内容。
3. 什么是会计确认?各会计要素确认的条件是什么?
4. 什么是会计计量?会计计量属性有哪些?
5. 会计要素确认、计量的要求有哪些?
6. 什么是权责发生制?什么是收付实现制?两者有何区别?
7. 什么是会计基本等式、动态等式和扩展的会计等式?如何理解?
8. 经济业务的发生对会计要素、会计等式及资金总额的影响是怎样的?

【练习题】

习题一

【目的】 练习收付实现制和权责发生制的运用。

【资料】 五岳公司 2016 年 5 月份发生如下经济业务:

(1)销售 A 产品500 000元,其中收到300 000存入银行,尚有200 000元未收到。销售成本240 000元按收入实现的比例结转。

(2)收到上月为外单位提供的劳务收入5 000元。

(3)支付本月的水电费用7 000元。

(4)预付下半年房租60 000元。

(5)支付上月借款利息3 800元。

(6)预收 A 产品销售款180 000元。

(7)本月应计劳务收入8 000元尚未收到。

(8)上月预收货款的产品本月实际销售30 000元。

(9)本月应承担年初已支付的保险费3 000元。

(10)本月负担将于下月支付的修理费2 000元。

【要求】 分别按收付实现制和权责发生制计算五岳公司 2016 年 5 月份的收入、费用和利润 。

习题二

【目的】 练习经济业务的发生对会计要素、会计等式及资金总额的影响。

【资料】 五岳公司 2016 年 8 月 30 日资产总额为375 000元,负债总额为112 000元,该公司 9 月份发生下列经济业务:

(1)投资人投入全新机器一台,价值30 000元。

(2)以银行存款购买原材料,价值10 000元。

(3)以银行存款偿还所欠供货单位账款5 000元。

(4)收到购货单位前欠货款8 000元存入银行。

(5)以银行存款购买办公用品4 000元。

(6)销售产品30 000元,货款尚未收到。

(7)将对甲公司长期负债50 000元转化为对公司的股权投资。

(8)将盈余公积20 000元转增资本。

(9) 取得短期借款50 000元存入银行。

(10)将 A 公司的应付票据80 000元转为应付账款。

【要求】

(1)根据以上资料,分析说明各经济业务的发生影响哪些会计要素及资金总额的变化。

(2)计算该公司 2016 年 9 月末的资产总额、负债总额和所有者权益总额。

第三章　会计账户与复式记账

【学习要求】

1. 掌握会计科目体系的构成，熟悉企业会计科目表；
2. 了解会计账户的意义，掌握会计账户的基本结构和内容；
3. 理解记账方法及类型；
4. 掌握借贷记账法及运用；
5. 理解会计账户的对应关系与对应账户，掌握会计分录的具体编制方法；
6. 理解总分类账户与明细分类账户的关系，掌握总分类账户和明细分类账户的登记方法。

【专业术语】

会计科目(Accounting item)　　会计账户(Account)

账户结构(Account structure)　　对应账户(Reciprocal account)

单式记账法(Single-entry bookkeeping system)

复式记账法(Double-entry bookkeeping system)

借贷记账法(Debit/credit bookkeeping system)

会计分录(Accounting entry)　　简单分录(Simple entry)

复合分录(Compound entry)　　试算平衡表(Trial balance)

总分类账(General ledger)　　明细分类账(Subsidiary ledger)

第一节　会计科目

一、会计科目的概念

所谓会计科目，就是按照经济内容对会计要素所作的进一步分类，以便进行分类核算的项目。企业的资金运动具有复杂性，为了全面、系统和分类地反映和监督企业的生产经营活动，为会计信息使用者提供分门别类的会计核算指标，有必要在对会计对象具体内容进行基本分类的基础上作进一步的科学分类，对每一类别按其内容特征取一个名称，即为会计科目。

会计科目的设置是以客观存在的会计要素的具体内容为基础，同时考虑经济管理的信息需要而设置的。每一会计科目均只反映某一会计要素的某一特定方面的经济内容。比如，工业企业要进行正常的生产经营，就必须拥有或控制厂房、建筑物、机器设备和运输工具等，这些资产的共同性质就是均属于劳动资料，它们和产品生产过程所耗用的各种原料及主要材料、辅助材料和燃料等在性质内容上具有明显的区别，而后者属于劳动对象的性质。尽管两者均属于资产要素，但是它们各自的经济内容并不相同，故在设置会计科目时应将两者分开，分别设置“固定资产”和“原材料”两个科目进行具体会计核算。

会计科目的设置，为全面、系统、分类地反映和控制企业各种经济业务引起的资产、负债、所有者权益、收入、费用的增减变动情况，以及利润的实现和分配情况创造了条件，为会计主体设置账户、运用复式记账方法、填制会计凭证、登记会计账簿、编制会计报表等日常账务处理提供了可行的基础，会计科目的设置和运用贯穿于会计核算的全过程。

二、会计科目的设置原则

为了更好地发挥会计科目在会计核算过程中的作用，正确使用会计科目，设置会计科目应遵循以下原则：

（一）全面反映会计对象的内容

会计科目的设置要求能全面、系统地反映会计对象的全部内容，不能有所遗漏，并按每类会计要素涉及经济业务的内容性质排列。同时，还要求会计科目的设置须能反映会计对象的特点。除设置各行各业共性的会计科目外，还应根据各行各业会计对象的个性设置相应的会计科目。比如，工业企业主要从事生产经营活动，就需要设置资产类、负债类、所有者权益类、成本类、损益类的会计科目；而行政事业单位因不从事生产经营活动，无须进行成本、收入和经营成果的计算，故一般只需设置预算资金来源类、预算资金运用类、预算资金结存类的会计科目。

（二）满足对外、对内提供会计信息的要求

会计管理的目标就是要满足各利益相关人对会计信息的需要。因此，会计科目的设置要充分兼顾企业外部的投资者、债权人、政府部门、社会公众和内部的经营管理者及企业职工等各方面的会计信息要求，并根据需要提供数据指标的详略程度，分设总分类科目和明细分类科目，要既能对外提供各方面需要的各种总括性的核算指标，又能对内提供企业经营管理所需要的各种明细资料。

（三）统一性和灵活性结合

会计科目的设置，应按照《企业会计准则》的规范化要求，对一些主要会计科目的核算内容应在全国范围内予以统一。但是，各个企业的经营特点和具体情况不同，企业内部经营管理的要求不同，所以，也应允许企业在保证提供统一核算指标、不影响会计核算要求和会计报表指标汇总的前提下，根据本企业的实际情况，对统一规定的会计科目作必要的增补、减少和合并。

(四)总体体系的完整性与科目的排他性相结合

会计科目总体体系的完整性，是指设置的会计科目，应能反映本企业、单位所有的经济业务，不能有任何遗漏，全部会计科目构成一个既相互联系又相互区别的有机整体。科目的排他性，是指各个会计科目的核算内容具有严格的界限规定，相互排斥，每个会计科目都有着特定的核算内容，不同的科目不能有相同的核算内容。

(五)力求简明扼要，表述规范

总分类科目的名称应该与国家有关会计制度的规定相一致，明细分类科目也要含义明确，通俗易懂。

三、会计科目的分类

会计科目虽然具有不同的经济内容，但它们并非彼此独立，而是相互联系、相互补充地组成一个完整的会计科目体系。为了正确地掌握和使用会计科目，借助会计科目了解经济活动情况，有必要对会计科目进行分类。

(一)按所反映的经济内容分类

工业企业的会计科目按所反映的经济内容不同，分为资产类、负债类、所有者权益类、成本类和损益类五大类。

为了正确地运用会计科目，便于日常会计工作编制会计凭证、登记账簿、查阅账目、实行会计电算化，有必要对会计科目统一编号。我国《企业会计制度》对会计科目实行四位数数码编号的方法，来确定会计科目所属的类别及其在类别中的位置。具体使用会计科目编号时，不得随意改变或打乱。在填制会计凭证、登记会计账簿时，按规定应填写会计科目名称和编号，不允许只填科目编号而不填科目名称。工业企业常用的会计科目见表 3－1。

(二)按提供会计信息详细程度分类

会计科目按其提供指标的详细程度不同，可分为以下两类。

1. 总分类科目

总分类科目，亦称总账科目，是对会计要素具体内容进行的总括分类，是反映会计核算资料总括指标的科目，如“库存现金”、“银行存款”、“库存商品”、“固定资产”、“短期借款”、“实收资本”等。总分类科目原则上由财政部统一制定，以会计核算制度的形式颁布实施。

2. 明细分类科目

明细分类科目，亦称明细科目或细目，是对总分类科目的经济内容所作的进一步分类，它所提供的是更加详细具体的指标。如在“应交税费”总分类科目下设置“应交增值税”、“应交消费税”、“应交所得税”等明细科目，分类反映应交税费的具体情况。

明细分类科目的设置，要根据经济管理的具体需要来进行。有的总分类科目需要设置较多的明细科目，如“应收账款”、“应付账款”、“管理费用”等；有的总分类科目无须设置明细分类科目，如“累计折旧”、“本年利润”等。在实际的会计核算工作中，若一个总分类科目下设置的明细分类科目过多，往往会给记账、稽核、查对等带来诸多不便，这时，就可在总分类科目与明细分类科目之间增设子目。此时，就将总分类科目称为一级科目，将子目称为二级科目，将明细科目称为三级科目。

表 3—1　　**工业企业常用的会计科目表**

编号	会计科目名称	编号	会计科目名称
	一、资产类	2203	预收账款
1001	库存现金	2211	应付职工薪酬
1002	银行存款	2221	应交税费
1012	其他货币资金	2231	应付利息
1101	交易性金融资产	2232	应付股利
1121	应收票据	2241	其他应付款
1122	应收账款	2501	长期借款
1123	预付账款	2502	应付债券
1131	应收股利	2701	长期应付款
1221	其他应收款	2801	预计负债
1231	坏账准备		三、所有者权益类
1401	材料采购	4001	实收资本
1402	在途物资	4002	资本公积
1403	原材料	4101	盈余公积
1404	材料成本差异	4103	本年利润
1405	库存商品	4104	利润分配
1411	周转材料		五、成本类
1471	存货跌价准备	5001	生产成本
1511	长期股权投资	5101	制造费用
1512	长期股权投资减值准备		六、损益类
1601	固定资产	6001	主营业务收入
1602	累计折旧	6051	其他业务收入
1603	固定资产减值准备	6101	公允价值变动损益
1604	在建工程	6111	投资收益
1605	工程物资	6301	营业外收入
1606	固定资产清理	6401	主营业务成本
1701	无形资产	6402	其他业务成本
1702	累计摊销	6403	营业税金及附加
1703	无形资产减值准备	6601	销售费用
1801	长期待摊费用	6602	管理费用
1901	待处理财产损溢	6603	财务费用
	二、负债类	6701	资产减值损失
2001	短期借款	6711	营业外支出
2201	应付票据	6801	所得税费用
2202	应付账款	6901	以前年度损益调整

同一会计科目内部的纵向级次关系如表3－2所示，它们之间是总括与详细、统驭与从属的关系。

表3－2　　会计科目的级次关系

总分类科目（一级科目）	明细分类科目	
	子目（二级科目）	细目（三级科目）
生产成本	第一车间	A产品
		B产品
	第二车间	C产品
		D产品
	第三车间	E产品
		F产品
原材料	原料及主要材料	圆钢
		生铁
	辅助材料	润滑油
		防腐剂
	燃料	汽油
		柴油

第二节　会计账户

一、会计账户的意义

会计账户是根据会计科目在会计账簿中所开设的账页，它是连续、系统、全面地记录各种经济业务，反映各项会计要素增减变动情况及其结果的一种会计核算方法。也可以说，会计账户是对会计要素具体内容进行分类核算的一种工具。

设置会计账户，是会计核算的专门方法之一。科学地设置和运用会计账户，对于分类、归集、整理、加工会计信息具有重要意义。

（一）设置和运用会计账户，是科学组织会计核算的需要

会计账户是连续、系统地记录和积累会计资料的工具。通过设置和运用会计账户，可以将全部经济业务按照不同的性质进行归类、加工和汇总，从而使零星、分散的会计凭证资料系统化，并为编制各种会计报表提供基本依据。

（二）设置和运用会计账户，是为了更好地满足经济管理的需要

通过科学设置和运用会计账户，可以连续、系统、全面地反映资金的取得和运用情况，既可以获得各种总括核算资料，又可以获得各种明细分类核算资料，从而为经济管理和经济活动分析提供必需的会计信息。

（三）设置和运用会计账户，是进行会计分析、会计检查和会计监督的需要

通过设置和运用会计账户，可以随时掌握资产、负债、所有者权益、收入、费用和利润等会计要素项目的增减变化及其结果，为保护企业财产物资的安全完整，进行合法、有效的生产经营提供了详细资料，有利于对企业的全部经济活动进行日常的会计分析、会计检查和会计监督。

二、会计账户与会计科目的关系

会计账户与会计科目，在会计学中是两个既有联系，又有区别的概念。

（一）会计账户与会计科目的联系

会计科目就是会计账户的名称，会计账户是根据会计科目所开设的。会计账户与会计科目均是对会计对象具体内容所进行的同一科学分类，且两者在经济内容上分类的口径、方法、结果是完全一致的，并无本质的区别；会计账户与会计科目在具体的会计核算内容和范围上是完全相同的。会计账户是按照会计科目进行分类会计核算的载体，会计科目规定了会计账户核算的内容和范围。

（二）会计账户与会计科目的区别

（1）会计科目只是经济业务分类核算的项目，只是说明一定经济业务的内容；而会计账户不仅记录、说明经济业务的内容，而且是连续、系统地反映和监督其增减变化情况及其结果的一种会计核算工具。

（2）会计科目的主要作用是为设置会计账户、填制会计凭证提供统一、规范的核算要求；而会计账户的主要作用是对分散的各种经济业务进行归类、加工和汇总，为编制会计报表和经济管理提供总括和明细的会计核算资料。

（3）会计科目可以独立于会计账簿而存在；而会计账户则是根据规定的会计科目在会计账簿中开设的账页户头，具有专门的结构和格式，不能脱离会计账簿而存在。

正是因为会计账户与会计科目之间的紧密联系，所以在实际工作中，人们往往把会计账户与会计科目等同起来使用。但是，它们毕竟是两个不同的概念，不应完全混为一谈。会计科目是会计制度规定内容的组成部分，而设置会计账户是会计核算方法的组成部分。

三、会计账户的基本结构

为了科学、系统地记录和反映各项经济业务，会计账户不但要有明确的核算内容和范围，还必须具有一定结构。

会计账户的基本结构是指各个具体账户构成的基本形式。经济业务的发生对会计要素的影响就其数量变动来看，不外乎是增加和减少两种情况。因此，我们必须把会计账户也相应地划分为两个基本部分：一部分登记经济业务引起会计要素的增加额；一部分登记经济业务引起会计要素的减少额。除分别登记增加额和减少额以外，还可按实际需要分设若干栏次，说明经济业务发生的时间、内容和记账依据。为此，会计账户的基本结构，一般应包括下列内容：

（1）账户名称，即会计科目；

（2）日期，即记录经济业务的日期；

（3）凭证号数，即账户记录的依据；

（4）摘要，即经济业务内容的概括说明；

（5）金额，即本期发生的增加额、减少额和特定时点的余额。

会计账户的基本结构就划分为左右两方，可用“丁”字形或“T”形账户和三栏式格式来表示。

“ T”字形账户格式主要用于会计教学，其格式如图 3　1 所示。

左方	账户名称(会计科目)	右方

图 3—1 “T”字形账户格式

在实际工作中,主要采用三栏式账户格式,如表 3—3 所示。

表 3—3

账户名称(会计科目)

年		凭证号数	摘　要	增加额	减少额	余额
月	日					

上列账户格式中增减金额相抵后的差额,就是账户的余额。账户余额按其表示的时间不同,分为期初余额和期末余额两种。所以,通过会计账户记录金额可以反映期初余额、本期增加额、本期减少额、期末余额四种核算指标。其中,本期增加额和本期减少额又统称本期发生额,是一个动态指标,它说明会计要素的增减变动情况;期末余额则是一个静态指标,它说明会计要素在一定时点的增减变动结果,且本期的期末余额即为下期的期初余额。上述四项账户核算指标之间的关系,可用下列等式来表示:

期末余额=期初余额+本期增加发生额−本期减少发生额

为便于说明,会计账户的基本结构及其内容简化为“T”字形账户格式时,可采用如下两种具体格式:

(1)会计账户的左方登记增加额的格式,如图 3—2 所示。

左方	账户名称(会计科目)	右方
期初余额 本期增加额		本期减少额
本期发生额 期末余额		本期发生额

图 3—2 左方登记增加额的账户格式

(2)会计账户的右方登记增加额的格式,如图 3—3 所示。

左方	账户名称(会计科目)	右方
本期减少额		期初余额 本期增加额
本期发生额		本期发生额 期末余额

图 3—3 右方登记增加额的账户格式

至于在会计账户的左右两方中,哪一方登记增加额,哪一方登记减少额,则取决于所采用的记账方法和账户记录的经济业务内容。

三、账户的设置

账户是按照会计科目设置的，会计科目是账户的名称。会计账户的设置应该与会计科目的设置相适应。

由于会计科目按照所反映的经济内容分为资产类、负债类、所有者权益类、成本类和损益类，因此，账户也应该设置资产类、负债类、所有者权益类、成本类和损益类五种类型。

会计科目按照提供会计信息的详细程度不同分为总分类科目和明细分类科目，所以账户也分为总分类账户和明细分类账户。关于总分类账户和明细分类账户，将在本章第四节具体论述。

第三节　复式记账

一、记账方法的概念与种类

所谓记账方法，是指在会计账户中登记经济业务的方法。作为一种科学的记账方法，其内容一般应由记账原理、记账符号、账户设置、记账规则、账务处理、试算平衡等基本要素所构成。

从会计的发展历程来看，会计记账方法经历了一个由单式记账到复式记账的发展过程。单式记账与复式记账，实际上是两种不同的记账方法，两者在记账方式、记账特点和科学性等方面，均具有本质的区别。

（一）单式记账法及其特点

单式记账法，是指对要记录的一项经济业务，往往只在一个账户中记录，反映经济业务的一个方面的记账方法。它对于发生的经济业务，在选择单方面记账时，通常只重点考虑库存现金、银行存款的收付不能出差错，人欠的债权和欠人的债务要记录清楚。比如，以银行存款支付有关费用，就只登记银行存款的减少，至于费用的增加则省略不记；再如，销售商品货款尚未收到，就只登记应收账款的增加，至于销售收入的增加，则省略不记。单式记账法具有如下特点：

1. 记账手续简单，易学易懂

单式记账法程序简化，容易理解，便于掌握。对那些规模小、业务量少，经济活动和经济关系简单，不可能配备专职会计人员的会计主体，如家庭、小商贩等，采用这种记账方法基本上也能达到了解经济活动及其结果的目的。

2. 账户设置不完整，没有形成一套完整的账户体系

单式记账法对发生的经济业务是一种有重点的单方面记账。在通常情况下，只重视记录库存现金、银行存款的收付情况，以及人欠的债权和欠人的债务等往来账项经济业务。因此，一般只设置"库存现金"、"银行存款"、"应收账款"、"应付账款"等账户，而没有一套完整的账户体系，也就不可能全面、系统地反映所有的经济业务。

3. 账户之间缺乏相互联系，不能反映经济业务的来龙去脉

单式记账法只是孤立地记录一项经济业务引起资金运动的某一方面的变化，因而账户与账户之间缺乏有机的内在联系。当经济业务发生时，利用这些设置不全、彼此孤立的会计账户

也就不可能全面、系统地反映资金运动的来踪去迹，无法反映各个会计要素具体项目的增减变化。

4. 经济业务反映不完整，不能进行全部经济业务账户记录的试算平衡

单式记账法仅反映一部分经济业务，并不反映所有的经济业务，且反映的经济业务也只是该业务的某一单方面的变化。由于单式记账反映的经济业务不全面、不完整，因此，从账户记录上看不出每项经济业务的来龙去脉，也不能进行一定时期账户记录的试算平衡。

目前，在我国会计实务中，企业单位一般不采用单式记账方法。

（二）复式记账法及其特点

复式记账法是指对每一项经济业务均以相等金额在两个或两个以上相互联系的账户中进行记录的记账方法。它是以会计等式为理论依据，用以全面、系统反映每一项经济业务引起会计要素增减变化及其结果的一种记账方法。复式记账法对比单式记账法具有如下特点：

1. 需要设置完整的账户体系

复式记账，对于会计主体的所有经济业务都要进行全面的记录反映，因此必须设置一套完整的账户体系，以便系统、全面地反映会计主体发生的各种各样的经济业务。建立统一完整的账户体系，是记录反映每一笔经济业务的基本前提条件。

2. 记账的账户要对应，能反映经济业务的内容

运用复式记账法，对于每一项经济业务，均须在两个或两个以上相互联系的对应账户中登记，这是复式记账的基本特点。这样记账的结果不仅能全面、系统地反映会计主体的经济活动过程和经营成果，而且能够完整、清晰地反映每一项经济业务的来龙去脉。

3. 一定时期的会计记录能够试算平衡

复式记账，对于每一项经济业务，都以相等金额在相互联系的对应账户中进行双重记录，从而使账户间形成了相互勾稽的金额平衡关系。若有差错，就会导致会计等式的不平衡。通过一定时期会计记录的试算平衡，可以检查账务处理的正确性。

（三）复式记账方法的种类

复式记账法按照记账符号、账户结构、记账规则或试算平衡方法的不同，又可分为收付记账法、增减记账法和借贷记账法等。

收付记账法是我国传统的记账方法，是在“上收下付”单式记账法基础上发展起来的一种复式记账方法。

增减记账法是我国会计工作者在20世纪60年代中期根据当时的计划经济国情，探索、总结出来的一种复式记账法。

借贷记账法起源于13世纪的意大利。经过数百年的实践，已被全世界的会计工作者普遍接受，是当今世界各国通用的记账方法。从1993年7月1日后，我国《企业会计准则》规定，企业会计记账统一采用借贷记账法。

二、借贷记账法

（一）借贷记账法的概念

借贷记账法，是以“借”和“贷”为记账符号，反映各项会计要素增减变化情况的一种复式记账方法。它是各种复式记账方法中应用历史最长、使用范围最广的一种方法。

借贷记账法起源于13世纪的意大利。当时意大利的商品经济，尤其是沿海城市的海上贸易，已有了相当的发展。但流通的货币不统一，无论是货币的名称、成色、重量等均较为复杂，

成为商品交换的一大障碍。在此情况下，当时以经营货币兑换业务为主的“银行”（银钱业），进行转账结算就受到商人的普遍欢迎。商人事先将不同的货币存入“银行”，“银行”将其折算成公认的货币并为他开设存款户，然后根据商人的要求进行相互之间的转账结算。这样，“银行”为每个存款人开户记账时，均须预留两个部位记账。收进存款时记在贷主（creditor）名下，表示自身的债务增加；付出款项时则记在借主（debtor）名下，表示自身的债权增加。因此，最初的“借”和“贷”本是适应借贷资本的需要而产生的一对矛盾概念，其含义都是从借贷资本家的角度进行解释的，即用来反映债权（应收款）和债务（应付款）的增减变化情况。

以后随着商品经济的不断发展，经济活动内容的日益复杂，记账对象已不仅仅局限于货币资金的借贷业务，而逐渐扩展到各种财产物资和经营损益等诸方面。为了保证账簿记录的统一性，对于非货币资金增减变动业务，也以“借”和“贷”两字反映其增减变化情况。这样，“借”“贷”两字就逐步失去原来的含义，转化为一种纯粹的记账符号，成为会计的专门术语。

（二）借贷记账法的理论依据

借贷记账法作为一种复式记账方法，能为不同社会形态的会计所应用，其根本原因即在于它的技术性和科学性，即借贷记账法是以“资产＋费用＝负债＋所有者权益＋收入”会计等式所包含的经济内容和数量关系为其理论依据，如实记录经济业务内容而创立的一种记账方法。会计主体在日常经营活动中所发生的每一项经济业务，都必然会对会计要素产生相应的影响：有可能使两个或两个以上会计要素等量发生增减变动；也有可能使同一会计要素内部两个或两个以上的具体项目等量发生增减变动。而任何经济业务的发生，都不会破坏会计等式客观存在的数量平衡关系。为了如实反映每一项经济业务引起会计要素增减变动的情况及其资金的变化，就必须在两个或两个以上的对应账户中进行相互联系的记录反映。

（三）借贷记账法的记账符号

借贷记账法以“借”（Dr）、“贷”（Cr）为其记账符号，两字具有抽象的双重含义。“借”、“贷”作为记账符号，用它表示增减，要看账户的类型。

在反映会计主体资金数量变化时，具有其特定的含义：“借”一方面表示资产和费用、成本的增加，另一方面表示负债、所有者权益或收入、利润的减少；“贷”一方面表示负债、所有者权益或收入、利润的增加，另一方面表示资产和费用、成本的减少。具体如图 3－4 所示。

借方　　　　账户名称	贷方
资产增加	资产减少
负债减少	负债增加
所有者权益减少	所有者权益增加
成本、费用增加	成本、费用减少
收入减少	收入增加

图 3－4　借贷记账法下借方与贷方的含义

（三）借贷记账法的账户结构

在借贷记账法下，任何账户都分为借、贷两方，在借贷记账法下，会计账户的左方称为“借方”，右方称为“贷方”。记账时，账户的借贷两方必须做相反方向的记录。如果借方登记增加数，贷方就登记减少数；反之，借方登记减少数，贷方就登记增加数。也就是说，不同类型的账户，它的账户结构是不相同的。

根据账户的性质和登记的经济内容，借贷记账法的账户结构可分为如下四类：

1. 资产类账户结构

资产类账户除“累计折旧”、“坏账准备”、“存货跌价准备”等备抵账户外，资产增加记借方，资产减少记贷方，期末余额一般在借方，反映资产的实际结存数。其账户的基本结构如图3—5所示。

借方	资产类账户		贷方
期初余额	×××		
本期增加额	×××	本期减少额	×××
本期发生额	×××	本期发生额	×××
期末余额	×××		

图3—5　资产类账户结构

该类账户的期末余额的计算公式如下：

资产类账户期末借方余额＝期初借方余额＋本期借方发生额－本期贷方发生额

成本、费用类的账户结构与资产类账户基本相同，借方登记成本、费用的增加额，贷方登记减少(转销)额。由于借方登记的增加额一般要通过贷方转出，所以该类账户通常没有余额。

2. 负债及所有者权益类账户结构

负债和所有者权益增加记贷方，负债和所有者权益减少记借方，期末余额一般在贷方，反映尚需实际偿还的债务和所有者权益的实际数额。其账户结构如图3—6所示。

借方	负债及所有者权益类账户		贷方
		期初余额	×××
本期减少额	×××	本期增加额	×××
本期发生额	×××	本期发生额	×××
		期末余额	×××

图3—6　负债及所有者权益类账户结构

该类账户的期末余额的计算公式如下：

负债及所有者权益类类账户期末贷方余额＝期初贷方余额＋本期贷方发生额－本期借方发生额

收入、成果类的账户结构与负债及所有者权益类账户基本相同，贷方登记收入、成果的增加额，借方登记减少(转销)额。由于贷方登记的增加额一般要通过借方转出，所以该类账户通常没有余额。

根据上述账户的基本结构，可将借贷记账法的账户结构规律总结如下：

(1)各类账户的期末余额都记录在增加的那一方。通常情况下，资产类账户的期末余额记录在借方，负债及所有者权益类账户余额记录在贷方。

(2)若账户的借方期初余额和本期借方发生额合计大于本期贷方发生额，期末余额在借方；反之，若账户的贷方期初余额和本期贷方发生额合计大于借方发生额，则期末余额在贷方。

(3)若账户的期初余额和期末余额在同一方向，说明该账户的性质未变；若账户的期初余额和期末余额在相反方向，则说明该账户的性质发生了改变。

(四)借贷记账法的记账规则

根据复式记账原理,对每一项经济业务均要以相等金额,同时在两个或两个以上账户中进行相互联系的对应登记。在借贷记账法下如何记录经济业务呢?以下通过实例来说明借贷记账法的运用,进而总结出借贷记账法的记账规则。

【例 3—1】 长青公司 2016 年 6 月 30 日有关账户的期末余额如表 3—4 所示。

表 3—4　　长青公司 2016 年 6 月 30 日账户余额　　单位:元

资产类账户	期末余额	负债及所有者权益类	期末余额
库存现金	5 000	短期借款	330 000
银行存款	200 000	应付账款	100 000
应收账款	15 000	实收资本	1 100 000
原材料	710 000	资本公积	100 000
固定资产	700 000		
总　计	1 630 000	总　计	1 630 000

2016 年 7 月该公司发生下列经济业务:

(1)某投资人以厂房、机器设备作价200 000元向企业投资。

分析:该项经济业务发生一方面使企业的资产——固定资产增加200 000元,应记入"固定资产"的借方;另一方面使企业的所有者权益——实收资本增加200 000元,应记入"实收资本"的贷方。

(2)企业用银行存款归还短期借款80 000元。

分析:该项经济业务发生一方面使企业的资产——银行存款减少80 000元,应记入"银行存款"的贷方;另一方面使企业的负债——短期借款减少80 000元,应记入"短期借款"的借方。

(3)向银行取得短期借款60 000元直接归还应付账款。

分析:该项经济业务发生一方面使企业的负债——短期借款增加60 000元,应记入"短期借款"的贷方;另一方面使企业的负债——应付账款减少60 000元,应记入"应付账款"的借方。

(4)从银行提取现金备用10 000元。

分析:该项经济业务发生一方面使企业的资产——库存现金增加10 000元,应记入"库存现金"的借方;另一方面使企业的资产——银行存款减少10 000元,应记入"银行存款"的贷方。

(5)生产 A 产品耗用材料70 000元。

分析:该项经济业务发生一方面使企业的成本——生产成本增加70 000元,应记入"生产成本"的借方;另一方面使企业的资产——原材料减少70 000元,应记入"原材料"的贷方。

(6)销售 A 产品 80 台,每台售价2 000元,计160 000元,货款未收(不考虑增值税)。

分析:该项经济业务发生一方面使企业的资产——应收账款增加160 000元,应记入"应收账款"的借方;另一方面使企业的收入——主营业务收入增加160 000元,应记入"主营业务收入"的贷方。

(7)以银行存款购买办公用品1 500元。

分析:该项经济业务发生一方面使企业的费用——管理费用增加1 500元,应记入"管理费用"的借方;另一方面使企业的资产——银行存款减少1 500元,应记入"银行存款"的贷方。

(8)以资本公积转增资本50 000元。

分析：该项经济业务发生一方面使企业所有者权益——实收资本增加50 000元，应记入“实收资本”的贷方；另一方面使企业的所有者权益——资本公积减少50 000元，应记入“资本公积”的借方。

从上述分析可以看出，每一笔经济业务发生后，必须在记入某一个账户借方的同时记入另一个账户的贷方，而且记入借方与记入贷方的金额总是相等的。因此，我们可以总结出借贷记账法的记账规则是：有借必有贷，借贷必相等。

（五）账户的对应关系和会计分录

1. 账户对应关系

运用借贷记账法进行复式记账时，要求对每一项经济业务都必须在两个或两个以上的相互联系的账户中进行借、贷双方的登记，从而在这些对应账户之间就形成了应借应贷的相互关系。账户之间的这种相互依存、相互对照的关系，即称为账户的对应关系。发生相互对应关系的账户，则称为对应账户。

通过账户的对应关系，可以清晰地反映每一项经济业务的内容，并能清楚地说明业务的发生引起会计要素及其项目增减变化的来龙去脉。

2. 会计分录

在实际会计核算工作中，为了保证账户对应关系的正确性和账簿记录的准确性，在经济业务发生时，并不直接将其记入有关对应账户的借方和贷方，而是先编制会计分录，再根据会计分录登记在有关对应账户的借方和贷方。

所谓会计分录，就是根据借贷记账法的复式记账原理，标明每项经济业务应记账户名称、记账方向和记账金额的一种记录形式。会计分录简称分录，在实际工作中是根据经济业务发生或完成时所取得的原始凭证进行编制的。会计分录在西方国家普遍采用“日记账”形式予以列示，在我国通常是在具有一定格式的记账凭证上列示的。

规范的会计分录应该具有记账的账户名称、借贷方向和金额三个要素，并附有简洁的摘要说明。其书写格式一般是上借下贷，借贷相错一格，金额后不带单位。在实际工作中，会计分录通常是通过编制记账凭证来进行的。

运用借贷记账法编制会计分录，通常有以下几个步骤：

（1）分析经济业务的内容，确定应登记的对应账户名称；

（2）确定账户类别；

（3）分析账户的增减变化；

（4）确定账户记录的借贷方向和金额。

下面，将【例3－1】中的（1）～（8）项经济业务的会计分录编制如下：

（1）借：固定资产	200 000	
贷：实收资本		200 000
（2）借：短期借款	80 000	
贷：银行存款		80 000
（3）借：应付账款	60 000	
贷：短期借款		60 000
（4）借：库存现金	10 000	
贷：银行存款		10 000

(5)借:生产成本 70 000
　　贷:原材料 70 000
(6)借:应收账款 160 000
　　贷:主营业务收入 160 000
(7)借:管理费用 1 500
　　贷:银行存款 1 500
(8)借:资本公积 50 000
　　贷:实收资本 50 000

会计分录按其组成内容繁简,可分为简单会计分录和复合会计分录两种。简单会计分录是指一个账户的借方与另一个账户的贷方形成对应关系的会计分录,即只有"一借一贷"的会计分录。复合会计分录是指一个账户的借方与几个账户的贷方形成对应关系,或一个账户的贷方与几个账户的借方形成对应关系的会计分录。为了清楚地反映账户之间的对应关系,一般应编制"一借一贷"、"一借多贷"或"一贷多借"的会计分录,而不应把不同类型的经济业务合并编在一起,编制"多借多贷"的会计分录。

(四)借贷记账法的试算平衡

试算平衡,是指根据会计等式所包含的经济内容和数量平衡关系,按照记账规则的要求,通过账户的汇总、计算和比较,来检验账户记录正确性和完整性的一种会计方法。

根据借贷记账法账务处理的规律性,其全部经济业务记录的试算平衡,采用的是借贷自动平衡方法,包括发生额试算平衡和余额试算平衡两类。

1. 发生额试算平衡

由于借贷记账法对每项经济业务,都严格遵循"有借必有贷,借贷必相等"的记账规则,在相互联系的账户中作双重登记,因此,一定时期内的所有账户的借方发生额合计与其贷方发生额合计也必然相等,即:

全部账户本期借方发生额合计=全部账户本期贷方发生额合计

2. 余额平衡

根据基本会计等式"资产=负债+所有者权益"的平衡原理,由于资产总额表现为所有账户的借方余额合计,负债和所有者权益总额表现为所有账户的贷方余额合计,因此,一定时点的所有账户的借方余额合计也必然与所有账户的贷方余额合计相平衡,即:

全部账户借方余额合计=全部账户贷方余额合计

上述账户记录的发生额和余额的试算平衡公式,进一步体现了借贷记账法的严密性和科学性。在实际工作中,试算平衡通常是通过编制试算平衡表来进行的。

为了计算各账户的发生额和期末余额,必须将根据会计分录编制的记账凭证登记入账,简称过账。过账以后,一般要在月终进行结账,即计算出各账户的本期发生额合计和期末余额。

现将【例 3—1】中的期初余额和(1)~(8)项经济业务的会计分录记入有关账户,如下所示。

借	库存现金		贷
期初余额	5 000		
(4)	10 000		
本期发生额	10 000	本期发生额	—
期末余额	15 000		

借	应收账款		贷
期初余额	15 000		
(6)	160 000		
本期发生额	160 000	本期发生额	—
期末余额	175 000		

借	银行存款		贷
期初余额	200 000	(2)	80 000
		(4)	10 000
		(7)	1 500
本期发生额	—	本期发生额	91 500
期末余额	108 500		

借	原材料		贷
期初余额	710 000		
		(5)	70 000
本期发生额	—	本期发生额	70 000
期末余额	5 000		

借	固定资产		贷
期初余额	700 000		
(1)	200 000		
本期发生额	200 000	本期发生额	—
期末余额	900 000		

借	管理费用		贷
期初余额	—		
(7)	1 500		
本期发生额	1 500	本期发生额	—
期末余额	1 500		

借	生产成本		贷
期初余额	—		
(5)	70 000		
本期发生额	70 000	本期发生额	—
期末余额	70 000		

借	短期借款		贷
		期初余额	330 000
(2)	80 000	(3)	60 000
本期发生额	80 000	本期发生额	60 000
		期末余额	310 000

借	应付账款		贷
		期初余额	100 000
(3)	60 000		
本期发生额	60 000	本期发生额	—
		期末余额	40 000

借	实收资本		贷
		期初余额	1 100 000
		(1)	200 000
		(8)	50 000
本期发生额	—	本期发生额	250 000
		期末余额	1 350 000

借	资本公积		贷
		期初余额	100 000
(8)	50 000		
本期发生额	50 000	本期发生额	—
		期末余额	50 000

借	主营业务收入		贷
		期初余额	—
		(6)	160 000
本期发生额	—	本期发生额	160 000
		期末余额	160 000

根据以上各账户的发生额和余额编制试算平衡表，如表3—5所示。

表3—5　　长青公司总分类账户试算平衡表

2016年7月31日

会计科目	期初余额		本期发生额		期末余额	
	借方	贷方	借方	贷方	借方	贷方
库存现金	5 000		10 000		15 000	
银行存款	200 000			91 500	108 500	
应收账款	15 000		160 000		175 000	
原材料	710 000			70 000	640 000	
固定资产	700 000		200 000		900 000	

续表

会计科目	期初余额		本期发生额		期末余额	
	借方	贷方	借方	贷方	借方	贷方
生产成本	—		70 000		70 000	
管理费用			1 500		1 500	
短期借款		330 000	80 000	60 000		310 000
应付账款		100 000	60 000			40 000
实收资本		1 100 000		250 000		1 350 000
资本公积		100 000	50 000			50 000
主营业务收入		—		160 000		160 000
总计	1 630 000	1 630 000	631 500	631 500	1 910 000	1 910 000

运用试算平衡表,可以及时发现账户登记中出现的一些错误,并为结账和编制会计报表作准备。所以,编制试算平衡表已经成为会计循环中的一个重要环节。若试算不平衡,则账户记录或汇总计算肯定有错误,需查找更正;若试算平衡,也只能说明账户记录基本正确,因为有些记账错误,并不影响账户记录的试算平衡,如账户记录的借贷双方全部重记、漏记、串记、方向颠倒和用错账户等。由此可见,试算平衡也只是检验账户记录正确与否的方法之一,要想保证会计核算的正确性,还必须加强其他核对、查验工作。

第四节 总分类账户和明细分类账户

一、总分类账户

总分类账户是按一级会计科目开设,以货币计量单位作为统一计量尺度,反映各个会计要素分类项目总括情况的账户,故亦称为一级账户。总分类账户只提供各账户经济内容的总括价值指标,不提供有关明细项目、单价、实物数量等具体详细资料。通过总分类账户提供的各种总分类核算资料,可以概括了解企业的各种资产、负债、所有者权益、成本、费用、经营收入和经营成果情况,满足企业生产经营管理总括资料信息的需要,有利于加强企业经营资金运动的全面控制。

二、明细分类账户

明细分类账就是根据某一总分类账户的核算内容,按照明细分类科目设置,提供有关详细资料的账户,它对总分类账户起具体补充说明作用。比如,为了详细反映企业与有关购销往来单位的账款结算情况,就须在“应收账款”总分类账户下,按具体债务人设置明细分类账户;在“应付账款”的总分类账户下,按具体债权人设置明细分类账户。再如,为了详细掌握库存商品、原材料等存货的实际收入、发出和结存情况,就须在“库存商品”、“原材料”等总分类账户下,按其类别、品名、规格等分别设置若干明细分类账户,并在应用货币计量单位登记的同时,应用实物计量单位进行登记,以适应库存商品、原材料等存货的实物管理需要。

由于各个企业业务规模和复杂程度不尽相同，故大中型企业在组织会计总分类核算和明细分类核算的时候，往往基于实际经营管理上的需要，在总分类账户与明细分类账户之间，设置比总分类账户详细、比明细分类账户概括的账户。这种账户固然也属明细分类核算的性质，但因它是介于总分类账户与明细分类账户之间的一种账户，为了清楚地区分账户的这种纵向层次关系，习惯上把总分类账户称为一级账户，把详细具体的明细账户称为三级账户，而把介于两者之间的较为简括的明细账户称为二级账户。

设置二级账户有助于一级账户分类统驭所属的三级账户的详细明细核算资料，便于加强控制和管理。比如，在“固定资产”一级账户下，除按其类别、品名、规格分别设置了三级账户外，还应按固定资产的经济用途和使用情况设置“经营用固定资产”、“非经营用固定资产”、“租出固定资产”、“未使用固定资产”、“不需用固定资产”和“融资租入固定资产”等二级账户。再如，在“原材料”一级账户下，除按类别、品名、规格等设置三级账户外，还可根据管理需要，设置“原料及主要材料”、“辅助材料”、“外购半成品”、“修理用备件”、“燃料”等二级账户。二级账户一般不另设账页核算，其所需资料通常可通过所属三级账户明细资料加计求得。若确有需要，二级账户也可另设账页组织核算。

三、总分类账户与明细分类账户的关系

总分类账户是按一级会计科目开设，提供有关总括资料的账户；明细分类账户是按明细科目开设，提供详细资料的账户。它们是既有内在联系又有一定区别的两类账户。

两者的相互联系主要表现在：

(1)反映的对象和性质相同。如“原材料”总分类账户与所属的“原材料及主要材料”、“辅助材料”、“外购半成品”等明细账户，反映的均为原材料的增减变化及结存情况，其经济性质均为资产类账户。

(2)登记的原始依据相同。如产成品验收入库或销售发货出库，引起“库存商品”的增减，总分类账户与所属明细分类账户登记增加或减少的原始凭证，均为“产品入库单”或“产品出库单”及相关记账凭证等。

但两者也有其区别，主要表现为：

(1)提供信息资料的详细程度不同。总分类账户提供会计要素各会计科目的总括价值资料；明细账户则提供各会计科目的详细资料，并从数量、单价、金额等多方面反映会计科目经济内容的具体核算情况。

(2)提供的信息资料所起作用不同。总分类账户提供综合的经济指标，对所属明细分类账户起着统驭作用；明细分类账户则提供详细的经济指标，对总分类账户起着补充作用。

四、总分类账户与明细分类账户的平行登记

所谓平行登记，是指每发生一笔经济业务，既在有关总分类账户中进行总括登记，又在其所属明细分类账户中进行明细登记的方法。

由于总分类账户与明细分类账户的上述关系，决定了会计核算过程中，必须对两者采用平行登记的方法。

总分类账户与明细分类账户平行登记的要点可概括如下：

(1)同时期登记。对于每项经济业务，在登记其总分类账户的同时，务必登记其所属的明细分类账户(不设明细分类账户的除外)。若涉及几个明细分类账户，则应分别一一登记这几

个明细分类账户。

(2)同方向登记。对于每项经济业务,登记总分类账户的方向与登记其所属明细账户的方向必须一致。

(3)同金额登记。对于每项经济业务,登记总分类账户的金额与登记其所属明细账户的金额合计数相等,即:

总分类账户期初借(或贷)方余额=所属明细分类账户期初借(或贷)方余额之和

总分类账户本期借(或贷)方发生额=所属明细分类账户本期借(或贷)方发生额之和

总分类账户期末借(或贷)方余额=所属明细分类账户期末借(或贷)方余额之和

通过上述平衡关系的试算,可以将总分类账户与明细分类账户进行核对,以检查账簿记录的正确性和完整性。

下面以实例来说明总分类账户和明细分类账户的登记方法。

【例 3—2】 五岳公司 2016 年 4 月初"原材料"总分类账户余额为560 000元,其所属明细分类账户甲、乙、丙材料月初数量分别为3 000千克、1 000千克和400千克,单价分别为100元、200元和150元 。

(1)4月5日,购入甲材料2 000千克,单价110元;购入乙材料1 000千克,单价210元;购入丙材料2 000千克,单价120元。材料已验收入库。根据材料验收入库凭证作会计分录如下:

借:原材料——甲材料　　220 000
　　　　　——乙材料　　210 000
　　　　　——丙材料　　240 000
　贷:在途物资——甲材料　　220 000
　　　　　　——乙材料　　210 000
　　　　　　——丙材料　　240 000

(2)4月8日,生产 A 产品领用甲材料3 800千克,单价104元/千克;领用乙材料1 600千克,单价205元/千克;领用丙材料1 200千克,单价125元/千克。根据材料出库凭证作会计分录如下:

借:生产成本——A 产品　　873 200
　贷:原材料——甲材料　　395 200
　　　　　——乙材料　　328 000
　　　　　——丙材料　　150 000

根据上述会计分录,对"原材料"总分类账户及所属"甲材料"、"乙材料"和"丙材料"明细分类账户进行平行登记,其账户记录如表 3—6、表 3—7、表 3—8 和表 3—9 所示。

表 3—6　　**总分类账户**

会计科目:原材料　　第×页

2016 年		凭证		摘　要	借方	贷方	借或贷	余额
月	日	字	号					
4	1			期初余额			借	560 000
	5	转	6	购进	670 000			
	8	转	8	生产领用		873 200		
	30			本月合计	670 000	873 200	借	356 800

表 3—7　　原材料明细分类账户

名称:甲材料　　计量单位:千克

编号:101　　储存地点:1 号库

2016 年		凭证		摘要	收入			发出			结存		
月	日	字	号		数量	单价	金额	数量	单价	金额	数量	单价	金额
4	1			期初余额							3 000	100	300 000
	5	转	6	购进	2 000	110	220 000				5 000	104	520 000
	8	转	8	生产领用				3 800	104	395 200	1 200	104	124 800
	30			本月合计	2 000	110	220 000	3 800	104	395 200	1 200	104	124 800

表 3—8　　原材料明细分类账户

名称:乙材料　　计量单位:千克

编号:102　　储存地点:2 号库

2016 年		凭证		摘要	收入			发出			结存		
月	日	字	号		数量	单价	金额	数量	单价	金额	数量	单价	金额
4	1			期初余额							1 000	200	200 000
	5	转	6	购进	1 000	210	210 000				2 000	205	410 000
	8	转	8	生产领用				1 600	205	328 000	400	205	82 000
	30			本月合计	1 000	210	210 000	1 600	205	328 000	400	205	82 000

表 3—9　　原材料明细分类账户

名称:丙材料　　计量单位:千克

编号:103　　储存地点:3 号库

2016 年		凭证		摘要	收入			发出			结存		
月	日	字	号		数量	单价	金额	数量	单价	金额	数量	单价	金额
4	1			期初余额							400	150	60 000
	5	转	6	购进	2 000	120	240 000				2 400	125	300 000
	8	转	8	生产领用				1 200	125	150 000	1 200	125	150 000
	30			本月合计	2 000	120	240 000	1 200	125	150 000	400	125	150 000

期末为了将总分类账户与明细分类账户进行核对,需编制“总分类账户与明细分类账户发生额及余额表”,见表 3—10。

表 3—10　　总分类账户与明细分类账户发生额及余额表

2016 年 4 月 30 日　　单位:元

账户名称	期初余额		本期发生额		期末余额	
	借方	贷方	借方	贷方	借方	贷方
甲材料	300 000		220 000	395 200	124 800	
乙材料	200 000		210 000	328 000	82 000	
丙材料	60 000		240 000	150 000	150 000	
“原材料”总账	560 000		670 000	873 200	356 800	

【复习思考题】

1. 什么是会计科目？会计科目按经济内容分为哪几种类型？
2. 什么是会计账户？会计科目与会计账户的关系是怎样的？
3. 会计账户的基本结构是怎样的？
4. 什么是复式记账？其理论依据是什么？
5. 借贷记账法下各类账户的结构是怎样的？如何计算各类账户的期末余额？
6. 如何理解借贷记账法的记账规则？
7. 总分类账和明细分类账户的关系是怎样的？如何进行平行登记？

【练习题】

习题一

【目的】 练习账户的本期发生额和余额的计算。

【资料】 某企业有关账户资料见表 3—11 所示。

表 3—11　　**账户资料表**　　单位:元

账户名称	期初余额	本期借方发生额	本期贷方发生额	期末余额
银行存款	450 000	A	320 000	350 000
库存商品	680 000	410 000	B	360 000
固定资产	C	1 500 000	500 000	6 000 000
短期借款	600 000	400 000	200 000	D
资本公积	950 000	E	1 050 000	1 460 000

【要求】计算上表中 A、B、C、D、E 的金额。

习题二

【目的】 练习借贷记账法的运用。

【资料】 1. 假定某企业 2016 年 7 月各资产、负债和所有者权益账户的期初余额如表 3—12 所示。

表 3—12　　**账户期初余额表**　　单位:元

资产类	金　额	负债及所有者权益	金　额
库存现金	1 000	短期借款	62 000
银行存款	135 000	应付账款	18 000
应收账款	20 000	实收资本	860 000
生产成本	40 000		
原材料	120 000		
库存商品	24 000		
固定资产	600 000		
合　计	940 000	合　计	940 000

2.7 月份发生下列经济业务：

(1)从银行提取现金 400 元。

(2)生产车间领用甲材料 40 000 元用于产品生产。

(3)用银行存款购入甲材料 10 000 元。

(4)用银行存款购入新汽车一辆，计价 100 000 元。

(5)用银行存款偿还应付账款 13 000 元。

(6)生产车间领用乙材料 25 000 元用于产品生产。

(7)收到购货单位前欠货款 3 000 元存入银行。

(8)以银行存款 16 000 元，归还短期借款 12 000 元，归还应付账款 4 000 元。

(9)投资者投入资本 20 000 元存入银行。

(10)收到购货单位前欠货款 14 000 元存入银行。

【要求】

1. 根据资料 1 开设各账户(丁字式)，登记期初余额。
2. 根据资料 2 的各项经济业务，编制会计分录。
3. 根据会计分录，登记有关账户，并结计本期发生额和期末余额。
4. 编制“总分类账发生额和余额试算平衡表”。

习题三

【目的】 练习总分类账和明细分类账的登记方法。

【资料】 1. 某工厂 2016 年 11 月 1 日“原材料”总分类账及其所属明细分类账户的期初余额见表 3—13。

表 3—13　　“原材料”账户期初余额

名　称	数量	单价	金额(元)
甲材料	300	700	210 000
乙材料	800	60	48 000
原材料借方余额			258 000

2. 该厂“应付账款”总分类账户及所属名细分类账户的月初余额见表 3—14。

表 3—14　　“应付账款”账户期初余额

名　称	贷方余额(元)
兴华工厂	26 000
新飞工厂	7 000
“应付账款”贷方余额	33 000

3. 本月发生下列经济业务：

(1)11 月 1 日，向红光工厂购入以下材料，货款未付，材料已验收入库，资料见表 3—15。

表 3—15　**购入材料入库情况表**

名　称	单位	数量	单价	金额(元)
乙材料	千克	800	60	48 000
丙材料	件	5 000	5	25 000
合　计				73 000

(2)11 月 12 日,用银行存款 20 000 元偿还前欠兴华工厂货款。

(3)11 月 13 日,向新飞工厂购入丙材料 300 件,单价 5 元,货款暂欠,材料已验收入库。

(4)11 月 25 日,领用材料投入生产,见表 3—16。

表 3—16　**原材料耗用情况表**

名　称	单位	数量	单价	金额(元)
甲材料	吨	200	700	140 000
乙材料	千克	600	60	36 000
丙材料	件	600	5	3 000
合　计				179 000

【要求】

1. 编制本月发生经济业务的会计分录。

2. 根据资料,用丁字账开设并登记“原材料”和“应付账款”总分类账及所属明细分类账,计算各账户的发生额和期末余额。

3. 编制“总分类账户与明细分类账户发生额及余额表”。

第四章　企业生产经营过程的核算

【学习要求】

1. 理解工业企业主要生产经营过程；
2. 掌握资金筹集核算；
3. 掌握供应过程和材料采购成本的核算；
4. 掌握生产过程的核算和产品成本的计算；
5. 掌握销售过程和财务成果核算；
6. 明确资金的调整和退出核算。

【专业术语】

供应阶段(Supply stage)
销售阶段(Sale stage)
资本公积(Capital reserve)
材料采购(Material purchase)
产品成本(Production costs)
直接人工(Direct labor)
期间费用(Period expense)
累计折旧(Accumulated depreciation)
主营业务收入(Primary business revenues)
税前利润(Earnings before taxes)
所得税费用(Income taxes expenses)
管理费用(Administrative expenses)
营业外收入(Non-operating revenues)
营业利润(Operating profits)
法定盈余公积(Statutory surplus reserve)
任意盈余公积(Discretionary surplus reserve)
生产阶段(Production stage)
实收资本(Paid-in capital)
摊销(Amortization)
无形资产(Intangible assets)
直接材料(Direct materials)
制造费用(Manufacturing overhead)
在产品成本(Work in process inventory)
库存商品(Merchandise on hand)
其他业务收入(Other business revenues)
净利润(Net profit)
销售费用(Operating expenses)
财务费用(Financial expenses)
营业外支出(Non-operating expenses)
其他业务利润(Profit from non-major business)
法定公益金(Statutory commonweal fare)
未分配利润(Undistributed profit)

第一节 工业企业主要生产经营过程

工业企业为进行生产经营，必须拥有一定量的资金.因此，企业需要通过资金筹集业务，获取企业生产所需的资金。同时，企业是一个营利性的组织，其进行生产经营的目的是为了谋求利润，在一个生产经营周期结束的时候，需要计算利润并且按照一定的程序和标准进行利润的分配。这样，工业企业的主要生产经营过程就包括资金筹集阶段、资金周转阶段和资金退出阶段，在资金周转阶段，资金运动依次贯穿于供应过程、生产过程和销售过程。工业企业的会计核算主要任务就是核算这些阶段或过程的资金运动。

资金筹集业务是企业获取资金的过程，也是企业资产的早期形成过程。企业的资金筹集主要有两种形式：吸收所有者向企业投入资金和企业向银行等金融机构借款。这一环节取得的资金主要表现为货币资金和实物资产。

企业完成资金筹集之后，动用筹集来的货币资金购买材料物资和机器设备以形成企业的生产能力，其业务主要包括材料的采购业务和固定资产的购置业务。生产准备环节的实物资金进一步分为固定资金（购建生产设备、建筑物等固定资产所占用的资金）和储备资金（购买原材料等流动资产所占用的资金）。

产品生产业务是形成产品实体的环节，也是生产经营过程的核心环节。在产品生产环节，企业需要雇用工人利用生产设备对材料物资进行加工，生产市场所需要的产品，以满足社会的需要。这一环节发生的与产品相关的变化体现在两方面：产品的实体形成和产品的价值形成。产品的实体形成主要表现在材料物资经过人工利用设备进行加工，逐渐改变其实物形态和功能结构，最终成为合格的产成品；产品的价值形成主要表现在生产过程中人工、材料和设备的消耗产生的成本、费用转化为产品的制造成本。

产品销售业务是企业产品价值的实现环节，也是经营过程中最关键的环节。企业通过对外销售产品并且收取销售货款来弥补前期的各种资源的消耗。企业的销售业务需要关注两个方面：产品实体的流出和货币资金的流入。在这一环节，资金运动表现为成品资金通过销售实现再次转化为货币资金，并且在转化的过程中实现增值。

利润计算及利润分配业务是综合测算企业经营成果并且对投资者进行补偿的业务环节。通过从生产准备到产品生产，最终实现产品销售这样一个完整的生产经营过程，企业的货币资金实现了增值。企业一般会经历若干次这样的资金增值过程，形成一定的资金增值的累积，这就是企业利润最主要的来源。

投资者投资兴办企业的目的是为了获取投资收益，企业赚取利润后需要对投资者进行分配，以满足其获利要求，即企业的利润分配业务。在这一业务环节中，资金运动主要表现为部分资金通过利润分配退出企业，而剩余部分资金则会继续进入资金循环过程。

综上所述，工业企业在生产经营过程中发生的主要经济业务内容包括：(1)资金筹集业务；(2)供应过程业务；(3)生产过程业务；(4)销售过程及财务成果分配业务；(5)资金调整与退出业务。

第二节 资金筹集核算

工业企业的资金按来源不同分为投资人投入资金和向银行及其他金融机构等债权人借入资金，即所有者权益资金和负债资金。

一、所有者权益资金筹集的核算

(一)实收资本核算概述

资金是企业生存和发展的基本前提。特别是作为企业自有资金的实收资本，不仅是企业生产经营活动的基本保证，而且也是企业设立、登记和履行民事责任的必要条件。我国《公司法》规定：设立股份有限公司，“发起人认购和募集的股本达到法定资本最低限额”；“有限责任公司注册资本的最低限额为人民币三万元”；“一人有限责任公司的注册资本最低限额为人民币十万元”；“股份有限公司注册资本的最低限额为人民币五百万元”。股东出资达到法定资本最低限额是设立公司的必备条件之一。任何企业的创建，必须达到国家法律规定的最低资本金限额。

实收资本亦称投入资本，是投资人对企业投入的资本金，是所有者权益的主要组成部分之一。这部分资本在一般情况下可以长期周转使用，无须偿还给投资者。我国目前实行的是实收资本制，即要求企业的实收资本与其注册资本相一致。若企业的实收资本比原注册资本数额增减超过20%时，应持资金使用证明或者验资证明，向原登记主管机关申请变更登记。若擅自改变注册资本或抽逃资本等，要受到工商行政管理部门的处罚。

投资人可以货币资产进行投资，也可以货币资产以外的固定资产、存货等实物资产进行投资；符合国家规定比例的，还可以用专利权、商标权、非专利技术、著作权、土地使用权等无形资产进行投资。

(二)账户设置

为了全面、完整地核算和控制企业接受投资者投资的实收资本业务，反映企业实收资本的增减变动情况及其结果，一般应设置“实收资本”和“资本公积”两个基本账户；同时还要涉及与运用到“银行存款”、“固定资产”、“无形资产”、“原材料”等相关账户。

1.“实收资本”(或“股本”)账户

“实收资本”账户属于所有者权益类账户，用以核算和监督企业根据企业章程的规定，接受投资者投入企业的实收资本。企业收到投资者超过其在注册资本或股本中所占份额的部分，作为资本溢价或股本溢价，在“资本公积”科目核算。该账户贷方登记企业实际收到投资者银行存款、固定资产、无形资产、其他流动资产以及公积金转增资本、股票股利分配、可转换债券转为股本等所确定的资本金数额；企业资本金通常不得随意变动，若按法定程序减少注册资本，则在账户的借方予以登记；余额在贷方，表示实收资本的实有数额或股本总额。该账户应按投入资本的投资者设置明细账户，进行明细分类核算。

2.“资本公积”账户

“资本公积”账户属于所有者权益类账户，用以核算和监督企业收到投资者出资超出其在注册资本或股本中所占的份额以及直接计入所有者权益的利得和损失等资本公积金的增减变动情况及其结果。账户贷方登记企业资本溢价、接受捐赠资产、拨款转入等增加的资本公积数额;账户借方登记按规定将资本公积转增资本等所发生的资本公积减少额;余额在贷方,反映资本公积的实有数额。该账户应按资本公积金形成的类别设置"资本溢价"或"股本溢价"和"其他资本公积"明细账户,进行明细分类核算。本科目期末贷方余额,反映企业资本公积的余额。

3."银行存款"账户

"银行存款"账户属于资产类账户,用以核算、监督企业存入银行和其他金融机构的各种款项的增减变动情况及其结果。外埠存款、银行本票存款、银行汇票存款、信用卡存款、信用证保证金存款、存出投资款等,在"其他货币资金"科目核算。账户借方登记企业银行存款的增加额;账户贷方登记企业银行存款的减少额;余额在借方,反映企业存在银行或其他金融机构的各种款项的实有数额。该账户可按开户银行和其他金融机构、存款种类、存款币种等,分别设置"银行存款日记账"进行序时核算。

4."固定资产"账户

"固定资产"账户属于资产类账户,用以核算、监督企业固定资产原始价值的增减变动情况及其结果。账户借方登记企业因购置、建造、接受投资者投入、融资租入、接受捐赠、盘盈等增加的固定资产原价;账户贷方登记企业因投资转出、捐赠转出、盘亏、出售、报废、毁损等减少的固定资产原价;余额在借方,反映企业实有的固定资产原价数额。该账户应按固定资产类别、使用部门和每项固定资产等设置"固定资产登记簿"和"固定资产卡片",进行明细核算。

5."无形资产"账户

"无形资产"账户属于资产类账户,用以核算和监督企业为生产商品、提供劳务、出租给他人,或为管理目的而持有的、没有实物形态的非货币性长期资产的增减变动情况及其结果。账户借方登记各项无形资产的增加额;账户贷方登记各项无形资产的分期摊销额或减少额;余额在借方,反映企业无形资产的实有摊余价值。该账户应按无形资产的类别设置明细账户,进行明细核算。

6."原材料"账户

"原材料"账户属于资产类账户,用以核算和监督企业库存原料及主要材料、辅助材料、外购半成品(外购件)、修理用备件(备品备件)、包装材料、燃料等的成本增减变动情况及其结果。账户借方登记各种入库材料的成本;账户贷方登记各种出库材料的成本;余额在借方,反映企业库存原材料的成本额。该账户可按材料的保管地点(仓库)、材料的类别、品种和规格等设置材料明细账(或材料卡片),进行明细核算。

(三)账务处理

【例4—1】 兴达有限责任公司是20×5年11月1日由四海公司等三公司投资创建的一家工业企业,主要生产经营A、B两种产品;该公司为增值税一般纳税人,所得税税率为25%。

现以该公司20×5年12月份的经济业务为例,说明会计账户与借贷记账法的具体应用。

(1)根据公司章程和协议的规定,收到四海公司投入的货币资金2 000 000元,存入银行。

该项经济业务的发生,一方面公司的银行存款增加2 000 000元,记入"银行存款"账户的借方;另一方面公司所有者四海公司对公司的投资增加2 000 000元,记入"实收资本"账户的贷方。其会计分录如下:

借:银行存款　　2 000 000

　贷:实收资本——四海公司　　2 000 000

(2)收到投资者顺通公司投入的一台全新生产设备,价值800 000万元。设备投入使用(假设该设备不涉及增值税)。

该项经济业务的发生,一方面公司的固定资产增加800 000元,记入“固定资产”账户的借方;另一方面公司所有者顺通公司对公司的投资增加800 000元,记入“实收资本”账户的贷方。其会计分录如下:

借:固定资产	800 000	
贷:实收资本——顺通公司		800 000

(3)收到五岳公司以土地使用权作为投资,经双方确认价值为1 800 000元,已办完各种手续。

该项经济业务的发生,一方面公司的无形资产增加1 800 000元,记入“无形资产”账户的借方;另一方面公司所有者五岳公司对公司的投资增加1 800 000元,记入“实收资本”账户的贷方。其会计分录如下:

借:无形资产	1 800 000	
贷:实收资本——五岳公司		1 800 000

(4)收到顺通公司的投资款1 500 000元,根据公司章程和协议规定,顺通公司应享有1 200 000元的股权。

该项经济业务的发生,一方面使公司的银行存款增加1 500 000元,记入“银行存款”账户的借方;另一方面公司所有者顺通公司对公司的投资增加1 200 000元,记入“实收资本”账户的贷方,而超过投资者应该享有的法定份额的资本300 000元应作为资本公积,记入“资本公积”账户的贷方。其会计分录如下:

借:银行存款	1 500 000	
贷:实收资本——顺通公司		1 200 000
资本公积——资本溢价		300 000

(5)经股东大会批准,兴达有限责任公司将公司的资本公积600 000元转增资本。

该项经济业务发生,一方面公司的所有者权益项目资本公积减少600 000元,记入“资本公积”账户的借方;另一方面公司的所有者权益项目实收资本增加600 000元,记入“实收资本”账户的贷方。其会计分录如下:

借:资本公积——资本溢价	600 000	
贷:实收资本		600 000

根据上述(1)~(5)项业务,公司投入资本核算程序如图 4—1 所示。

二、负债资金筹集的核算

(一)借入资本核算概述

借入资本亦称债权性资本,是企业根据需要从银行、其他金融机构、其他企业、单位及个人借入的资本。企业借入资本的筹资方式主要有短期借款、长期借款、发行企业债券和商业信用等。短期借款是企业根据生产经营周转的需要,向银行或其他金融机构借入的偿还期限在一年以下(含一年)的各种借款,如生产周转借款、临时借款、结算借款等;长期借款是企业向银行或其他金融机构借入的偿还期限在一年以上(不含一年)的各种借款;企业债券(应付债券)是企业为筹集长期资金,依照法定程序发行的,约定在一定期限内还本付息的债务,其通常的筹资方法是将所需的长期资本总额划分为若干较小单位,以债券形式在社会上公开募集;商业信用是企业间通过延期付款(赊购)或预收货款方式间接借入的资本,如应付账款、应付票据、预

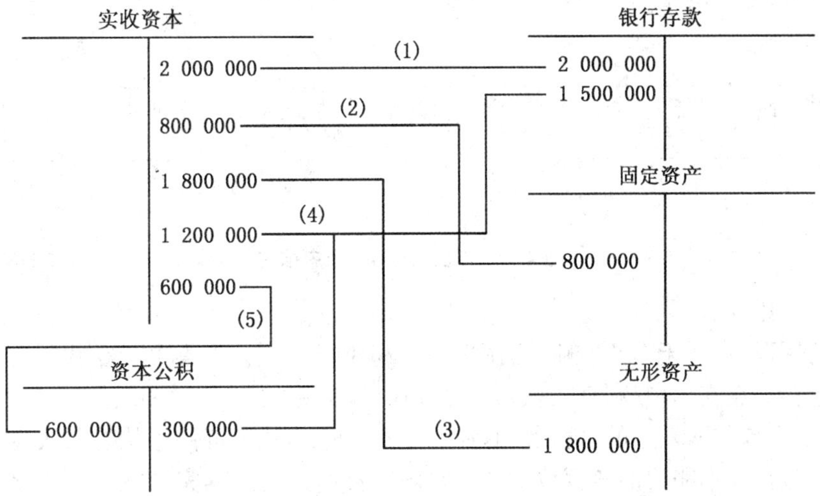

图 4—1　投入资本总分类核算示意图

收账款等(对这部分间接借入资本将在下述供应、生产、销售阶段的经济业务核算中予以介绍)。

（二）账户设置

为了全面、完整地核算和控制企业接受投资者债权性投资的业务，反映企业债权性资本的增减变动情况及其结果，一般应设置"短期借款"、"长期借款"和"应付债券"三个基本账户，同时还要涉及与运用到"银行存款"、"财务费用"等相关账户。

1."短期借款"账户

"短期借款"账户属于负债类账户，用以核算和监督企业向银行或其他金融机构等借入的期限在一年以下(含一年)的各种借款(本金)的取得 、偿还和结余情况。账户贷方登记取得的短期借款本金的增加；账户借方登记到期偿还的短期借款本金的减少；余额在贷方，反映尚未偿还的短期借款本金。该账户应按债权人设置明细账，并按借款种类进行明细核算。

2."长期借款"账户

"长期借款"账户属于负债类账户，用以核算和监督企业向银行或其他金融机构借入的期限在一年以上(不含一年)的各项借款的取得、偿还和结余情况。账户贷方登记取得的各种长期借款额和到期还本付息借款的未付利息；账户借方登记到期偿还的各种长期借款的本金和利息；余额在贷方，反映尚未偿还的长期借款本金与到期还本付息借款的未付利息。该账户应按贷款单位设置明细账，并按贷款种类进行明细核算。

3."应付债券"账户

"应付债券"账户属于负债类账户，用以核算和监督企业为筹集长期资金而发行的债券本金和利息，包括债券的发行、应计利息的计算、本息的偿还和结余情况。发行一年期及一年期以内的短期债券，在"交易性金融负债"科目核算，不在本科目核算。账户贷方登记发行债券面值、债券溢价、应计利息、债券折价摊销额等；账户借方登记到期偿还的债券面值和应付利息、债券折价、债券溢价摊销额等；余额在贷方，反映企业尚未偿还的债券本息。该账户应按债券种类设置"债券面值"、"债券溢价"、"债券折价"、"应计利息"等明细账户，进行明细核算。

"应付债券"账户的结构，如图 4—2 所示。

借方	应付债券 贷方
偿还债券面值及利息、债券折价、债券溢价、摊销等	发行债券面值、债券溢价、应计利息、债券折价、摊销等
	余额：尚未偿还的债券本息

图 4—2 "应付债券"账户结构

4."财务费用"账户

"财务费用"账户属于损益类账户，用以核算和监督企业为筹集生产经营所需资金等而发生的费用，包括利息支出(减利息收入)、汇兑损失(减汇兑收益)以及相关的手续费等。为购建固定资产的专门借款所发生的借款费用，在固定资产达到预定可使用状态前按规定应予资本化的部分，不包括在本账户的核算范围内。在固定资产建造工程完工投入使用之后发生的利息支出，则应计入当期损益，记入该账户。本账户借方登记本期发生的各项财务费用；账户贷方登记期末转入"本年利润"账户的财务费用；期末结转利润后，本账户应无余额。为详细反映本期财务费用的发生和期末结转情况，本账户应按费用项目设置明细账，进行明细核算。

5."应付利息"账户

"应付利息"账户属于负债类账户，用来核算企业已经发生但尚未实际支付的利息费用。其贷方登记预先按照一定的标准提取的应由本期负担的利息费用，借方登记实际支付的利息费用。期末余额在贷方，表示已经预提但尚未支付的利息费用。该账户应按照费用种类设置明细账户，进行明细分类核算。长期借款分期付息的未付利息，也在本账户核算。

(三)账务处理

【例 4—2】 仍以兴达公司 20×5 年 12 月份的经济业务为例，说明借入资本业务的账户应用和账务处理(经济业务连续编号)。

(6)根据短期贷款计划，向工商银行取得期限为 4 个月，月利率为 5‰，到期一次还本付息的生产周转借款200 000元，当即转存银行。

该项经济业务的发生，表明公司按贷款计划取得短期借款，并当即转存银行，使得公司的资产与负债同时增加。应按实际金额借记"银行存款"账户，贷记"短期借款"账户。其会计分录如下：

借：银行存款　　200 000

　贷：短期借款——工商银行(生产周转借款)　　200 000

(7)计算上述短期借款本月应负担的利息为1 000元。

该项经济业务发生，首先应按照权责发生制的要求，计算本月应负担的借款利息1 000元(200 000×5‰)。借款利息属于财务费用，一方面是本月的财务费用增加，另一方面由于是一次还本付息债券，利息不在本月支付，便形成了企业的一项负债，应作为企业的应付利息。该项业务引起费用和负债同时增加，应借记"财务费用"账户，贷记"应付利息"账户。其会计分录如下：

借：财务费用　　1 000

　贷：应付利息　　1 000

(8)假定20×6年3月31日,公司用银行存款偿还上述短期借款的本息204 000元。

由于短期借款前3个月的利息已经记入"财务费用",同时企业的负债"应付利息"增加了3 000元,本月应偿还应付利息。而本月的利息和短期借款本金直接用银行存款偿还,因此此项经济业务发生,一方面会使短期借款、应付利息等负债减少,本月财务费用增加;另一方面银行存款减少。其会计分录如下:

借:短期借款——工商银行(生产周转借款)	200 000	
应付利息	3 000	
财务费用	1 000	
贷:银行存款		204 000

(9)假定20×6年1月1日兴达公司向中国银行借入期限为3年、年利率为6%,到期一次还本付息的长期借款5 000 000元,当即转存中国银行账户。

该项经济业务的发生,表明公司通过长期借款来筹措所需资金,使得其资产与负债同时增加。应按实际金额借记"银行存款"账户,贷记"长期借款"账户。其会计分录如下:

借:银行存款	5 000 000	
贷:长期借款——中国银行		5 000 000

(10)按单利计算上述长期借款20×6年借款利息300 000元。假如该借款用于生产线的购建,20×7年12月31日安装完毕交付使用。

由于利息是在固定资产建造工程交付使用之前发生,应该属于一项资本性支出,计入固定资产建造工程成本。该项经济业务发生,一方面使得公司的资产项目在建工程成本增加300 000元,记入"在建工程"账户的借方;另一方面负债项目长期借款增加300 000元,记入"长期借款"账户的贷方。其会计分录如下:

借:在建工程	300 000	
贷:长期借款		300 000

(11)承上(9)~(10),假如兴达公司在20×8年年末全部偿还这笔借款的本金和利息。

该项长期借款在存续期间的利息共计为900 000元(注意:由于工程在已经在20×7年12月31日完工并交付使用,20×8年利息不再计入"在建工程"账户,而应该计入"财务费用"账户),借款本金5 000 000元,本息合计为5 900 000元。该项经济业务发生,一方面使资产项目银行存款减少5 900 000元,应记入"银行存款"账户的贷方;另一方面使负债项目长期借款减少5 900 000元,记入"长期借款"账户的借方。其会计分录如下:

借:长期借款	5 900 000	
贷:银行存款		5 900 000

至于发行长期债券筹集长期资金业务,将在后续课程中介绍。

上述(6)~(11)项负债资金筹集业务的总分类核算过程如图4—3所示。

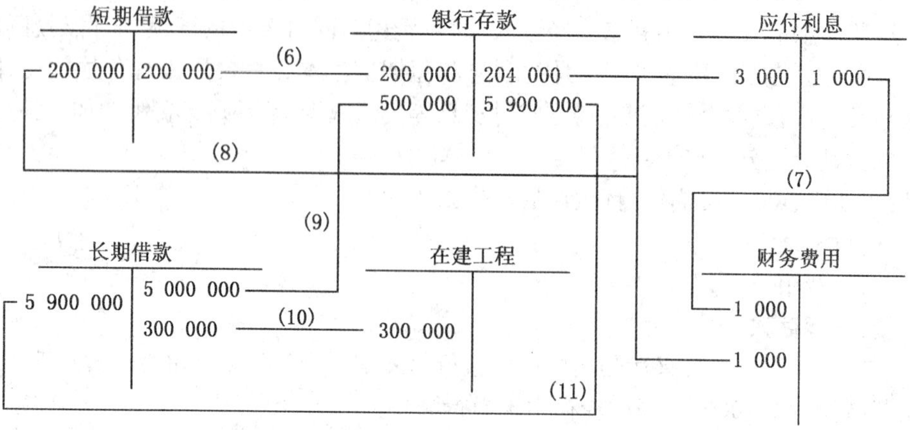

图 4—3　负债资金筹集业务总分类核算示意图

第三节　供应过程核算

工业企业的供应过程主要是指企业用货币资金购买机器设备和从其他单位采购原材料等储备物资，为生产产品作准备的过程。

一、材料采购业务的核算

（一）材料采购业务核算概述

企业要进行正常的生产经营活动，就必须采购和储备一定品种与数量的原料、主要材料、辅助材料、外购件、备品备件、燃料、包装物、低值易耗品等材料物资，根据市场需求和产品生产任务有计划地组织与安排生产经营活动。因此，企业供应过程应根据产品生产计划的具体要求，制订合理、有效的材料物资供应计划，并严格按计划组织材料物资采购，既要保证及时、按质、按量地满足生产经营过程材料物资耗费的需要，又要避免材料物资的超储积压，影响资金周转的现象发生。

企业供应过程主要经济业务的核算，是应用会计核算的专门方法来反映和监督企业供应过程的资金运动及其结果的过程。其具体核算内容主要包括：材料价款和增值税额结算业务、材料采购成本的计算和材料验收入库等业务的核算。

按照《企业会计准则第 1 号——存货》中的规定，存货应当按照成本进行初始计量，存货的成本包括采购成本、加工成本和其他成本。其中存货的采购成本是指在采购过程中所发生的支出，包括购买价款、相关税费、运输费、装卸费、保险费以及其他可归属于存货采购成本的费用。对于企业原材料的核算，其中一个非常重要的问题就是原材料成本的确定，包括取得原材料成本的确定和发出原材料成本的确定。关于取得原材料成本的确定，不同方式取得的原材料，其成本确定的方法不同，成本构成的内容也不同。其中购入的原材料，其实际采购成本由以下几项内容组成：

（1）购买价款，是指购货发票所注明的货款金额；

（2）采购过程中发生的运杂费（包括运输费、包装费、装卸费、保险费、仓储费等，不包括按规定根据运输费的一定比例计算的可抵扣的增值税税额)；

(3)材料在运输途中发生的合理损耗；

(4)材料入库之前发生的整理挑选费用(包括整理挑选中发生的人工费支出和必要的损耗,并减去回收的下脚废料价值)；

(5)按规定应计入材料采购成本中的各种税金,如为国外进口材料支付的关税等；

(6)其他费用,如大宗物资的市内运杂费等(这里需要注意的是市内零星运杂费、采购人员的差旅费以及采购机构的经费等不构成材料的采购成本,而是计入期间费用)。

以上第(1)项应当直接计入所购材料的采购成本。第(2)～(6)项,凡能分清是某种材料直接负担的,可以直接计入材料的采购成本;不能分清的,应按材料的重量等标准分配计入材料采购成本。

对于材料采购过程中发生的物资毁损、短缺等,合理损耗部分应当作为材料采购费用计入材料的采购成本,其他损耗不得计入材料采购成本,如从供应单位、外部运输机构等收回的物资短缺、毁损赔款,则应冲减材料采购成本。

企业的原材料可以按照实际成本计价组织收发核算,也可以按照计划成本计价组织收发核算,具体采用哪一种方法,由企业根据具体情况自行决定。

(二)原材料按实际成本计价的核算

1. 账户设置

当企业的经营规模较小,原材料的种类不是很多,而且原材料的收、发业务的发生也不是很频繁的情况下,企业可以按照实际成本计价方法组织原材料的收、发核算,其特点是从材料的收、发凭证到材料明细分类账和总分类账全部按实际成本计价。

原材料按照实际成本计价组织核算时应设置以下账户：

(1)"在途物资"账户。该账户的性质属于资产类,用来核算企业采用实际成本进行材料物资日常核算时,外购材料的买价和各种采购费用,据以计算、确定购入材料的实际采购成本。其借方登记购入材料的买价和采购费用(实际采购成本);贷方登记结转完成采购过程、验收入库材料的实际采购成本;期末余额在借方,表示尚未运达企业或者已经运达企业但尚未验收入库的在途材料的成本。"在途物资"账户应按照供应单位和购入材料的品种或种类设置明细账户,进行明细分类核算。

(2)"原材料"账户。该账户的性质属于资产类,用来核算企业库存材料实际成本的增减变动及其结存情况。其借方登记已验收入库材料实际成本的增加;贷方登记发出材料的实际成本(即库存材料实际成本的减少);期末余额在借方,表示库存材料实际成本的期末结余额。"原材料"账户应按照材料的保管地点、材料的种类或类别设置明细账户,进行明细分类核算。

(3)"应付账款"账户。该账户的性质属于负债类,用来核算企业因购买原材料、商品和接受劳务供应等经营活动应支付的款项。其贷方登记应付供应单位款项(买价、税金和代垫运杂费等)的增加;借方登记应付供应单位款项的减少(即偿还);期末余额一般在贷方,表示尚未偿还的应付款的结余额。该账户应按照供应单位的名称设置明细账户,进行明细分类核算。

(4)"预付账款"账户。该账户的性质属于资产类,用来核算企业按照合同规定向供应单位预付购料款而与供应单位发生的结算债权的增减变动及其结余情况(企业进行在建工程预付的工程价款,也在该账户核算)。其借方登记结算债权的增加,即预付款的增加;贷方登记收到供应单位提供的材料物资而应冲销的预付款债权,即预付款的减少;期末余额一般在借方,表示尚未结算的预付款的结余额,如果该账户期末余额出现在贷方,则表示企业尚未补付的款项。该账户应按照供应单位的名称设置明细账户，进行明细分类核算。

(5)“应付票据”账户。该账户的性质属于负债类，用来核算企业采用商业汇票结算方式购买材料物资等而开出、承兑商业汇票的增减变动及其结余情况。其贷方登记企业开出、承兑商业汇票的增加；借方登记到期商业汇票的减少；期末余额在贷方，表示尚未到期的商业汇票的期末结余额。该账户应按照债权人设置明细账户，进行明细分类核算，同时设置“应付票据备查簿”，详细登记商业汇票的种类、号数、出票日期、到期日、票面金额、交易合同号和收款人姓名或收款单位名称以及付款日期和金额等资料。应付票据到期结清时，在备查簿中注销。

(6)“应交税费”账户。该账户的性质属于负债类，用来核算企业按税法规定应缴纳的各种税费(印花税等不需要预计税额的税种除外)的计算与实际缴纳情况。其贷方登记计算出的各种应交而未交税费的增加，包括计算出的增值税销项税额、消费税、城市维护建设税、所得税、资源税、房产税、土地使用税、车船使用税、教育费附加、矿产资源补偿费等；借方登记实际缴纳的各种税费，包括支付的增值税进项税额等。期末余额方向不固定，如果在贷方，表示未交税费的结余额；如果在借方，表示多交的税费。“应交税费”账户应按照税费品种设置明细账户，进行明细分类核算。

在材料采购业务中设置“应交税费”账户主要是为了核算增值税。增值税是对在中华人民共和国境内销售货物或者提供加工、修理修配劳务以及进口货物的单位和个人，就其取得的货物或应税劳务销售额计算税款，并实行税款抵扣制的一种流转税。由于增值税是对商品生产或流通各个环节的新增价值或商品附加值进行征税，所以称为增值税。它是一种价外税，采取两段征收法，分为增值税进项税额和销项税额。

当期应纳税额＝当期销项税额－当期进项税额

其中：销项税额是指纳税人销售货物或提供应税劳务，按照销售额和规定的税率计算并向购买方收取的增值税税额。从 2017 年 7 月 1 日起，我国将增值税税率由四档减至 17%、11% 和 6%三档，取消 13%这一档税率。

销项税额＝销售货物或提供应税劳务价款×增值税税率

进项税额是指纳税人购进货物或接受应税劳务所支付或负担的增值税税额。

进项税额＝购进货物或接受应税劳务价款×增值税税率

增值税的进项税额与销项税额是相对应的，销售方的销项税额就是购买方的进项税额。

2. 账务处理

【例 4－3】 以兴达公司 20×5 年 12 月份的经济业务为例，说明供应过程主要业务的账户应用和账务处理(经济业务连续编号)，假定兴达公司原材料按实际成本计价。

(12)从海利公司购入甲材料 250 千克，单价 800 元；购入乙材料 600 千克，单价 300 元；增值税税率 17%。以上材料款和增值税款以银行存款结算支付。

该项经济业务的发生，公司以货币资金购进材料，使得其在途物资成本增加，银行存款减少。应按实际材料购价借记“在途物资”账户，按材料采购的增值税进项税额借记“应交税费——应交增值税(进项税额)”账户；按实付材料价款和增值税额贷记“银行存款”账户。根据有关凭证做会计分录如下：

借：在途物资——甲材料	200 000	
——乙材料	180 000	
应交税费——应交增值税(进项税额)	64 600	
贷：银行存款		444 600

(13)以银行存款支付上述采购甲、乙两种材料的运杂费 6 800 元，按采购材料的重量比例在甲、乙两种材料之间分配。

该项经济业务的发生，表明甲、乙两种采购材料的共同性运杂费，应按其重量比例作如下分配：

费用分配率＝6 800/(250＋600)＝8(元/千克)

甲材料负担的采购费用＝250×8＝2 000(元)

乙材料负担的采购费用＝600×8＝4 800(元)

将两种材料的费用分配额计入各自的采购成本，使得其采购成本增加，银行存款减少。应按构成材料采购成本的运杂费借记“在途物资”账户，按实付货币资金贷记“银行存款”账户。根据有关凭证做会计分录如下：

借：在途物资——甲材料　　2 000
　　　　　　——乙材料　　4 800
　贷：银行存款　　6 800

(14)从海天公司购入丙材料 200 千克，单价 600 元，增值税进项税额 20 400 元，以上款项尚未支付；另以银行存款结算支付运杂费2 000元。

该项经济业务的发生，表明采购材料尚未支付价款和增值税额，采购材料的运杂费以货币资金支付，使得其材料采购成本增加和应付债务增加，货币资产银行存款减少。应按构成材料采购成本的购价和运杂费借记“在途物资”账户，按采购材料的增值税进项税额借记“应交税费——应交增值税(进项税额)”账户；按尚未支付的材料价款和增值税额贷记“应付账款”账户，按结算支付运杂费的货币资金贷记“银行存款”账户。根据有关凭证做会计分录如下：

借：在途物资——丙材料　　122 000
　　应交税费——应交增值税(进项税额)　　20 400
　贷：应付账款——海天公司　　140 400
　　　银行存款　　2 000

(15)从翔龙公司购入丁材料 350 件，单价 400 元，增值税进项税额 23 800 元，价税合计163 800元。按合同规定当即开出并承兑面值为163 800元，期限为 3 个月的不计息商业承兑汇票一张。

该项经济业务的发生，表明采购材料虽未当即以货币资金结算支付货款，但开出并承兑了面值为163 800元的商业承兑汇票，形成了对供应单位的一种债务，使得其材料采购成本和应付票据债务同时增加，应交税费债务减少。应按材料购价借记“在途物资”账户，按采购材料增值税进项税额借记“应交税费——应交增值税(进项税额)”账户；按商业承兑汇票票面额贷记“应付票据”账户。根据有关凭证做会计分录如下：

借：在途物资——丁材料　　140 000
　　应交税费——应交增值税(进项税额)　　23 800
　贷：应付票据——商业承兑汇票(翔龙公司)　　163 800

(16)材料采购员赵宏经审批，预借差旅费 5000 元，签发现金支票支付。

该项经济业务的发生，表明材料采购人员预借差旅费，签发现金支票支付，形成一笔应收债权资产，并使货币资产减少。应按应收债权借记“其他应收款”账户；按实付货币资金贷记“银行存款”账户，根据有关凭证做会计分录如下：

借:其他应收款——赵宏　　5 000

　贷:银行存款　　5 000

(17)以银行存款偿付前欠海天公司材料货款及增值税额 140 400 元。

该项经济业务的发生,表明以货币偿付前欠供应单位材料采购税款,使得其负债与资产同时减少。应按偿付的材料价税款借记“应付账款”账户;按实付的货币资金贷记“银行存款”账户。根据有关凭证做会计分录如下:

借:应付账款——海天公司　　140 400

　贷:银行存款　　140 400

(18)采购员赵宏报销材料采购的差旅费 4 550 元,余款 450 元退回。

该项经济业务的发生,表明企业管理费用开支增加 4 550 元,库存现金增加 450 元,同时收回债权5 000元。应按报销的材料采购差旅费金额借记“管理费用”账户,按收到的现金金额借记“库存现金”账户;按收回的债权金额贷记“其他应收款”账户。根据有关凭证做会计分录如下:

借:管理费用——差旅费　　4 550

　库存现金　　450

　贷:其他应收款——赵宏　　5 000

(19)根据本月购入的甲、乙、丙、丁材料的入库凭证及其汇总表,计算结转本月已验收入库的采购材料的实际成本。

该项经济业务的发生,表明甲、乙、丙、丁四种材料的采购手续已经完成,使得其库存材料成本增加,材料采购成本结转后减少。根据材料入库单及其材料入库汇总表和有关结算支付凭证,计算结转本月已验收入库的材料采购成本,如表 4－1 所示。

表 4－1　　材料采购成本计算表　　单位:元

项　目	甲材料(250 千克)		乙材料(600 千克)		丙材料(200 千克)		丁材料(350 件)	
	总成本	单位成本	总成本	单位成本	总成本	单位成本	总成本	单位成本
买价	200 000	800	180 000	300	120 000	600	140 000	400
采购费用	2 000	8	4 800	8	2 000	10		
合　计	202 000	808	184 800	308	122 000	610	140 000	400

根据材料采购成本计算表,按四种已验收入库的采购材料的实际成本借记“原材料”账户,贷记“在途物资”账户。根据有关凭证做会计分录如下:

借:原材料——甲材料　　202 000

　　　　——乙材料　　184 800

　　　　——丙材料　　122 000

　　　　——丁材料　　140 000

　贷:在途物资——甲材料　　202 000

　　　　　——乙材料　　184 800

　　　　　——丙材料　　122 000

　　　　　——丁材料　　140 000

上述有关供应过程主要经济业务总分类核算,如图 4－4 所示。

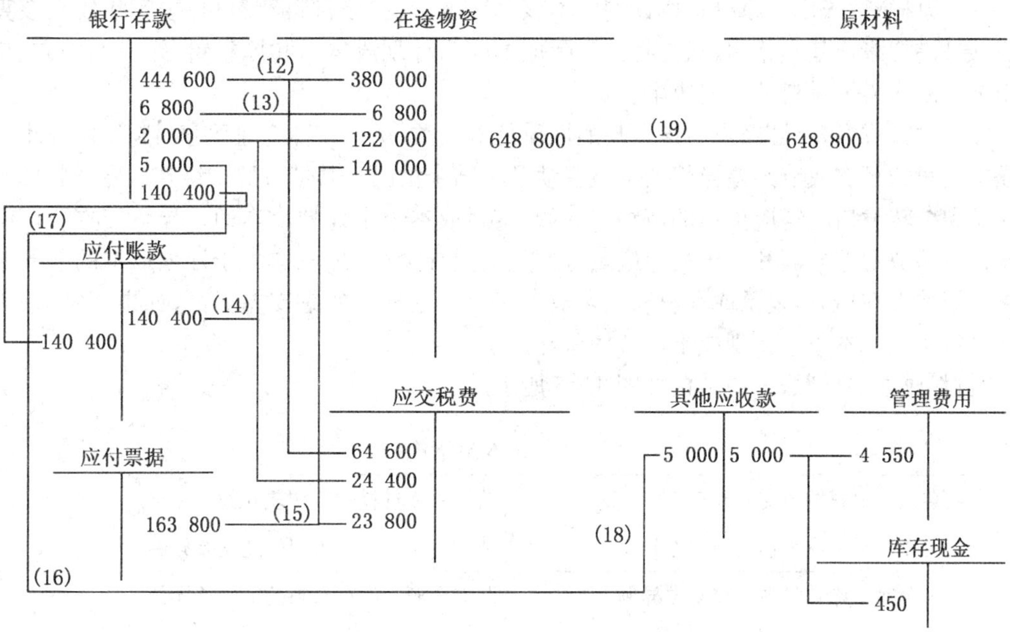

图 4—4 供应过程主要经济业务总分类核算示意图

(三)原材料按计划成本计价的核算

1. 账户设置

材料按照实际成本进行计价核算,能够比较全面、完整地反映材料资金的实际占用情况,可以准确地计算出生产过程所生产产品的成本中的材料费用额。但是,当企业材料的种类比较多,收发次数又比较频繁的情况下,其核算的工作量就比较大,而且也不便于考核材料采购业务成果,分析材料采购计划的完成情况。所以,在我国一些大、中型企业里,材料往往按照计划成本计价组织收、发核算。材料按计划成本计价进行核算,就是材料的收、发凭证按计划成本计价,材料总账及明细账均按计划成本登记,通过增设"材料成本差异"账户来核算材料实际成本与计划成本之间的差异额。

原材料按计划成本组织收、发核算时,应设置以下几个账户:

(1)"材料采购"账户。该账户的性质是资产类,用来核算企业购入材料的实际成本和结转入库材料的计划成本,并据以计算、确定购入材料成本差异额。其借方登记购入材料的实际成本和结转入库材料实际成本小于计划成本的节约差异;贷方登记入库材料的计划成本和结转入库材料的实际成本大于计划成本的超支差异;期末余额在借方,表示在途材料的实际采购成本。该账户应按照供应单位和材料的种类设置明细账户,进行明细分类核算。"材料采购"账户的结构如图 4—5 所示。

材料采购

购入材料的实际成本 结转入库材料的节约差异额	结转入库材料的计划成本 结转入库材料的超支差异额
期末余额　在途材料的实际采购成本	

图 4—5 "材料采购"结构

(2)“原材料”账户。原材料按计划成本核算所设置的“原材料”账户与按实际成本核算设置的“原材料”账户基本相同，只是将其实际成本改为计划成本，即“原材料”账户的借方、贷方和期末余额均表示材料的计划成本。

(3)“材料成本差异”账户。该账户的性质是资产类，用来核算企业库存材料实际成本与计划成本之间的超支或节约差异额的增减变动及其结余情况。其借方登记结转入库材料的超支差异额和结转发出材料应负担的节约差异额(实际成本小于计划成本的差异)；贷方登记结转入库材料的节约差异额和发出材料应负担的超支差异额(实际成本大于计划成本的差异额)。期末余额如果在借方，表示库存材料实际成本大于计划成本的超支差异额；如果在贷方，表示库存材料实际成本小于计划成本的节约差异额。

“材料成本差异”账户的结构如图 4－6 所示。

材料成本差异

结转入库材料的超支差异额 结转发出材料应负担的节约差异额	结转入库材料的节约差异额 结转发出材料应负担的超支差异额
期末余额　库存材料的超支差异额	期末余额　库存材料的节约差异额

图 4－6　“材料成本差异”账户结构

材料按计划成本计价核算，除上述三个账户外，其他的账户与材料按实际成本计价核算所涉及的相关账户相同。

2. 账务处理

【例 4－3】 南天有限责任公司原材料按照计划成本计价，原材料采购过程中发生下列业务：

(1)用银行存款购入甲材料3 000千克，发票注明其价款150 000元，增值税税额25 500元。

这项经济业务发生，一方面使公司材料采购支出增加150 000元，增值税进项税额增加25 500元；另一方面公司银行存款减少175 500元。材料采购支出增加是资产增加，应记入“材料采购”账户的借方；增值税进项税额增加是负债减少，应记入“应交税费——应交增值税”账户的借方；银行存款的减少是资产减少，应记入“银行存款”账户的贷方。应编制如下会计分录：

借：材料采购——甲材料　150 000
　　应交税费——应交增值税(进项税额)　25 500
　贷：银行存款　175 500

(2)用现金3 000元支付该批甲材料的运杂费(假定不考虑运杂费的增值税抵扣问题)。

这项经济业务发生，一方面使公司材料采购支出增加3 000元；另一方面公司库存现金减少3 000元。材料采购支出增加是资产增加，应记入“材料采购”账户的借方；库存现金的减少是资产减少，应记入“库存现金”账户的贷方。其会计分录如下：

借：材料采购——甲材料　3 000
　贷：库存现金　3 000

(3)上述甲材料验收入库，其计划成本为150 000元，结转该批甲材料的计划成本和差异额。

由于甲材料的实际采购成本为153 000元，计划成本为150 000元，可以确定甲材料的成本超支差异额为3 000元。结转验收入库材料的计划成本时，一方面使得公司的材料采购支出(计划成本)减少150 000元，库存材料的计划成本增加150 000元。一项资产增加，另一项资产减少，应借记“原材料”账户，贷记“材料采购”账户。

结转入库材料成本的超支差异额时，使库存材料成本超支差异额增加3 000元，材料采购支出减少3 000元。一项资产项目“材料成本差异”增加，应记入“材料成本差异”账户的借方；另一资产项目“材料采购”减少，应记入“材料采购”的贷方。其会计分录如下：

①借：原材料——甲材料　　150 000
　　贷：材料采购——甲材料　　150 000
②借：材料成本差异　　3 000
　　贷：材料采购——甲材料　　3 000

或者将上述两笔分录合并为：

③借：原材料——甲材料　　150 000
　　材料成本差异　　3 000
　　贷：材料采购——甲材料　　153 000

若上述材料的计划成本为155 000元，则可以确定甲材料的成本节约为2 000元(153 000－155 000)，其会计分录为：

①借：原材料——甲材料　　155 000
　　贷：材料采购——甲材料　　155 000
②借：材料采购——甲材料　　2 000
　　贷：材料成本差异　　2 000

或者将上述两笔分录合并为：

③借：原材料——甲材料　　155 000
　　贷：材料采购——甲材料　　153 000
　　　　材料成本差异　　2 000

为了计算产品的实际成本，在会计期末需要对计划成本进行调整，以确定发出材料应负担的差异额，进而确定发出材料的实际成本(具体方法将在《中级财务会计》中学习)。

二、固定资产购置业务的核算

(一)固定资产购置业务概述

1. 固定资产的含义

固定资产是企业经营过程中使用的长期资产，包括房屋建筑物、机器设备、运输车辆以及工具、器具等。我国《企业会计准则第 4 号——固定资产》中对固定资产的定义是，固定资产是指同时具有下列两个特征的有形资产：为生产商品、提供劳务、出租或经营管理而持有的；使用寿命超过一个会计年度的。这里的使用寿命是指企业使用固定资产的预计期间，或者该固定资产所能生产产品或提供劳务的数量。从固定资产的定义可以看出，固定资产具有以下的三个特征：固定资产是为生产商品、提供劳务、出租或经营管理而持有；固定资产的使用寿命超过一个会计年度；固定资产为有形资产。

2. 企业取得固定资产时入账价值的确定

《企业会计准则第 4 号——固定资产》规定，固定资产应当按照成本计量。固定资产取得时的实际成本是指企业购建固定资产达到预定可使用状态前所发生的一切合理的、必要的支出，它反映的是固定资产处于预定可使用状态时的实际成本。对于所建造的固定资产已达到预定可使用状态，但尚未办理竣工决算的，会计准则规定应自达到预定可使用状态之日起，根据工程决算、造价或工程实际成本等相关资料，按估计的价值转入固定资产，并计提折旧。这就意味着是否达到"预定可使用状态"是衡量可否作为固定资产进行核算和管理的标志，而不再拘泥于"竣工决算"这个标准。这也是实质重于形式原则的一个具体应用。

企业的固定资产在达到预定可使用状态前发生的一切合理的、必要的支出中既有直接发生的，如支付的固定资产的买价、包装费、运杂费、安装费等，也有间接发生的，如固定资产建造过程中应予以资本化的借款利息等。这些直接的和间接的支出对形成固定资产的生产能力都有一定的作用，理应计入固定资产的价值。一般来说，构成固定资产取得时实际成本的具体内容包括买价、运输费、保险费、包装费、安装成本等。

这里需要说明的是，关于企业购进固定资产涉及的增值税问题。按照我国 1993 年颁布的《增值税暂行条例》的要求，企业购进固定资产的增值税是不可以抵扣的，要计入固定资产成本，也就是实行的是生产型增值税，而这种做法制约了企业技术改进的积极性。为了改变这种情况，自 2004 年 7 月 1 日起，经国务院批准，东北、中部等部分地区已先后进行了增值税的改革试点，取得了成功经验。为了进一步消除重复征税因素，降低企业设备投资税收负担，鼓励企业技术进步和促进产业结构调整，2008 年 11 月 5 日修订后的《增值税暂行条例》规定，自 2009 年 1 月 1 日起，在全国推广增值税转型改革，其核心就是在企业计算应缴增值税时，允许扣除购入机器设备所含的增值税，但是与企业技术更新无关且容易混为个人消费的自用消费品（如小汽车、游艇等）所含的进项税额，不得予以抵扣。

（二）账户设置

为了核算企业购买和自行建造完成固定资产价值的变动过程及其结果，需要设置以下账户：

1."固定资产"账户

该账户的性质属于资产类，用来核算企业拥有或控制的固定资产原价的增减变动及其结余情况。该账户的借方登记固定资产原价的增加；贷方登记固定资产原价的减少；期末余额在借方，表示固定资产原价的结余额。该账户应按照固定资产的种类设置明细账户，进行明细分类核算。在使用该账户时，必须注意只有固定资产达到预定可使用状态时，其原价已经形成，才可以记入"固定资产"账户。

2."在建工程"账户

该账户的性质属于资产类，用来核算企业为进行固定资产基建、安装、技术改造以及大修理等工程而发生的全部支出（包括安装设备的支出），并据以计算确定各该工程成本的账户。该账户的借方登记工程支出的增加；贷方登记结转完工工程的成本；期末余额在借方，表示未完工工程的成本。"在建工程"账户应按工程内容，如建筑工程、安装工程、在安装设备、待摊支出以及单项工程等设置明细账户，进行明细核算。

企业购置的固定资产，对于其中需要安装的部分，在交付使用之前，也就是达到预定可使用状态之前，由于没有形成完整的取得成本（原始价值），因而必须通过"在建工程"账户进行核算。在购建过程中所发生的全部支出，都应归集在"在建工程"账户，待工程达到预定可使用状态形成固定资产之后，方可将该工程成本从"在建工程"账户转入"固定资产"账户。

（三）账务处理

【例 4—4】 以兴达公司 20×5 年 12 月份的经济业务为例，说明固定资产购置业务的核算(经济业务连续编号)。

(20)兴达公司购入一台不需要安装的生产用设备,该设备的买价110 000元,增值税税率17%,包装运杂费6 000元(不考虑运费增值税抵扣),全部款项用银行存款支付,设备当即投入使用。

由于购入不需要安装设备,购买完成后即达到预定可使用状态,固定资产的取得成本为116 000元。该项经济业务发生,一方面使资产项目“固定资产”成本增加116 000元,应借记“固定资产”账户,负债项目“应交税费—应交增值税”进项税额增加18 700元,借记“应交税费——应交增值税”的借方;另一方面,资产项目“银行存款”减少134 700元,应贷记“银行存款”账户的贷方。其会计分录如下:

借:固定资产	116 000	
应交税费——应交增值税(进项税额)	18 700	
贷:银行存款		134 700

如果购入需要安装的设备,则应通过“在建工程”账户进行核算。

第四节　生产过程核算

生产过程是企业员工利用劳动手段对劳动对象进行生产加工,把劳动对象制造成可供出售的产品的过程。

一、生产过程主要业务核算概述

生产过程既是产品的制造过程,又是物化劳动与活劳动的耗费过程,同时还是价值增值的创造过程。工业企业要生产出符合社会需要的产品,就要在产品生产阶段发生各种生产耗费。这些生产耗费主要包括生产资料中的劳动手段(如机器设备等)和劳动对象(如原料、主要材料、辅助材料、燃料、外购件等)以及劳动力(如职工工资及福利费等)等方面的耗费。因此,企业生产过程主要经济业务的核算,就是应用会计核算的专门方法来反映和监督企业生产阶段的资金运动及其结果的过程。其具体核算内容主要包括:生产费用的归集与计算分配、产品生产成本的计算与结转等。

企业在一定时期内发生的、以货币表现的各种生产耗费,称为生产费用。这些生产费用最终都要归集汇总,计算分配到一定种类一定数量的产品上,形成各种产品的成本。也就是说,企业为生产一定种类、一定数量的产品所支出的各种生产费用的总和,即为这些产品的成本。由此可见,费用与成本有着密切的联系,费用的发生过程也就是成本的形成过程,费用是产品成本形成的基础。但是,费用与成本也有一定的区别。费用是在一定期间为了进行生产经营活动而发生的各项耗费,费用与发生的期间直接相关,即费用强调“期间”;而成本则是为生产某一产品或提供某一劳务所消耗的费用,成本与负担者直接相关,即成本强调“对象”。

生产费用按其计入产品成本的方式的不同,可以分为直接费用和间接费用。直接费用是指企业生产产品过程中实际消耗的直接材料和直接人工。间接费用是指企业为生产产品和提供劳务而发生的各项间接支出,通常称为制造费用。上述各个项目是生产费用按其经济用途所进行的分类,在会计上一般将其称为成本项目。各个产品成本项目的具体构成内容如下:

一是直接材料,是指企业在生产产品和提供劳务的过程中所消耗的、直接用于产品生产,构成产品实体的各种原材料、主要材料、外购半成品以及有助于产品形成的辅助材料等。

二是直接人工，是指企业在生产产品和提供劳务过程中，直接从事产品生产的工人工资、津贴、补贴和福利费等。

三是制造费用，是指企业的生产车间为生产产品和提供劳务而发生的各项间接费用。在生产多种产品的企业里，制造费用在发生时一般无法直接判定其应归属的成本核算对象，因而不能直接计入所生产的产品成本中，必须将上述各种费用按照发生的不同空间范围在"制造费用"账户中予以归集、汇总，然后选用一定的标准(如生产工人工资、生产工时等)，在各种产品之间进行合理的分配，以便于准确地确定各种产品应负担的制造费用。

在将制造费用分配由各种产品成本负担之后，"生产成本"账户的借方归集了各种产品所发生的直接材料、直接工资、其他直接支出和制造费用的全部内容。在此基础上就可以进行产品成本的计算。成本计算是会计核算的主要内容之一。进行产品生产成本的计算就是将企业生产过程中为制造产品所发生的各种费用按照生产产品的品种、类别等(即成本计算对象)进行归集和分配，以便计算各种产品的总成本和单位成本。计算产品生产成本既为入库产成品提供了计价的依据，又满足了确定各会计期间盈亏的需要。

二、账户设置

企业发生的各项生产费用，应按成本核算对象和成本项目分别归集。凡属直接材料、直接人工等直接费用，直接计入基本生产成本和辅助生产成本；凡属其他间接费用，先在"制造费用"账户归集，月度终了再按一定的分配标准，分配计入有关的产品生产成本。企业一般应设置"生产成本"和"制造费用"两个基本账户。进行生产过程经济业务与产品成本的核算，除要涉及与运用到前面已经介绍的"银行存款"等一系列相关账户外，还要涉及与运用到"管理费用""销售费用""应付职工薪酬""累计折旧"和"库存商品"等一系列相关账户。

1."生产成本"账户

该账户属于成本类账户，用以核算和监督企业产品生产阶段进行工业性生产，包括生产各种产品(包括产成品、自制半成品、提供劳务等)、自制材料、自制工具、自制设备等所发生的各项生产费用的增减变动情况及其结果。账户借方登记直接材料、直接人工和月终分配转入的制造费用等成本项目金额；账户贷方登记已生产完工入库的产成品及自制半成品等的实际成本；余额在借方，反映尚未完工的各项在产品的实际成本。为具体反映和监督每一产品的实际生产成本，该账户应分别按基本生产车间和成本核算对象(如产品的品种、类别、订单、批别、生产阶段等)设置明细账(或成本计算单，下同)，并按规定的成本项目设置专栏，进行明细核算。

2."制造费用"账户

"制造费用"账户属于成本类账户，用以核算和监督企业生产车间、部门为生产产品和提供劳务而发生的各项间接费用，包括工资和福利费、折旧费、修理费、办公费、水电费、机物料消耗、劳动保护费、季节性和修理期间的停工损失等。该账户借方登记本期发生的各项制造费用；账户贷方登记分配转入"生产成本"账户借方，应由产品生产成本承担的制造费用；期末在制造费用分配结转后，本账户一般无余额。为详细反映制造费用的归集与分配情况，本账户应按不同的车间、部门设置明细账，并按费用项目设置专栏，进行明细核算。

3."应付职工薪酬"账户

"应付职工薪酬"账户属于负债类账户，用以核算和监督企业根据有关规定应付给职工的各种薪酬。贷方登记本月应付职工工资总额和福利费等，应付的工资总额和福利费应作为一项费用，按其用途分配计入有关的成本费用账户；借方登记向职工支付的工资、奖金、津贴、福利费等及扣还的各种款项（如个人所得税等）；月末如为贷方余额，表示本月应付职工薪酬大于实付职工薪酬的数额，即应付未付的职工薪酬。“应付职工薪酬”账户可以按照“工资”、“职工福利”、“社会保险费”、“住房公积金”、“工会经费”、“职工教育经费”、“解除职工劳动关系补偿”等进行明细分类核算。

《企业会计准则第 9 号——职工薪酬》（以下简称职工薪酬准则）将职工薪酬界定为“企业为获得职工提供的服务而给予各种形式的报酬以及其他相关支出”。也就是说，从性质上凡是企业为获得职工提供的服务给予或付出的各种形式的对价，都构成职工薪酬。作为一种耗费构成人工成本，与这些服务产生的经济利益相匹配。与此同时，企业与职工之间因职工提供服务形成的关系，大多数构成企业的现时义务，将导致企业未来经济利益的流出，从而形成企业的一项负债。

职工薪酬准则所确定的职工短期薪酬主要包括以下几项内容：(1)职工工资、奖金、津贴和补贴，是指按照构成职工工资总额的计时工资、计件工资、支付给职工的超额劳动报酬和增收节支的劳动报酬，为补偿职工特殊或额外的劳动消耗和因其他特殊原因支付给职工的津贴，以及为保证职工工资水平不受物价影响支付给职工的物价补贴等；(2)职工福利费，主要包括职工因公负伤赴外地就医路费、职工生活困难补助、未实行医疗统筹企业职工医疗费用，以及按规定发生的其他职工福利支出；(3)社会保险费，是指企业按照国家规定的基准和比例计算，向社会保险经办机构缴纳的养老保险费、医疗保险费、失业保险费、工伤保险费和生育保险费；(4)住房公积金，是指企业按照国家规定的基准和比例计算，向住房公积金管理机构缴存的住房公积金；(5)工会经费和职工教育经费，是指企业为了改善职工文化生活，为职工学习先进技术、提高文化水平和业务素质，开展工会活动和职工教育及职业技能培训等的相关支出；(6)其他，是指除了以上五项以外的各种非货币性福利，因解除与职工的劳动关系给予的补偿以及其他与获得职工提供的服务相关的支出。

企业应当根据职工提供服务的受益对象，对所发生的应付职工薪酬分别不同情况进行处理：生产部门人员的职工薪酬，计入生产成本；车间管理人员的薪酬计入制造费用；管理部门人员的职工薪酬，计入管理费用；销售人员的职工薪酬，计入销售费用；由在建工程、无形资产负担的职工薪酬，计入建造固定资产或无形资产成本。

4.“长期待摊费用”账户

“长期待摊费用”账户属于资产类账户，用以核算和监督企业已经支出，但应由本期和以后各期分别负担的分摊期限在一年以上的各项费用。企业发生长期待摊费用，借记本账户，贷记有关账户。摊销长期待摊费用时，借记“管理费用”、“销售费用”等账户，贷记本账户。本账户期末借方余额，反映企业尚未摊销完毕的长期待摊费用的摊余价值。

本账户应按费用项目进行明细核算。

5.“累计折旧”账户

该账户的性质属于资产类，用来核算企业固定资产已提折旧的累计情况。其贷方登记按月提取的折旧额，即累计折旧的增加；借方登记因减少固定资产而减少的累计折旧；期末余额在贷方，表示已提折旧的累计额。该账户只进行总分类核算，不进行明细分类核算。如果要查明某项固定资产已提折旧的具体情况，可以通过固定资产卡片（台账）来了解。

关于固定资产的折旧需要注意：为了给固定资产的管理提供有用的会计信息，真实、准确地反映企业固定资产价值的增减变动及其结存情况，在会计核算过程中设置了“固定资产”账户。

由于固定资产在其较长的使用期限内保持原有实物形态，而其价值却随着固定资产的损耗而逐渐减少，但其实物未被报废清理之前，总有一部分价值相对固定在实物形态上。固定资产管理要求原价与实物口径相一致，以考核固定资产的原始投资规模。固定资产由于损耗而减少的价值就是固定资产的折旧。固定资产的折旧应该作为折旧费用计入产品成本和期间费用，这样做不仅是为了使企业在将来有能力重置固定资产，更主要的是为了实现期间收入与费用的正确配比。计提固定资产折旧，通常是根据期初固定资产的原价和规定的折旧率按月计算提取的。

基于固定资产的上述特点，为了使"固定资产"账户能按固定资产的取得成本反映其增减变动和结存情况，并便于计算和反映固定资产的账面净值（折余价值），需要专门设置一个用来反映固定资产损耗价值（即折旧额）的账户，即"累计折旧"账户。每月计提的固定资产折旧记入该账户的贷方，表示固定资产因损耗而减少的价值；对于固定资产因出售、报废等原因引起的取得成本的减少，在注销固定资产的取得成本时，贷记"固定资产"账户，同时还应借记"累计折旧"账户，注销其已提取的折旧额。"累计折旧"账户期末应为贷方余额，表示现有固定资产已提取的累计折旧额。将"累计折旧"账户的贷方余额抵减"固定资产"账户的借方余额即可求得固定资产的净值。

6."库存商品"账户

"库存商品"账户属于资产类账户，用以核算和监督企业库存外购商品、自制商品产品、存放在门市部准备出售的商品、发出展览的商品以及寄存在外库或存放在仓库的商品等。工业企业的库存商品主要指产成品，即已经完成全部生产过程并已验收入库合乎标准规格和技术条件，可以按照合同规定的条件送交订货单位，或者可以作为商品对外出售的产品。企业接受外来原材料加工制造的代制品和为外单位加工修理的代修品，在制造修理完成验收入库后，视同企业的产成品核算；可以降价出售的不合格品，也在本账户核算，但应与合格商品分开记账。本账户借方登记生产完工已验收入库产成品的成本；账户贷方登记发出或销售产成品的成本；余额在借方，反映各种库存商品的成本。为具体反映库存商品的收、发、结存情况，本账户应按库存商品的种类、品种和规格设置明细账，进行明细核算。

三、账务处理

【例 4—5】 仍以兴达公司 20×5 年 12 月份经济业务为例，说明生产过程主要业务的账户应用和账务处理（经济业务连续编号）。

(21)兴达公司根据本月材料领用出库单编制的发出材料汇总表，如表 4—2 所示。

表 4—2 **发出材料汇总表** 金额单位：元

用 途	甲材料		乙材料		丙材料		合 计
	数量（千克）	金额	数量（千克）	金额	数量（千克）	金额	
产品生产领用							
其中：A 产品	500	400 000	800	240 000	100	60 000	700 000
B 产品	200	160 000	200	60 000	25	15 000	235 000
生产车间领用	100	80 000	60	18 000	75	45 000	143 000
管理部门领用	15	12 000	20	6 000	10	6 000	24 000
合 计	815	652 000	1 080	324 000	210	126 000	1 102 000

该项经济业务的发生，表明企业的生产产品领用材料，一方面使得库存原材料资产减少，另一方面使得产品生产成本和相关费用增加。对于产品生产领用材料，因构成产品成本"直接材料"成本项目，应按产品生产实际耗用材料金额借记"生产成本"账户，直接计入A、B产品成本；对于生产车间一般耗用材料，属于产品生产过程中发生的间接费用，应按其实际耗用材料金额借记"制造费用"账户；对于行政管理部门领用材料，属于本期损益应承担的期间费用，应按其实际耗用材料金额分别借记"管理费用"账户；按上述三种材料的本月实际耗用额贷记"原材料"账户。其会计分录如下：

借：生产成本——A产品	700 000	
——B产品	235 000	
制造费用	143 000	
管理费用	24 000	
贷：原材料——甲材料		652 000
——乙材料		324 000
——丙材料		126 000

(22)根据"工资费用分配汇总表"分配本月应付职工工资3 600 000元。其中：

A产品生产工人工资	1 500 000元
B产品生产工人工资	1 200 000元
车间管理人员工资	300 000元
行政管理人员工资	600 000元

该项经济业务发生，一方面使得公司负债应付职工薪酬增加3 600 000元，另一方面使公司的生产费用和期间费用增加了3 600 000元。应按直接分配计入产品成本的生产工人工资额借记"生产成本"账户，按基本生产车间管理人员工资额借记"制造费用"账户，按公司行政管理人员工资额借记"管理费用"账户；按本月计算分配的应付职工工资总额贷记"应付职工薪酬"账户。根据有关凭证做会计分录如下：

借：生产成本——A产品	1 500 000	
——B产品	1 200 000	
制造费用	300 000	
管理费用	600 000	
贷：应付职工薪酬——工资		3 600 000

(23)以银行存款发放本月工资3 600 000元。

该项经济业务发生，一方面使公司资产银行存款减少，另一方面使公司负债应付职工薪酬减少，应借记"应付职工薪酬"账户，贷记"银行存款"账户。其会计分录如下：

借：应付职工薪酬——工资	3 600 000	
贷：银行存款		3 600 000

(24)按规定计算企业应负担职工的各种社会保险费504 000元，其中生产工人的社会保险费378 000元(A产品生产工人210 000元、B产品生产工人168 000元)，车间管理人员的社会保险费42 000元，行政管理人员社会保险费84 000元。

根据国家规定，企业可以按照职工工资总额的一定比例为职工缴纳社会保险费(包括养老保险、医疗保险等)，以保证职工的身体健康和提高职工的养老退休生活待遇。列支企业负担的社会保险费时，一方面使当期的成本费用增加，应借记"生产成本"、"制造费用"、"管理费用"

等有关账户；另一方面使公司的应付职工薪酬增加，贷记"应付职工薪酬"账户。以上会计分录如下：

借：生产成本——A产品 210 000
——B产品 168 000
制造费用 42 000
管理费用 84 000
贷：应付职工薪酬——社会保险费 504 000

(25)以银行存款240 000元预付两年的车间生产用房租金。

按照权责发生制的要求，企业应该按照费用是否属于本期作为确认费用的入账时间，凡是属于本期的费用，无论是否在本期支付，都应该作为本期费用入账；凡不属于本期费用，即使款项在本期支付，也不应作为本期费用处理。公司用银行存款支付两年的房租，款项虽然在本期支付，但费用不能全部由本期承担，应将其作为一种等待摊销的费用处理。因此，此项经济业务发生，一方面使得公司的资产项目长期待摊费用增加，应记入"长期待摊费用"账户的借方；另一方面，资产项目银行存款减少，应记入"银行存款"账户的贷方。其会计分录如下：

借：长期待摊费用 240 000
贷：银行存款 240 000

(26)承上述(25)业务，摊销应由本月负担的车间生产用房屋租金10 000元。

车间生产用房屋租金虽然已经支付两年共240 000元，但本月应承担10 000元(240 000÷24)。摊销本月负担的费用，一方面使得费用项目制造费用增加，应借记"制造费用"；户，另一方面使公司已经支付等待摊销的费用减少，应贷记"长期待摊费用"账户。其会计分录如下：

借：制造费用 10 000
贷：长期待摊费用 10 000

(27)签发转账支票结算支付生产车间水电费28 000元，行政管理部门水电费15 000元。

该项经济业务的发生，表明企业以货币资金支付相关成本费用，使得其成本费用增加，银行存款资产减少。应按生产车间的水电费借记"制造费用"账户，按行政管理部门的水电费借记"管理费用"账户；按转账支票实付金额贷记"银行存款"账户。根据有关凭证做会计分录如下：

借：制造费用 28 000
管理费用 15 000
贷：银行存款 43 000

(28)以银行存款支付应由本月负担的车间设备修理费8 000元 。

该项经济业务发生，一方面公司的制造费用增加8 000元，另一方面银行存款减少8 000元，应借记"制造费用"账户，贷记"银行存款"账户。会计分录如下：

借：制造费用 8 000
贷：银行存款 8 000

(29)月末，按规定的折旧率计提本月固定资产折旧14 500元，其中，生产车间固定资产折旧9 500元、行政管理部门固定资产折旧5 000元。

该项经济业务的发生，表明固定资产使用的折旧转移价值，按规定应计入相关成本费用，使得企业的当期成本费用和固定资产磨损价值同时增加。应按生产车间固定资产折旧额借记"制造费用"账户，按行政管理部门固定资产折旧额借记"管理费用"账户；按本月固定资产折旧转移价值总额贷记"累计折旧"账户。编制会计分录如下：

借:制造费用　　9 500
　管理费用　　5 000
　贷:累计折旧　　14 500

(30)月末,将本月归集的生产车间制造费用总额540 500元,按A、B两种产品生产工时比例分配计入两种产品生产成本。其中,A产品6 000生产工时、B产品4 000生产工时。

该项经济业务的发生,表明生产车间本月归集的制造费用总额,应按两种生产产品的生产工时比例作如下分配:

制造费用分配率=540 500/(6 000+4 000) =54.05(元/小时)

A产品应分配制造费用=6 000×54.05=324 300(元)

B产品应分配制造费用=4 000×54.05=216 200(元)

然后按两种产品的制造费用分配额分别借记"生产成本"账户,贷记"制造费用"账户。根据有关凭证做会计分录如下:

借:生产成本——A产品　　324 300
　　　　　——B产品　　216 200
　贷:制造费用　　540 500

(31)月末,本月投产A产品1 000件,全部完工验收入库。计算结转本月完工A产品的实际生产成本。本月投产B产品500件,本月尚未完工入库。

企业应设置生产成本明细账,用以归集、分配生产过程中发生的应计入产品成本的生产费用,并采用一定的成本计算方法,计算确定产品生产成本。在将制造费用分配由各种产品成本负担之后,"生产成本"账户的借方归集了各种产品所发生的直接材料、直接工资、其他直接支出和制造费用的全部内容。

成本计算是会计核算的主要内容之一。计算产品的生产成本,必须根据企业的生产类型(生产组织和工艺艺术)和管理要求,采用如品种法、分批法、分步法等不同的成本计算方法。至于成本计算的基本要求、成本计算的一般程序和成本计算方法,我们将在后续课程中学习。这里,仅借用品种法说明产品成本的计算。

假定兴达公司A、B产品本月无期初在产品,登记A、B产品生产成本明细分类账如表4—3和表4—4所示。

表4—3　　**生产成本明细分类账**

产品名称:A产品

20×5年		凭证号数	摘　要	借　方				贷　方	借或贷	余　额
月	日			直接材料	直接人工	制造费用	合　计			
12	1	承前页							平	—
			生产耗用原材料	700 000			700 000			
			分配本月工资		1 500 000		1 500 000			
			列支福利费		210 000		210 000			
	略	略	分配制造费用			324 300	324 300			
			结转完工产品成本					2 734 300	平	
			本期发生额和余额	700 000	1 710 000	324 300	2 734 300	2 734 300	平	2 734 300

表 4—4　**生产成本明细分类账**

产品名称:B产品

20×5年 月	日	凭证号数	摘要	借方 直接材料	直接人工	制造费用	合计	贷方	借或贷	余额
12	1		承前页						平	—
			生产耗用原材料	235 000			235 000			
			分配本月工资		1 200 000		1 200 000			
	略	略	列支福利费		168 000		168 000			
			分配制造费用			216 200	216 200		借	1 819 200
			本期发生额和余额	235 000	1 368 000	216 200	1 819 200		借	1 819 200

根据生产成本明细分类账编制A产品生产成本计算表,如表4—5所示。

表 4—5　**完工产品成本计算表**　单位:元

成本项目	A产品 总成本(1 000件)	单位成本(元/件)
直接材料	700 000	700
直接人工	1 710 000	1 710
分配制造费用	324 300	324.3
合计	2 734 300	2 734.3

该项经济业务发生,产品完工入库一方面使资产项目库存商品成本增加,另一方面由于结转入库商品实际成本而使生产过程占用资金减少,应根据“完工产品成本计算表”和“产品入库单”借记“库存商品”账户,贷记“生产成本”账户。其会计分录如下:

借:库存商品——A　　2 734 300

　贷:生产成本——A　　2 734 300

另外,B产品尚未制造完工,因此,月末“生产成本明细分类账”的借方余额1 819 200元表示500件B产品的在产品实际生产成本。

产品生产过程业务总分类核算过程如图4—7所示。

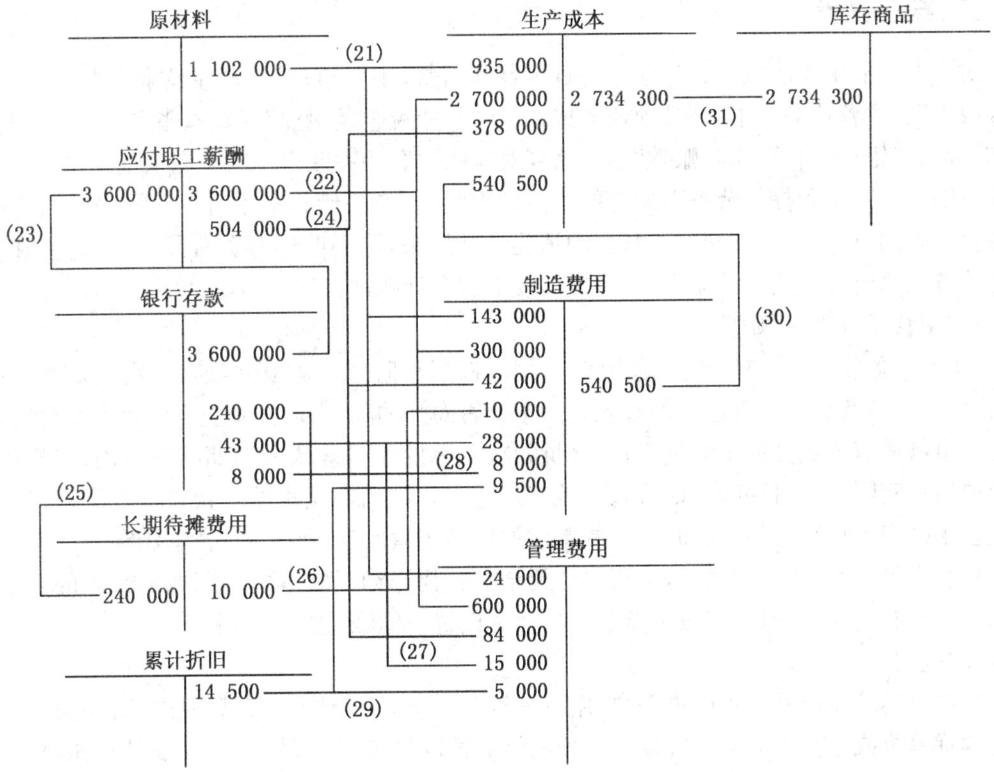

图 4—7　生产过程主要经济业务总分类核算示意图

第五节　销售过程核算

销售过程是将成品资金转化为货币资金的过程，是企业生产经营过程的最后一个阶段。

一、销售过程核算概述

工业企业销售过程的主要经济业务是企业按照销售合同规定向购货单位或接受劳务单位销售商品或提供劳务，并按销售价格结算，收回销售价款，实现产品价值的过程。

企业通过产品销售一方面可以实现产品销售收入，另一方面会使企业库存的产品减少，同时还会发生相应的产品销售费用，如运输费、装卸费、包装费、保险费、展览费、广告费以及为销售产品而专设的销售机构的职工工资及福利费、业务经费等；产品销售以后，还应根据国家税法的规定，计算和缴纳产品销售税金及附加。企业当期实现的产品销售收入，在扣除了已销产品的制造成本、产品销售费用、产品销售税金及附加以后的差额，即为产品销售利润或亏损。

因此，企业销售阶段主要经济业务的核算，就是应用会计核算的专门方法来反映和监督企业销售阶段的资金运动及其结果的过程。其具体核算内容主要包括：销售产品，提供劳务，确认产品销售收入的实现；与购货单位及接受劳务单位办理结算，收回销售价款；支付产品销售费用；计算和结转产品销售成本；计算和缴纳产品销售税金及附加等。除此之外，还应核算销售材料、固定资产出租和包装物出租等其他业务收支活动。

二、账户设置

对企业产品销售阶段的经济业务进行核算和监督，主要通过设置“主营业务收入”、“其他业务收入”、“主营业务成本”、“其他业务成本”和“营业税金及附加”等基本账户进行，一般会涉及和运用到“银行存款”“应收账款”等一系列对应账户和相关账户。为了完整地反映一定时期内企业因销售产品和提供劳务而发生的产品销售收入、产品销售成本、产品销售费用、产品销售税金及附加、产品销售利润的增减变动情况及其结果，除了前述筹资阶段、供应过程和生产过程业务核算所设置的会计账户外，还应增设下列会计账户：

1.“主营业务收入”账户

“主营业务收入”账户属于损益类账户，用以核算和监督企业根据收入准则确认的销售商品、提供工业性劳务等主营业务的收入。对于销售商品的收入，应按企业与购货方签订的合同或协议金额或双方接受的金额确定；现金折扣在实际发生时确认为当期财务费用；销售折让、销售退回在实际发生时冲减当期收入。该账户贷方登记当期实现的主营业务收入；账户借方登记发生销售折让和销售退回时应冲减本期的商品销售收入，期末结转“本年利润”账户的商品销售收入等；期末结转利润后，本账户应无余额。为详细反映本期主营业务收入的实现、冲减和结转利润情况，本账户应按主营业务的种类设置明细账，进行明细核算。

2.“应收账款”账户

“应收账款”账户属于资产类账户，用以核算和监督企业因销售商品或产品、提供劳务等，应向购货单位或接受劳务单位收取的款项的结算情况及其结果，代购货方垫付的各种款项也在本账户中核算。账户借方登记由于销售商品、提供劳务等发生的应收取的账款；账户贷方登记已经收回的各种账款。余额若在借方，反映企业尚未收回的应收账款；余额若在贷方，反映企业预收的账款。为详细反映应收账款的具体发生和结算情况，应按不同的购货单位或接受劳务单位设置明细账，进行明细核算。

3.“应收票据”账户

“应收票据”账户属于资产类账户，用以核算和监督企业因销售商品或产品、提供劳务等而收到的商业汇票，包括银行承兑汇票和商业承兑汇票的增减变动情况及其结果。企业应在收到开出、承兑的商业汇票时，按应收票据的票面值入账；带息应收票据，应在期末计提利息，计提的利息增加应收票据的账面余额。本账户借方登记企业因销售商品等而收到的商业汇票账面余额；账户贷方登记应收票据到期收回或未到期向银行申请贴现的票面金额；余额在借方，反映尚未到期收回或未贴现的应收票据金额。企业应设置“应收票据备查簿”，逐笔登记每一应收票据的种类、号数和出票日期、票面金额、票面利率、交易合同号和付款人、承兑人、背书人的姓名或单位名称、到期日、背书转让日、贴现日期、贴现率和贴现净额、未计提的利息，以及收款日期和收款金额、退票情况等资料，应收票据到期结清票款或退票后，应在备查簿内逐笔注销。

4.“预收账款”账户

“预收账款”账户属于负债类账户，用以核算和监督企业按照合同规定向购货单位预收款项的增减变动情况及其结果。预收账款情况不多的，也可将预收的款项直接记入“应收账款”科目。该账户贷方登记按合同规定向购货单位预收的款项和商品销售后购货单位补付的款项；账户借方登记以商品销售偿付的预收账款和退回购货单位多付的款项。余额若在贷方，反映企业向购货单位预收的款项；余额若在借方，反映企业应由购货单位补付的款项。为详细反映预收账款的发生和结算情况，企业应按购货单位设置明细账，进行明细核算。

5.“主营业务成本”账户

“主营业务成本”账户属于损益类账户，用以核算和监督企业根据收入准则确认销售商品、提供工业性劳务等主营业务收入时应结转的成本。月度终了，企业应根据本月销售的各种商品、提供的各种劳务的实际成本，计算应结转的主营业务成本，本账户借方登记由“库存商品”账户结转的本期销售商品的生产成本或进价成本；贷方登记期末结转“本年利润”账户的已销售商品的生产成本或进价成本；期末结转后，本账户应无余额。为详细反映本期主营业务成本的发生、计算和期末结转情况，本账户应按主营业务的种类设置明细账，进行明细核算。

6.“营业税金及附加”账户

“营业税金及附加”账户属于损益类账户，用以核算和监督企业日常活动应负担的各种营业税金及附加，包括消费税、城市维护建设税、资源税和教育费附加等。账户借方登记企业按照有关的计税依据计算的应负担的营业税金及附加；账户贷方登记期末转入“本年利润”账户的营业税金及附加；期末结转利润后，本账户应无余额。为详细反映本期营业税金及附加的发生、冲减和结转利润的情况，本账户应按主营业务种类设置明细账，进行明细核算。

房产税、车船使用税、土地使用税、印花税在“管理费用”等科目核算，不在本科目核算。

7.“其他业务收入”账户

“其他业务收入”账户属于损益类账户，用以核算和监督企业根据收入准则确认的除主营业务以外的其他经营活动实现的收入，如销售材料收入，固定资产、无形资产和包装物出租等收入，用材料进行非货币性资产交换或债务重组收入等。其他业务收入的实现原则，与主营业务收入实现原则相同。账户贷方登记当期实现的其他业务收入；账户借方登记期末转入“本年利润”账户的其他业务收入；期末结转利润后，本账户应无余额。为详细反映本期其他业务收入的实现和结转利润情况，本账户应按其他业务的种类，如“材料销售”、“包装物出租”等设置明细账，进行明细核算。

8.“其他业务成本”账户

“其他业务成本”账户属于损益类账户，用以核算和监督企业除主营业务成本以外的其他销售或其他业务所发生的支出，包括销售材料的成本、出租固定资产的折旧额、出租无形资产的摊销额、出租包装物的成本或摊销额等。其借方登记其他业务成本包括材料销售成本、提供劳务的成本费用的发生，即其他业务成本的增加；贷方登记期末转入“本年利润”账户的其他业务成本额；经过结转后，期末没有余额。本账户应按照其他业务的种类设置明细账户，进行明细分类核算。

9.“销售费用”账户

“销售费用”账户属于损益类账户，用以核算和监督企业在销售商品和材料、提供劳务过程中发生的费用，包括运输费、装卸费、包装费、保险费、展览费和广告费，以及为销售本企业商品而专设的销售机构（含销售网点、售后服务网点等）的职工工资及福利费、类似工资性质的费用、业务费等经营费用。商品流通企业在购买商品过程中发生的运输费、装卸费、包装费、保险费、运输途中的合理损耗和入库前的挑选整理费等，也在本账户核算。账户借方登记本期发生的各项销售费用；账户贷方登记期末转入“本年利润”账户的销售费用；期末结转利润后，本账户应无余额。为详细反映本期销售费用的发生和期末结转情况，本账户应按费用项目设置明细账，进行明细核算。

10.“管理费用”账户

“管理费用”账户属于损益类账户，用以核算和监督企业为组织和管理生产经营活动而发生的管理费用，包括企业的董事会和行政管理部门在企业的经营管理中发生的，或者应由企业统一负担的公司经费(包括行政管理部门职工工资、修理费、物料消耗、低值易耗品摊销、办公费和差旅费等)、工会经费、待业保险费、劳动保险费、董事会费(包括董事会成员津贴、会议费和差旅费等)、聘请中介机构费、咨询费(含顾问费)、诉讼费、业务招待费、房产税、车船使用税、土地使用税、印花税、技术转让费、矿产资源补偿费、无形资产摊销、职工教育经费、研究与开发费、排污费、存货盘亏或盘盈(不包括应计入营业外支出的存货损失)等。账户借方登记本期发生的各项管理费用；账户贷方登记期末转入“本年利润”账户的管理费用；期末结转利润后，本账户应无余额。为详细反映本期管理费用的发生和期末结转情况，本账户应按费用项目设置明细账，进行明细核算。

三、账务处理

【例 4－6】 仍以兴达公司 20×5 年 12 月份的经济业务为例，说明销售过程主要业务的账户应用和账务处理(经济业务连续编号)。

(32)销售金信公司 A 产品 300 件，每件售价4 500元，发票注明价款1 350 000元，增值税销项税额229 500元；另以银行存款代垫运杂费3 050元。以上款项暂未收到。

该项经济业务的发生，表明企业销售产品，实现了产品销售收入，但销售价款、增值税销项税额和代垫的运杂费均尚未收到，使得其在营业收入和应交税费增加的同时，应收账款也发生对应增加。应按尚未收回的销售账款借记“应收账款”账户；按产品销售金额贷记“主营业务收入”账户，按产品销售的增值税销项税额贷记“应交税费——应交增值税”账户，按代垫运杂费减少的货币资金贷记“银行存款”账户。其会计分录如下：

借:应收账款——金信公司	1 582 550	
贷:主营业务收入		1 350 000
应交税费——应交增值税(销项税额)		229 500
银行存款		3 050

(33)销售银泰公司 B 产品300件，每件售价5 500元，发票注明价款1 650 000元，增值税销项税额280 500元。以上款项已通过银行转账结算收讫。

该项经济业务的发生，表明企业销售产品实现了产品销售收入，使得其货币资产和营业收入及应交税费同时增加。应按实收的银行转账结算款项借记“银行存款”账户；按产品销售金额贷记“主营业务收入”账户，按产品销售的增值税销项税额贷记“应交税费——应交增值税”账户。其会计分录如下：

借:银行存款	1 930 500	
贷:主营业务收入		1 650 000
应交税费——应交增值税(销项税额)		280 500

(34)按照销售合同的有关规定，收到购货单位三鑫公司预付的 A 产品、B 产品订货款400 000元，存入银行存款户。

该项经济业务的发生，表明企业向购货单位预收款项而形成一笔流动负债，使得其货币资金和短期债务同时发生增加。应按实收货币金额借记“银行存款’’账户；按形成的预收款项贷记“预收账款”账户。其会计分录如下：

借:银行存款　　400 000
　贷:预收账款——三鑫公司　　400 000

(35)向预付货款的三鑫公司销售A产品50件,每件售价4 500元;销售B产品50件,每件售价5 500元,价款共计500 000元。增值税销项税额共计85 000元。以上款项除抵付已预收的款项外,余款三鑫公司以存款支付。

该项经济业务的发生,表明企业销售产品,实现了产品销售收入,销售价款和增值税销项税额除抵付前已预收款项外,余款以存款补足。一方面使得其主营业务收入和应交税费增加,银行存款增加,另一方面预收账款也相应减少。应按商品销售价款和增值税销项税额借记"预收账款""银行存款"账户;按产品销售金额贷记"主营业务收入"账户,按应收取的增值税销项税额贷记"应交税费——应交增值税"账户。其会计分录如下:

借:预收账款——三鑫公司　　400 000
　银行存款　　185 000
　贷:主营业务收入　　500 000
　　应交税费——应交增值税(销项税额)　　85 000

(36)计算并结转本月已销产品的生产成本2 257 500元。其中:A产品销售350件,生产成本962 500元;B产品销售350件,生产成本1 295 000元。

该项经济业务的发生,表明企业应根据生产完工、验收入库产成品的实际成本资料,计算本月已销产品的实际生产成本。一方面反映已销产品成本增加,另一方面要反映资产库存商品减少,应借记"主营业务成本"账户,贷记"库存商品"账户。其会计分录为:

借:主营业务成本——A产品　　962 500
　　　　　　——B产品　　1 295 000
　贷:库存商品——A产品　　962 500
　　　　　——B产品　　1 295 000

由于本月销售的库存商品不一定均为本月生产入库的产成品,且各月生产的同一种产成品的单位生产成本可能存在差异,所以计算确定本月已销产品的生产成本必须采用一定的存货计价方法,如加权平均法、先进先出法、个别计价法等。

①加权平均法。加权平均法是以期初存货加上本期收入存货成本之和除以期初存货数量加上本期收入存货数量之和,计算加权平均单位成本,据以计算本期发出存货成本和期末存货成本。加权平均单位成本的计算公式如下:

$$加权平均单位成本=\frac{期初结存存货成本+本期入库存货成本}{期初结存存货数量+本期入库存货数量}$$

$$本期发出存货成本=本期发出存货数量\times加权平均单位成本$$

例如,兴达公司A产品期初结存数量100件,单位成本2907元;本期入库数量1000件,平均单位成本2734.3元。若公司本月销售A产品350件,则:

$$加权平均单位成本=\frac{100\times2\ 907+1\ 000\times2\ 734.3}{100+1\ 000}=2\ 750(元/件)$$

本期A产品销售成本$=350\times2\ 750=962\ 500$(元)

期末库存A产品成本$=750\times2\ 750=2\ 062\ 500$(元)

采用一次加权平均法,对于本月发出的存货,平时只登记数量,不登记单价和金额,月末计算加权平均单位成本,计算出的期末存货成本和本期发出存货成本都比较平稳;但由于计价工作集中在月末进行，所以平时不能从账簿中看到存货发出和结存的金额，从而不利于加强存货资金的日常管理。

②先进先出法。先进先出法是假设先入库的存货先发出，即按照存货入库的先后顺序，用先入库存货的单位成本确定发出存货成本的一种方法。采用先进先出法对存货进行计价，可以将发出存货的计价工作分散在平时进行，减轻了月末的计算工作量；期末存货的计价标准为后入库存货的价格，从而使反映在资产负债表上的存货价值比较接近当前市价。但在物价上涨时，本期发出存货成本要比当前市价低，从而使本期利润偏高，需多缴所得税。

假定兴达公司采用先进先出法计算A产品的销售成本，则有：

本期销售A产品成本＝100×2 907＋250×2 734.3＝974 205（元）

期末库存A产品成本＝750×2 734.3＝2 050 725(元)

③个别计价法。个别计价法又称个别认定法，是指每次发出存货的成本按其购入或生产的实际成本分别计价的方法。采用个别计价法需要逐一辨认各批发出存货和期末存货的购进或生产批别，分别以购入或生产时确定的单位成本来计算确定各批发出和期末存货的成本。这种方法的优点是成本计算准确，符合实际情况；缺点是发出存货成本分辨的工作量繁重。个别计价法适用于容易辨认、品种数量不多，且单位成本较高的存货计价。

假定兴达公司采用个别计价法计算A产品的销售成本，本期销售350件产品中有80件系期初结存产品，270件系本期入库产品，则：

本期销售A产品成本＝80×2 907＋270×2 734.3＝970 821(元)

期末库存A产品成本＝20×2 907＋730 ×2 734.3＝ 2 054 179(元)

(37)接到银行收款通知，收到金信公司前欠销售A产品货款及增值税额等共计1 582 550元。

该项经济业务的发生，表明企业已收回购货单位暂欠的销售产品价款和增值税额及代垫运杂费等，使得其债权资产减少，货币资金增加。应按实收的货币金额借记“银行存款”账户；按已收回的债权贷记“应收账款”账户。其会计分录如下：

借:银行存款	1 582 550	
贷:应收账款——金信公司		1 582 550

(38)按7%的适用税率计算本月产品销售业务应交城市维护建设税33 950元。

该项经济业务的发生，表明根据企业本月主营业务应交增值税、消费税额和适用税率计算的应交城建税，使得其费用要素与负债要素同时对应增加。应按计算的城建税额借记“营业税金及附加”账户；按应交的城建税额贷记“应交税费”账户。其会计分录如下：

借:营业税金及附加	33 950	
贷:应交税费——应交城建税		33 950

(39)采用银行转账结算方式支付产品销售广告费60 000元。

该项经济业务的发生，表明企业在产品销售过程中，以货币资金直接支付产品销售费用，使得其期间费用增加，银行存款资产减少。应按实际开支的产品广告费用借记“销售费用”账户；按实付货币资金贷记“银行存款”账户。其会计分录如下：

借:销售费用——广告费	60 000	
贷:银行存款		60 000

(40)向坤天公司让售乙材料100千克，每吨售价400元；让售丁材料130千克，每千克售价450元。价款共计98 500元，增值税销项税额共计16 745元。以上款项均已收妥存入银行。

该项经济业务的发生，表明企业让售材料形成了其他业务收入，使得其货币资金与其他业务收入及应交税费同时增加。应按实收的货币金额借记“银行存款”账户；按材料出售价款贷记“其他业务收入”账户，按应收取的增值税销项税额贷记“应交税费——应交增值税”账户。其会计分录如下：

借：银行存款	115 245	
贷：其他业务收入		98 500
应交税费——应交增值税（销项税额）		16 745

（41）结转上述销售材料的实际成本82 800元，其中：乙材料成本为30 800元、丁材料成本为52 000元。

该项经济业务的发生，表明因企业销售材料使得其材料销售成本和应交税费增加，库存原材料资产减少。应按计算结转的材料成本数额借记“其他业务成本”账户；按销售材料的成本贷记“原材料”账户。其会计分录如下：

借：其他业务成本	82 800	
贷：原材料——乙材料		30 800
——丁材料		52 000

上述销售过程主要经济业务的总分类核算见图 4—8。

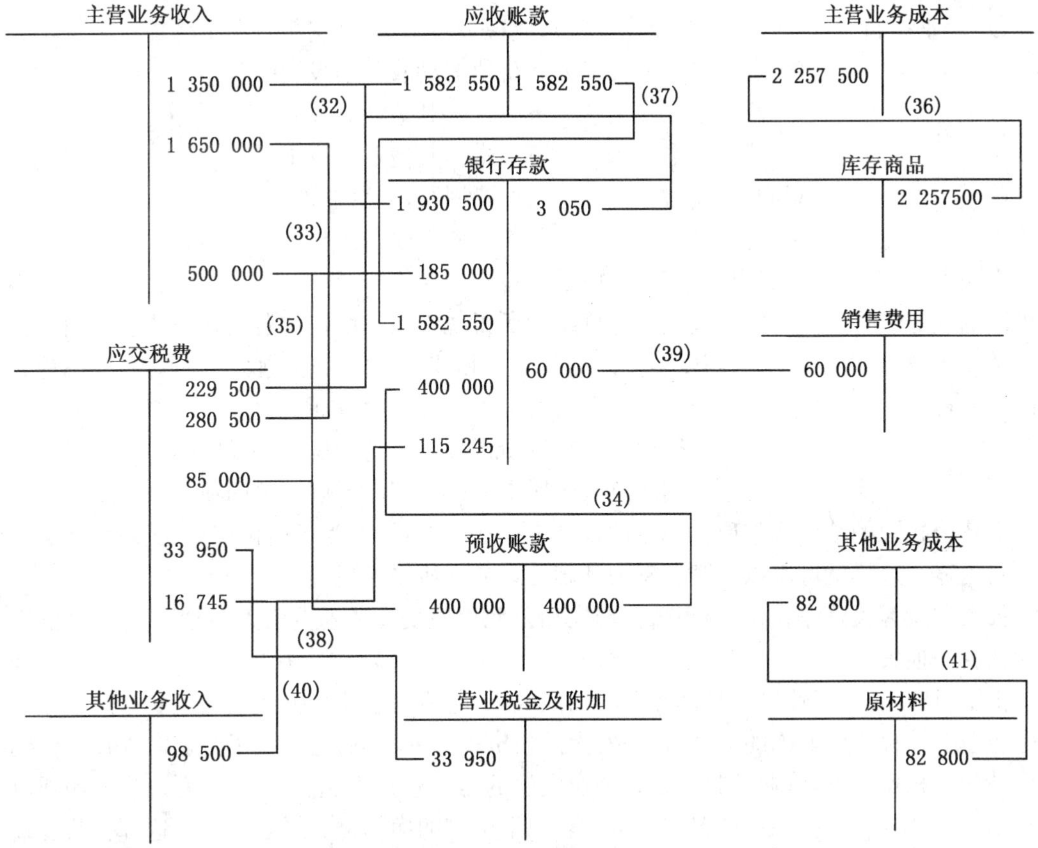

图 4—8　销售过程主要经济业务的总分类核算示意图

第六节　财务成果形成与分配业务核算

一、财务成果核算概述

(一)财务成果的形成

企业财务成果是企业一定期间从事生产经营活动所获得的最终经营结果，是当期收入扣减成本、费用和损失后的余额。若当期收入大于当期成本、费用和损失，其余额即为企业的利润额；反之，若当期收入小于当期成本、费用和损失，其差额即为企业的亏损。财务成果是企业经济效益和工作质量的综合反映，正确核算企业财务成果，对于考核企业的经济效益，监督企业的利润形成与分配过程，评价企业的工作业绩具有重要意义。

工业企业产品销售阶段所形成的盈利或亏损，并非是企业当期实现的最终经营成果。因为企业在生产经营过程中，除了其主营业务收支、其他业务收支活动外，还会发生与生产经营活动没有直接关系的营业外收支等活动。因此，利润是指企业在一定会计期间的经营成果。企业利润可分为营业利润、利润总额和净利润三个层次，其数量关系以计算公式表示如下：

(1)营业利润＝营业收入－营业成本－营业税金及附加－(销售费用＋管理费用＋财务费用)－资产减值损失＋公允价值变动收益＋投资收益

其中：营业收入＝主营业务收入＋其他业务收入

营业成本＝主营业务成本＋其他业务成本

(2)　利润总额＝营业利润＋营业外收入－营业外支出

(3)　净利润＝利润总额－所得税费用

事实上，利润总额计算出来之后，形成了企业在一定会计期间的所得，针对这个所得要按照税法的规定进行适当的纳税调整。计算缴纳所得税费用。所得税费用是企业按照国家税法的有关规定，对企业某一经营年度实现的经营所得和其他所得，按照规定的所得税税率计算缴纳的一种税款。所得税费用是企业使用政府所提供的各种服务而向政府应尽的义务。

应交所得税＝应纳税所得额×所得税税率

应纳税所得额＝利润总额＋所得税前利润中予以调整的项目

上述公式中的纳税调整项目内容比较复杂。在本教材中，为了简化核算，我们假定纳税调整项目为零。这样就可以以利润总额为基础计算应交所得税税额了。

投资收益为投资净收益；资产减值损失和公允价值变动收益为资产减值和公允价值变动所导致的净损失。

由上可知，企业营业利润是其经营活动的成果，它应为企业财务成果的主要来源。投资收益是企业对外投资所取得的收益，减去发生的投资损失的净额，也反映了企业对外投资活动的工作绩效。相比之下，营业外收支则是企业发生的与其生产经营活动无直接关系的各项收入和支出，如固定资产的盘亏、处置固定资产和无形资产的净损益、非常损失等，这部分收支通常不会经常性、重复性发生，应在利润中所占比重不大。

(二)企业利润的分配

企业在实现利润按照国家规定缴纳所得税后，形成净利润，即为税后利润。税后利润也要按照规定的分配顺序进行分配。

利润分配就是企业根据股东大会或类似权力机构批准，对企业可供分配利润指定其特定用途和分配给投资者的行为。股份公司实现的净利润应按公司法、公司章程以及股东大会决议的要求进行分配，利润分配的过程和结果不仅关系到每个股东的权益是否得到保障，而且还关系到企业的未来发展问题，所以必须做好企业利润分配工作，正确地对利润分配的具体内容进行会计核算。

根据《公司法》等有关法律法规的规定，企业当年实现的净利润，首先应弥补以前年度尚未弥补的亏损，对于剩余部分，应按照下列顺序进行分配：

(1)提取法定盈余公积。法定盈余公积金应按照本年实现净利润的一定比例提取。《公司法》规定，公司制企业按净利润的10%提取；其他企业可以根据需要确定提取比例，但不得低于10%。企业提取的法定盈余公积金累计额超过注册资本50%以上的，可以不再提取。

企业实现的净利润在扣除上述项目后，再加上年初未分配利润和其他转入数(公积金弥补的亏损等)，形成可供投资者分配的利润，用公式表示为：

可供投资者分配的利润＝净利润－弥补以前年度的亏损－提取的法定盈余公积＋以前年度未分配利润＋盈余公积金转入数

(2)支付优先股股利。是指企业按照利润分配方案分配给优先股股东的现金股利。优先股股利是按照约定的股利率计算支付的。

(3)提取任意盈余公积。任意盈余公积一般按照股东大会决议提取。

(4)支付普通股现金股利。是指企业按照利润分配方案分配给普通股股东的现金股利。普通股现金股利一般按各股东持有股份的比例进行分配。如果是非股份制企业，则为分配给投资者的利润。

(5)转作资本(或股本)的普通股股利。是指企业按照利润分配方案以分派股票股利的形式转作的资本(或股本)。

可供投资者分配的利润经过上述分配之后，为企业的未分配利润(或未弥补亏损)。年末未分配利润可按下式计算：

本年末未分配利润＝可供投资者分配的利润－优先股股利－提取的任意盈余公积－普通股股利

所以，企业财务成果的核算，就是应用会计核算的专门方法来反映和监督企业一定会计期间经营成果的形成和分配过程及其结果。其具体核算内容主要包括：企业利润的形成、企业利润的分配过程及其结果等。

二、账户设置

为了核算和监督企业一定会计期间财务成果的形成与分配情况，除了前述筹资过程、供应过程、生产过程和销售过程主要业务核算所设置的财务费用、管理费用、销售费用、主营业务收入、其他业务收入、主营业务成本等损益类账户外，还应增设下列会计账户：

1.“投资收益”账户

“投资收益”账户属于损益类账户，用以核算和监督企业对外投资所获得的投资收益或投资损失及结转情况。其贷方登记实现的投资收益和期末转入“本年利润”账户的投资净损失；借方登记发生的投资损失和期末转入“本年利润”账户的投资净收益；经过结转之后该账户期末没有余额。“投资收益”账户应按照投资的种类设置明细账户，进行明细分类核算。

2."营业外收入"账户

"营业外收入"账户属于损益类账户，用以核算和监督企业发生的与其生产经营无直接关系的各项净收入，主要包括处置非流动资产利得、非货币性资产交换利得、债务重组利得、罚没利得、政府补助利得、确实无法支付而按规定程序经批准后转作营业外收入的应付款项等。账户贷方登记企业本期发生的各项营业外收入；账户借方登记期末结转"本年利润"账户的营业外收入；期末结转利润后，本账户应无余额。为详细反映本期营业外收入的发生和结转情况，本账户应按收入项目设置明细账，进行明细核算。

3."营业外支出"账户

"营业外支出"账户属于损益类账户，用以核算和监督企业发生的与其生产经营无直接关系的各项净支出，如处置非流动资产损失、非货币性资产交换损失、债务重组损失、罚款支出、捐赠支出、非常损失等。账户借方登记本期发生的各项营业外支出；账户贷方登记期末转入"本年利润"账户的营业外支出；期末结转利润后，本账户应无余额。本账户应按支出项目设置明细账，进行明细核算，详细反映本期营业外支出的发生和结转情况。

4."所得税费用"账户

"所得税费用"账户属于损益类账户，用以核算和监督企业按照有关规定应在当期损益中扣除的所得税费用的计算及其结转情况。企业所得税是根据税法规定，按企业应纳税所得额和适用的所得税税率计算的一种费用支出，必须从企业当期实现的收益中得到补偿。账户借方登记企业应计入本期损益的所得税费用；贷方登记期末转入"本年利润"账户的所得税；期末结转利润后，本账户应无余额。

5."本年利润"账户

"本年利润"账户是所有者权益类账户，用来核算企业一定时期内净利润的形成或亏损的发生情况。其贷方登记会计期末转入的各项收入，包括主营业务收入、其他业务收入、投资净收益和营业外收入等；借方登记会计期末转入的各项费用，包括主营业务成本、营业税金及附加、其他业务成本、管理费用、财务费用、销售费用、投资净损失、营业外支出和所得税费用等。该账户年内期末余额如果在贷方，表示实现的累计净利润；如果在借方，表示累计发生的亏损。年末应将该账户的余额转入"利润分配"账户（如果是净利润，应自该账户的借方转入"利润分配"账户的贷方；如果是亏损，应自该账户的贷方转入"利润分配""账户的借方），经过结转之后，该账户年末没有余额。

6."利润分配"账户

"利润分配"账户的性质是所有者权益类，用来核算企业一定时期内净利润的分配或亏损的弥补以及历年结存的未分配利润（或未弥补亏损）情况。其借方登记实际分配的利润额，包括提取的盈余公积金和分配给投资者的利润以及年末从"本年利润"账户转入的全年累计亏损额；贷方登记用盈余公积金弥补的亏损额等其他转入数以及年末从"本年利润"账户转入的全年实现的净利润额。年内期末余额如果在借方，表示已分配的利润额，年末余额如果在借方，表示未弥补的亏损额；期末余额如果在贷方，表示未分配利润额。"利润分配"账户一般应设置以下几个主要的明细账户："盈余公积补亏"、"提取法定盈余公积"、"提取任意盈余公积"、"应付现金股利或利润"、"转作资本（或股本）的股利"、"未分配利润"等。年末，应将"利润分配"账户下的其他明细账户的余额转入"未分配利润"明细账户，经过结转后，除"未分配利润"明细账户有余额外，其他各个明细账户均无余额。

7."盈余公积"账户

"盈余公积"账户是所有者权益类账户，用来核算企业从税后利润中提取的盈余公积金，包括法定盈余公积、任意盈余公积的增减变动及其结余情况。其贷方登记提取的盈余公积金，即盈余公积金的增加；借方登记实际使用的盈余公积金，即盈余公积金的减少；期末余额在贷方，表示结余的盈余公积金。"盈余公积"应设置下列明细账户："法定盈余公积"、"任意盈余公积"等。

8."应付股利"账户

该账户的性质是负债类，用来核算企业按照股东大会或类似权力机构决议分配给投资者股利（现金股利）或利润的增减变动及其结余情况。其贷方登记应付给投资人股利（现金股利）或利润的增加；借方登记实际支付给投资人的股利（现金股利）或利润，即应付股利的减少；期末余额在贷方，表示尚未支付的股利（现金股利）或利润。这里需要注意的是，企业分配给投资人的股票股利不在本账户核算。

三、账务处理

【例4-7】 仍以兴达公司20×5年12月份的经济业务为例，说明财务成果形成与分配的主要业务的账户应用和账务处理（经济业务连续编号）。

(42)以银行存款15 000元支付董事会成员咨询费。

该项经济业务发生，一方面使管理费用增加15 000元，另一方面引起银行存款减少15 000元。管理费用增加，应借记"管理费用"账户；银行存款减少应贷记"银行存款"账户。其会计分录为：

借：管理费用　　15 000

　贷：银行存款　　15 000

(43)计算本月应缴纳车船税4 500元、房产税12 500元。

车船税和房产税都属于管理费用核算的内容。该项经济业务发生，一方面使企业管理费用增加17 000元，另一方面企业负债应交税费增加17 000元。管理费用增加应借记"管理费用"账户；应交税费增加应贷记"应交税费"账户。其会计分录为：

借：管理费用　　17 000

　贷：应交税费——应交车船费　　4 500

　　　　　　——应交房产税　　12 500

(44)用银行存款支付销售商品的修理费用2 000元。

该项经济业务发生，一方面使销售费用增加2 000元，另一方面引起银行存款减少2 000元。销售费用增加，应借记"销售费用"账户；银行存款减少应贷记"银行存款"账户。其会计分录为：

借：销售费用　　2 000

　贷：银行存款　　2 000

(45)支付本月负担的短期借款利息70 000元。

该项经济业务发生，一方面使公司财务费用增加70 000元，另一方面引起银行存款减少70 000元。财务费用增加，应借记"财务费用"账户；银行存款减少应贷记"银行存款"账户。其会计分录如下：

借:财务费用 70 000

贷:银行存款 70 000

(46)将用闲置资金购入用于交易目的而持有的股票抛出,买价350 000元,卖价379 500元,所得款项转存银行。

为了交易而持有的股票属于交易性金融资产,出售价格与交易性金融资产账面余额之间的差额应确认为企业的投资收益。这项经济业务发生,一方面使得公司的银行存款增加379 500元,另一方面使得交易性金融资产减少350 000元,投资收益增加29 500元。银行存款增加应借记"银行存款"账户;公司交易性金融资产减少、投资收益增加应分别贷记"交易性金融资产"、"投资收益"账户。其会计分录为:

借:银行存款 379 500

贷:交易性金融资产 350 000

投资收益 29 500

(47)原有某项长期股权投资采用成本法核算,被投资单位宣告分配本年现金股利,其中兴达公司应分得现金股利150 000元。

该项经济业务发生,一方面使得公司的应收股利增加150 000元,另一方面使得公司的投资收益增加150 000元。应收股利增加应借记"应收股利"账户;投资收益增加应贷记"投资收益"账户。其会计分录为:

借:应收股利 150 000

贷:投资收益 150 000

(48)收到红果公司因违反技术服务合同有关条款而支付的罚款18 000元,款项已存入银行。

该项经济业务的发生,表明企业收到技术服务公司的违约罚款,使得其罚款收入和货币资产同时增加。应按实际的罚款金额借记"银行存款"账户,贷记"营业外收入"账户。其会计分录如下:

借:银行存款 18 000

贷:营业外收入 18 000

(49)向全国教育基金会捐款10 000元,款项已通过银行转账付讫。

该项经济业务的发生,表明企业因对外捐赠,使得其与经营活动无直接关系的支出增加,货币资产相应减少。应按对外公益性捐赠的实际金额借记"营业外支出"账户;贷记"银行存款"账户。根据有关凭证做会计分录如下:

借:营业外支出——捐赠支出 10 000

贷:银行存款 10 000

(50)月末,将本损益类收支账户的余额结转至"本年利润"账户,计算确定当月实现的利润总额。

为了计算兴达公司本月的实现利润,必须根据公司(1)~(49)笔业务登记损益类账户。各损益类账户余额如表4－6所示。

表 4—6　**损益类账户月末余额表**　单位:元

账户名称	借方余额	贷方余额
主营业务收入		3 500 000
其他业务收入		98 500
投资收益		179 500
营业外收入		18 000
主营业务成本	2 257 500	
营业税金及附加	33 950	
其他业务成本	82 800	
销售费用	62 000	
管理费用	764 550	
财务费用	71 000	
营业外支出	10 000	
合　计	3 281 800	3 796 000

该项经济业务的发生，表明企业在月末应将当月实现的收入总额与当月发生的费用总额进行配比，以计算确定当月的经营成果。为分别清晰地反映收入与利润、费用与利润的相互对应关系，该项经济业务应分别编制两笔会计分录：按收入类账户结转利润金额借记“主营业务收入”、“其他业务收入”、“投资收益”、“营业外收入”等账户，贷记“本年利润”账户；按费用类账户结转利润金额借记“本年利润”账户，贷记“主营业务成本”、“营业税金及附加”、“其他业务成本”、“销售费用”、“管理费用”、“财务费用”、“营业外支出”等账户。其会计分录如下：

①将收入结转到“本年利润”账户

借:主营业务收入	3 500 000	
其他业务收入	98 500	
投资收益	179 500	
营业外收入	18 000	
贷:本年利润		3 796 000

②将支出结转到“本年利润”账户

借:本年利润	3 281 800	
贷:主营业务成本		2 257 500
营业税金及附加		33 950
其他业务成本		82 800
销售费用		62 000
管理费用		764 550
财务费用		71 000
营业外支出		10 000

通过上述经济业务的账务处理，本月实现的收入总额与发生的费用总额均汇集于“本年利润”账户，将收入与费用配比，其差额即为本月实现的利润总额。

本月实现利润总额＝3 796 000－3 281 800＝514 200(元)

(51)月末，根据本月实现的利润总额514 200元，按25%的所得税税率计算并结转本月应交所得税额128 550元(假定纳税调整项目为零)。

该项经济业务为企业根据国家税法的规定，按其取得的生产经营所得和其他所得为计税依据，按照规定的所得税税率计算应缴纳的所得税额。企业所得税实行按年计征、分期预缴、年终汇总清缴、多退少补的办法。由于所得税在性质上是一种费用支出，按照权责发生制和收入与费用配比原则，所得税必须从企业实现的收益中得到补偿，使得企业当期的所得税费用和负债同时增加。

该项业务应按计算的所得税额借记"所得税费用"账户；贷记"应交税费——应交所得税"账户。"所得税费用"账户也是损益类账户，同样要结转至"本年利润"账户，应借记"本年利润"账户；贷记"所得税费用"账户。其会计分录如下：

①计算本月应交所得税

借：所得税费用	128 550	
贷：应交税费——应交所得税		128 550

②结转所得税费用

借：本年利润	128 550	
贷：所得税费用		128 550

本月净利润＝514 200－128 550＝385 650(元)

上述财务成果形成过程的总分类核算如图4－9所示。

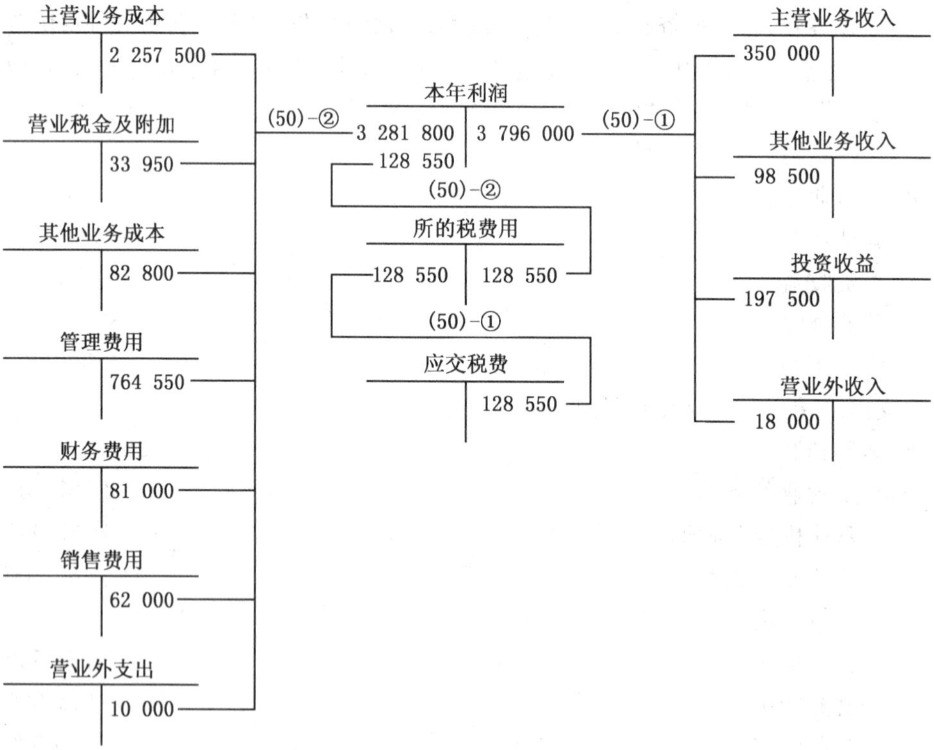

图4－9 财务成果形成过程的总分类核算示意图

(52)根据公司董事会决议提请股东会批准的年度利润分配方案,按净利润的10%计提法定盈余公积38 565元。

该项经济业务的发生,表明企业根据年度利润分配方案计提法定盈余公积,使得利润分配和盈余公积同时增加。应按计提的法定盈余公积金借记“利润分配”账户,贷记“盈余公积”账户;其会计分录如下:

借:利润分配——提取法定盈余公积 38 565

贷:盈余公积——法定盈余公积 38 565

(53)根据批准的年度利润分配方案,按净利润的50%计算应分配给股东的现金股利192 825元。

该项经济业务的发生,表明企业根据年度利润分配方案计算应付股东的现金股利,使得其利润分配和流动负债同时增加。应按计算现金股利数额借记”利润分配”账户;贷记“应付股利”账户。其会计分录如下:

借:利润分配——应付股利 192 825

贷:应付股利 192 825

(54)年度终了,将全年实现的净利润385 650元结转至“利润分配”账户。

该项经济业务的发生,表明企业按会计制度的相关规定,结转全年实现的净利润。应按年度净利润额借记“本年利润”账户,贷记“利润分配”账户;做会计分录如下:

借:本年利润 385 650

贷:利润分配——未分配利润 385 650

(55)年度终了,结清利润分配账户所属的各有关明细分类账户至“未分配利润”明细账户。

该项经济业务的发生,表明企业按会计制度的相关规定,结转全面实际分配的利润,计算历年结存的未分配利润(或未弥补亏损)。应按当年利润分配额借记“利润分配——未分配利润”明细账户;贷记“利润分配”账户所属其他有关分配利润的明细账户。其会计分录如下:

借:利润分配——未分配利润 231 390

贷:利润分配——提取法定盈余公积 38 565

——应付股利 192 825

年末未分配利润=385 650−231 390=154 260(元)

利润分配业务总分类核算过程如图4−10 所示。

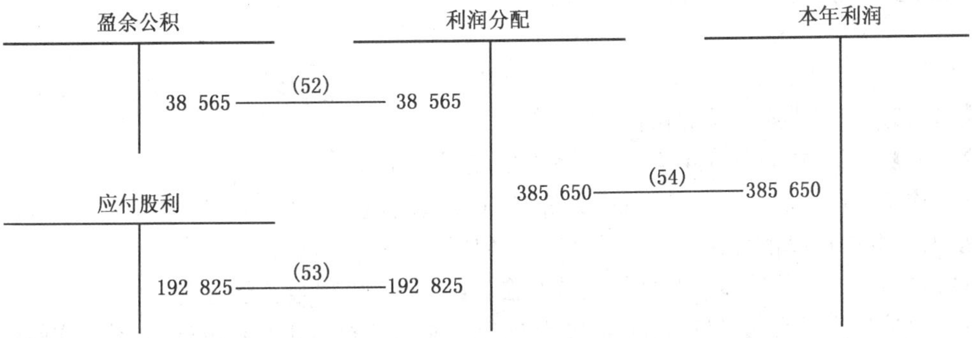

图 4−10 利润分配业务总分类核算示意图

对于资金调整与退出阶段的业务,主要包括支付股利、资产转换、对外投资、归还借款、上缴税费等，有的已在前面章节中有所讲述，有些业务将在《中级财务会计》学习，这里不再赘述。

【复习思考题】

1. 企业的主要经济业务内容包括哪些？
2. 投资人投入资本的核算需要使用哪些账户？
3. 短期借款利息与长期借款利息的会计处理有何区别？
4. 材料的采购成本由哪些项目构成？如何计算结转材料的采购成本？
5. 生产成本由哪些成本项目构成？如何计算完工产品的生产成本？
6. 如何区分主营业务收入、其他业务收入和营业外收入？
7. 如何计算营业利润、利润总额和净利润？
8. 企业进行利润分配的顺序如何？

【练习题】

习题一

【目的】 练习资金筹集的核算。

【资料】 某公司 20×6 年 1 月发生下列经济业务：

(1)接受 A 公司投资1 000 000元，款项存入银行。

(2)收到 B 公司投资1 200 000元。根据协议，B 公司享有1 000 000元股权，款项存入银行。

(3)收到 C 公司投资，其中设备协议价80 000元交付使用，材料价值100 000元验收入库。

(4)从银行取得借款500 000元，期限6个月，年利率为6%，一次还本付息。借入款项存入银行。

(5)本月应负担上述短期借款利息2 500元。

(6)经有关部门批准将资本公积2 000 000元转增资本。

(7)用银行存款515 000元偿还到期的银行临时借款。

(8)经协商签订协议，D 厂将某商标权以150 000元向本公司作长期投资。

(9)该企业因建造厂房向银行借入长期借款5 000 000元购买基建材料。

(10)用银行存款300 000元偿还到期的长期借款。

【要求】编制上述经济业务的会计分录。

习题二

【目的】 练习供应过程的核算。

【资料】 某公司 20×6 年 7 月有关采购的经济业务如下：

(1)购进一台不需要安装的设备，买价80 000元，增值税13 600元，运输费1 000元，包装费800元，所有款项均以银行存款支付，设备交付使用。

(2)采购员王新赴外地采购材料预借差旅费4 500元，以现金支票付讫。

(3)由希望公司购入甲材料250吨，单价800元；购入乙材料300吨，单价600元。增值税税率17%。用银行存款支付200 000元货款，余款未付。

(4)用银行存款支付上述材料的运输费、装卸费5 500元(按购入材料的重量分摊)。

(5)上述甲、乙材料验收入库，按实际成本转账。

(6)向星光厂购入丙材料10 000千克，每千克5元，共计50 000元。增值税税率17%。货款用银行承兑汇票结算。

(7)用现金支付丙材料的运输费、装卸费4 000元。

(8)丙材料验收入库，按实际成本转账。

(9)用银行存款支付前欠希望公司的货款180 000元。

(10)采购员王新报销差旅费4 300元，余款退回。

【要求】编制以上经济业务的会计分录，并登记“在途物资”、“原材料”总账和“在途物资”明细账(共同费用按重量比例分摊)。

习题三

【目的】 练习生产过程的核算和产品生产成本的计算。

【资料】 某公司20×6年10月份有关产品生产的经济业务如下：

(1)本月生产A产品耗用甲材料65 000元，生产B产品耗用乙材料54 000元，车间一般耗用甲材料8 000元，行政管理部门领用乙材料1 300元。

(2)结算本月应付工资180 000元，其中：生产A产品工人工资50 000元，生产B产品工人工资25 000元，车间管理人员工资25 000元，行政管理人员工资36 000元，销售部门人员工资44 000元。

(3)按工资总额的14%列支职工福利费。

(4)以银行存款发放上月职工工资180 000元。

(5)用存款支付生产用厂房租金240 000元，分两年摊销。

(6)用存款支付设备的修理费7 200元。

(7)用银行存款支付本月水电费12 600元，其中：车间分配6 800元，厂部分配5 800元。

(8)计提本月固定资产折旧18 000元，其中：生产设备折旧费14 500元，厂部折旧费3 500元。

(9)结转本月制造费用，并按2:1的比例在A、B产品之间进行分配。

(10)本月投产的A、B产品各20台，已全部完工入库，结转产品的制造成本。

【要求】根据以上业务编制会计分录，并登记“生产成本”、“制造费用”总账以及“生产成本”明细账。

习题四

【目的】 练习销售过程和财务成果的核算。

【资料】

1. 某公司20×6年11月30日有关损益类总分类账累计额如表4－7所示。

表4－7　　某公司损益类账户累计余额表　　单位：元

账户名称	借方余额	贷方余额
主营业务收入		1 800 000
其他业务收入		85 000
投资收益		16 200

续表

账户名称	借方余额	贷方余额
营业外收入		18 000
主营业务成本	1 275 000	
营业税金及附加	15 400	
其他业务成本	82 000	
销售费用	50 160	
管理费用	55 740	
财务费用	15 000	
营业外支出	11 260	
合　计	1 504 560	1 919 200

2.“利润分配”账户的贷方余额为220 000元。

3. 该公司20×6年12月份，发生下列经济业务：

(1)销售A产品10台，单价12 000元，增值税税率17%，价款存入银行。

(2)销售B产品8台，单价8 000元，增值税税率17%，货款未收。

(3)用银行存款支付广告费用10 000元。

(4)以存款支付本月银行借款利息7 500元。

(5)以存款支付董事会会务费3 260元。

(6)结转已销产品的生产成本：A产品成本82 500元，B产品成本41 600元。

(7)按规定的税率计算城市维护建设税1 400元。

(8)销售丙材料1 000千克，单价8.4元/千克，收入8 400元，货款已存入银行。丙材料的采购成本为5 400元。

(9)收到某单位商标侵权罚金6 500元。

(10)以存款支付城市管理罚金4 000元。

(11)年末将有关损益类户的余额转入“本年利润”账户，计算利润总额。

(12)按利润总额25%计算并结转应交所得税。

(13)将本年净利润转入“利润分配”账户。

(14)按本年净利润 10%提取法定盈余公积。

(15)按可供分配利润 15%提取任意盈余公积。

(16)按可供分配利润 10%分配给股东股利。

【要求】编制以上经济业务会计分录，并登记“本年利润”、“利润分配”总分类账。

习题五

【目的】 综合练习制造企业主要生产经营过程的核算。

【资料】

1. 某厂 20×6 年 11 月 30 日各总分类账账户余额及有关账户明细资料见表 4—8。

表 4—8 **有关账户余额资料表** 单位:元

账户名称	借方余额	账户名称	贷方余额
库存现金	1 800	短期借款	42 900
银行存款	139 900	应付账款	1 200
应收账款	6 000	其他应付款	800
原材料	125 000	应交税费	2 000
库存商品	164 000	实收资本	1 000 000
固定资产	882 000	盈余公积	14 000
利润分配	326 800	本年利润	430 000
		累计折旧	154 600
合 计	1 645 500	合 计	1 645 500

"库存商品"账户余额164 000元,其中:

A 商品4 000件,单价20元,计80 000元

B 商品7 000件,单价10元,计70 000元

C 商品500件,单价28元,计14 000元

"应收账款"账户余额6 000元,系丰谷厂欠款。

"应付账款"账户余额1 200元,系欠泰禾厂货款。

2. 本年12月份发生下列经济业务:

(1)收到海豹公司的投资款2 000 000元存入银行,根据公司章程协议享有1 500 000元股权。

(2)向工商银行借入临时借款500 000元,存入银行。

(3)仓库发出材料60 000元,用于生产 A 产品31 900元、B 产品28 100元。

(4)仓库发出辅助材料2 000元,供车间使用。

(5)从银行存款中提取现金30 000元。

(6)用银行存款支付职工工资240 000元。

(7)向山地厂购入甲材料14 000元,增值税税率为17%,该厂垫付运杂费1 000元,货款以银行存款支付。材料已验收入库,按其实际采购成本转账。

(8)向泰禾厂购入乙材料40 000元,增值税税率为17%。货款以商业承兑汇票结算,材料已到达并验收入库。

(9)以库存现金支付上述购入材料的搬运费600元,并按其实际采购成本转账。

(10)收到丰谷厂还来欠款6 000元,存入银行。

(11)以银行存款支付上月应交税费2 000元。

(12)本月份职工工资分配如下:

A 产品生产工人工资	100 000元
B 产品生产工人工资	100 000元
车间职工工资	30 000元
管理部门职工工资	10 000元
合计	240 000元

(13)计提本月应付职工社会保险费33 600元,其中:

A产品生产工人	14 000元
B产品生产工人	14 000元
车间职工	4 200元
管理部门职工	1 400元

(14)计提本月固定资产折旧3 180元,其中:车间使用固定资产折旧2 400元,管理部门用固定资产折旧780元。

(15)本月应支付车间水电费1 400元。

(16)将制造费用按生产工人工资比例摊入A、B产品成本。

(17)A产品已全部完成,共2 000件,按其实际生产成本转账。

(18)出售商品给丰谷厂:A商品1 800件,每件售价180元;B商品4 400件,每件售价140元。共计售价940 000元,增值税税率为17%,货款尚未收到。

(19)结转上述出售商品生产成本。A商品每件90元,B商品每件60元,共计426 000元。

(20)用库存现金支付销售产品包装费、装卸费等销售费用1 100元。

(21)以银行存款支付临时借款利息5 000元。

(22)以银行存款支付管理费用1 200元。

(23)捐出赈灾款10 000元。

(24)没收逾期未还的包装物的押金800元。

(25)出售多余材料2 000元,增值税税率为17%,价款存入银行,同时结转该材料的实际成本1 500元。

(26)将12月份各损益账户余额转至“本年利润”账户,结出12月份利润总额。

(27)按12月份利润总额的25%计算和结转应交所得税。

(28)按全年净利润10%提取盈余公积。

【要求】

1. 根据上述经济业务编制会计分录。
2. 登记总分类账和有关明细分类账。
3. 根据总分类账编制本期发生额对照表。

第五章　会计账户的分类

【学习要求】

1. 了解账户分类的意义；
2. 掌握账户按经济内容分类的基本类别；
3. 掌握账户按用途和结构分类的基本类别；
4. 掌握盘存账户、结算账户、跨期摊配账户的结构和特点；
5. 掌握调整账户、集合分配账户、成本计算账户、损益计算账户的结构和特点。

【专业术语】

盘存账户(Physical inventory account)
集合分配账户(Pooling account)
调整账户(Adjustment account)
配比账户(Matching account)
虚账户(Nominal account)
结算账户(Settlement account)
跨期摊配账户(Amortization account)
抵减账户(Offset account)
实账户(Real account)

第一节　账户分类的意义与标志

一、账户分类的意义

为了满足会计信息使用者的信息需求，需要运用会计科目在会计账簿中一系列账户。每一个账户都有其特定的核算内容；同时，每一个账户都有其特定用途和结构，从某个侧面核算会计要素的变化情况和变动结果。会计主体为了核算和监督会计对象的具体内容，取得经营管理所需要的分类会计核算资料，需要设置和运用各种各样的账户，但具体应该设置哪些账户，怎样准确运用这些账户，并不是随意的。虽然各个账户在各种经济业务的核算中是分别加以使用的，但它们彼此之间并不是孤立的，而是相互联系地组成了一个完整的账户体系，只有完整地运用这个体系，才能反映和监督会计对象的全部内容。

为了正确地设置和运用账户，就需要进一步认识每个账户的核算内容、用途结构及其在整个账户体系中的地位和作用，不仅要了解每个账户的特性，而且还要了解各账户的共性和相互之间的内在联系，掌握各账户在提供核算指标方面的规律性，以满足会计信息使用的信息需求。通过账户的分类，可以加深了解各类账户的特点，有助于更完善地建立账户体系，更熟练地运用各种账户。

科学地进行账户分类，具有以下作用：一是便于设置完整的账户体系，全面反映经营活动情况；二是便于设置会计账簿的格式；三是便于编制会计报表。

二、账户分类的标志

为了研究账户的各自特性和它们的共性，应研究和掌握账户的分类标志。账户的主要分类标志有：

（一）按经济内容分类

账户的经济内容是指账户所反映的会计对象的内容。在借贷记账法下，不同会计对象增减变

动的记账方向是不相同的，不同的会计对象有不同的账户结构和用途。明确了账户的经济内容，为明确账户的用途和结构打下了良好的基础。不同的会计报表，包含不同的会计要素，明确了账户的经济内容，就能正确掌握会计账户和相应会计报表之间的联系。

（二）按账户的用途和结构分类

账户按用途和结构的分类是在账户按照经济内容分类的基础上，对用途和结构基本相同的账户进行适当的分类。所谓账户的用途是指账户用来核算和监督的内容，用来提供什么指标；而账户的结构是指账户的借方、贷方及余额表示的含义。

按照经济内容归为一类的账户，可能具有不同的内容和结构；具有相同或相似用途和结构的账户，就其反映的经济内容而言可能归属于不同类别。按照经济内容分类是账户的基本分类方法，按照用途和结构分类的账户体系是按照经济内容分类的账户体系的重要补充。

（三）按照与会计报表的关系分类

账户按照与会计报表关系分类是指按经济内容分类的账户在会计报表中如何反映。这对于正确运用各类账户所提供的资料编制会计报表具有重要作用。

第二节　账户按经济内容分类

企业对象的具体内容表现为资产、负债、所有者权益、收入、费用和利润六个要素。因此，账户按其所反映的经济内容可以分为：反映资产的账户、反映负债的账户、反映所有者权益的账户，反映收入的账户、反映费用成本的账户和反映利润的账户六大类。

需要注意的是，在核算过程中，企业在一定期间实现的净利润要按照一定的顺序进行分配。要么按照规定的比例计提盈余公积形成企业的所有者权益，要么按照股利分配政策分配股利并使部分资金退出企业，而没有分配的利润则作为本期未指定用途的净利润放在未分配利润中形成企业的所有者权益。因此，可以将“本年利润”和“利润分配”并入所有者权益账户。

另外，企业在一定期间所取得的收入和发生的费用，期末都要结算到“本年利润”账户进行

当期损益的计算，结转之后没有余额，因此可以将此类与损益计算相关的账户直接归为损益类账户；而对于企业发生的某些费用，是为了生产的产品或提供的劳务等某一个具体的对象而发生的，需要设置用来核算该具体对象的成本账户。

综上所述，账户按经济内容分类，可分为资产类账户、负债类账户、所有者权益类账户、成本类账户、损益类账户等。

一、资产类账户

资产类账户是反映企业各种资产的增减变化及余额的账户。按照资产变现能力的强弱可以分为两类：

（一）流动资产类账户

流动资产是指在一年或者超过一年的一个营业周期内变现或者耗用的资产。反映流动资产的账户，按照各项资产在生产经营过程中所起的作用不同，又可分为反映货币资金的账户，如“库存现金”、“银行存款”、“其他货币资金”等账户；反映企业为交易目的而持有的有价证券的投资及企业持有的直接指定为以公允价值计量且其变动计入当期损益的金融资产的账户，如“交易性金融资产”账户；反映结算债权的账户，如“应收账款”、“应收票据”、“其他应收款”、“预付账款”、“应收股利”、“应收利息”、“坏账准备”等账户；反映直接或间接出售的存货资产的账户，如“材料采购”、“在途物资”、“原材料”；周转材料”、“库存商品”、“存货跌价准备”等账户。

（二）非流动资产类账户

非流动资产是指除流动资产之外的其他资产项目。反映非流动资产的账户包括“长期股权投资”、“长期股权投资减值准备”、“持有至到期投资”、“持有至到期投资减值准备”、“可供出售金融资产”、“投资性房地产”、“长期应收款”、“固定资产”、“累计折旧”、“固定资产减值准备”、“固定资产清理”、“工程物资”、“在建工程”、“在建工程减值准备”、“无形资产”、“累计摊销”、“无形资产减值准备”、“长期待摊费用”等账户。

二、负债类账户

负债类账户是反映企业各种债务的增减变化及余额的账户。按照债务偿还期的长短可以分为流动负债账户和非流动负债账户两类：

（一）流动负债账户

流动负债是指在一年或者超过一年的一个营业周期内偿还的负债。反映流动负债的账户，按照形成负债的原因又可以分为经营活动形成的负债账户，如“短期借款”、“应付账款”、“预收账款”、“应付利息”、“应付职工薪酬”、“其他应付款”等账户；经营成果分配形成的负债账户，如“应付股利”、“应交税费”等账户。

（二）非流动负债账户

非流动负债是指除流动负债之外的其他负债项目。反映非流动负债的账户包括“长期借款”、“应付债券”、“长期应付款”等账户。

三、所有者权益类账户

所有者权益账户是反映企业所有者权益各个构成部分的增减变化及余额的账户。按照来源的不同可以分为三类。

(一)反映所有者原始投入形成的所有者权益账户

这类账户如“实收资本”或“股本”账户。

(二)反映经营过程中形成的所有者权益账户

这类账户如“盈余公积”、“本年利润”和“利润分配” 账户。

(三)反映原始投入与经营过程共同形成的所有者权益账户

这类账户如“资本公积”账户。

四、成本类账户

成本类账户是反映企业为生产产品或取得资产而发生的、用来归集各种费用的账户。按照计算成本的对象不同可以分为三类:

(一)反映企业为生产产品而发生的各种耗费的成本类账户

这类账户如“生产成本”、“制造费用”等账户。

(二)反映企业为提供劳务而发生的各种耗费的成本类账户

这类账户如“劳务成本”账户。

(三)反映企业为开发无形资产而发生的各种耗费的成本类账户

这类账户如“研发支出”账户。

五、损益类账户

损益类账户是反映与损益的计算确定直接相关的账户。按照这类账户与损益组成内容的关系,可以分为以下三类:

(一)反映企业营业利润的账户

这类账户如“主营业务收入”、“主营业务成本”、“主营业务收入”、“其他业务成本”、“营业税金及附加”、“销售费用”、“管理费用”、“财务费用”、“资产减值损失”、“公允价值变动损益”、“投资收益”等账户。

(二)反映企业直接计入利润的利得与损失的账户

这类账户如“营业外收入”、“营业外支出”等账户。

(三)反映企业所得税费用的账户

这类账户如“所得税费用”账户。

综上所述,账户按照经济内容分类如图 5—1 表示。

- 账户
  - 资产类账户
    - 流动资产账户
      - 库存现金、银行存款、其他货币资金
      - 交易性金融资产
      - 应收票据、应收账款、预付账款、其他应收款
      - 在途物资、原材料、周转材料、库存商品
      - 材料采购、材料成本差异等
    - 非流动资产账户
      - 长期股权投资
      - 持有至到期投资
      - 工程物资、在建工程
      - 固定资产、累计折旧、固定资产清理
      - 无形资产
      - 长期待摊费用等
  - 负债类账户
    - 流动负债账户
      - 短期借款
      - 应付账款、应付票据、预收账款、其他应付款
      - 应付职工薪酬、应付股利、应交税费等
    - 非流动负债户
      - 长期借款
      - 应付债券
      - 长期应付款等
  - 所有者权益账户
    - 实收资本或股本
    - 资本公积
    - 盈余公积
    - 本年利润
    - 利润分配等
  - 成本类账户
    - 生产成本
    - 制造费用等
  - 损益类账户
    - 主营业务收入、其他业务收入、投资收益、营业外收入
    - 主营业务成本、其他业务成本
    - 营业税金及附加
    - 销售费用、管理费用、财务费用
    - 营业外支出
    - 所得税费用等

图 5—1　账户按照经济内容分类示意图

第三节　账户按用途与结构分类

由于账户的用途和结构都直接或间接地依存于账户的经济内容，因此这种分类是在按经济内容分类基础上的再分类。按账户的用途和结构分类，可以明确各个账户不同的使用方法和各个账户的具体作用。

账户按用途和结构的分类，可以分为三大类、十一小类。

三大类包括：基本账户、调整账户、业务账户。

十一小类包括：盘存账户；结算账户；资本账户；跨期摊配账户；抵减账户；附加账户；抵减附加账户；集合分配账户；成本计算账户；配比账户；财务成果计算账户。

一、基本账户

基本账户是用来核算和监督资产、负债和所有者权益的增减变动和结存数额情况的账户。这类账户的特点是所反映的内容都是经济活动的基础，因而称为基本账户。基本账户一般都有余额，期末应分别列入资产负债表的资产、负债和所有者权益项目。

基本账户可分为盘存账户、结算账户、资本账户、跨期摊配账户四类。

(一)盘存账户

盘存账户是用来核算和监督可以进行实物盘点的各种货币资金和实物资产增减变动及其实有数额的账户。这类账户包括了企业主要的资产账户,如"库存现金"、"银行存款"、"原材料"、"周转材料"、"库存商品"、"固定资产"等账户。盘存账户结构的特点是:借方登记各项货币资金或实物资产的增加数;贷方登记各项货币资金或实物资产的减少数;期末余额在借方,表示期末各项货币资金或实物资产的结存数额。需要注意的是,"生产成本"账户的期初、期末余额表示在产品,也具有盘存账户的性质。盘存账户的结构如图 5—2 所示。

借方　　　　　　盘存账户	贷方
期初余额:实物资产或货币资金的期初结存数	
发生额:本期实物资产或货币资金的增加数额	发生额:本期实物资产或货币资金的减少额
期末余额:实物资产或货币资金的期末结存数	

图 5—2　盘存账户结构

(二)结算账户

结算账户是用来核算和监督企业同其他单位或个人之间以及企业内部各单位之间债权债务结算关系的账户。按照结算的性质又可分为债权结算账户、债务结算账户和债权债务结算账户三类账户。

1. 债权结算账户

债权结算账户又称资产结算账户,是用来核算企业的债权增减变动及实有数额的账户,如"应收账款"、"应收票据"、"预付账款"、"其他应收款"、"应收利息"等账户都属于债权结算账户。债权结算账户结构的特点是:借方登记债权的增加数;贷方登记债权的减少数;期末余额一般在借方,表示期末尚未收回的债权的实有数额。债权结算账户的结构如图 5—3 所示。

借方　　　　　　债权结算账户	贷方
期初余额:债权的期初实有数额	
发生额:本期债权的数额	发生额:本期债权的减少数额
期末余额:债权的期末实有数额	

图 5—3　债权结算账户结构

2. 债务结算账户

债务结算账户又称负债结算账户,是用来核算企业的债务增减变动及实有数额的账户,如"应付账款"、"应付票据"、"预收账款"、"其他应付款"、"应付职工薪酬"、"应交税费"、"短期借款"、"应付利息"等账户都是债务结算账户。债务结算账户结构的特点是:贷方登记债务的增加数额;借方登记债务的减少数额;期末余额一般在贷方,表示期末尚未偿还的债务的实有数额。债务结算账户的结构如图 5—4 所示。

借方	债权结算账户 贷方
	期初余额：债务的期初实有数额
发生额：本期债务的减少数额	发生额：本期债务的增加数额
	期末余额：债务的期末实有数额

图 5—4　债务结算账户结构

3. 债权债务结算账户

债权债务结算账户又称资产负债结算账户，是用来核算企业与其他单位或者个人以及企业内部之间的一般款项往来结算情况的账户。有些结算账户由于相互之间可以转化，因此，有时是企业的债权，有时则是企业的债务。例如，企业根据购销合同的规定，预先支付货款或定金给供应商，并产生收到所订购材料的权利，形成债权并开设"预付账款"进行管理；当企业实际收到材料并结算货款时，如果所预付货款小于实际结算货款，由此形成一笔应补付的差额款项，该账户核算的内容转变成为企业的负债，从而"预付账款"账户成为一个债权债务结算账户。再如，"预付账款"不多的企业，也可以将预付账款直接记入"应付账款"账户的借方，这样"应付账款"账户同时核算和监督企业"应付账款"和"预付账款"的增减变动情况，从而成为一个债权债算结算账户。同样，"预收账款"不多的企业也可将预收账款直接记入"应收账款"账户的贷方。因此，为了能在同一账户中反映本企业与其他单位或个人债权、债务的增减变化，可以设置债权债务结算账户。比如，有时企业为了简化手续，设置"其他往来"、"内部往来"等账户便属于债权债务双重性质的账户。债权债务结算账户的结构特点是：借方登记债权（应收款项）增加数额或债务（应付款项）减少数额；贷方登记债务增加数额或债权减少数额；期末余额可能在借方，也可能在贷方。余额如在借方，表示尚未收回的债权大于尚未偿付的债务的差额；余额如在贷方，表示尚未偿付的债务大于尚未收回的债权的差额。债权债务结算账户所属明细分类账的借方余额之和与贷方余额之和的差额，应与总分类账户的余额相等。债权债务结算账户的结构如图 5—5 所示。

借方　债权债务结算账户	贷方
期初余额：期初债权大于债务的差额 发生额：本期债权的增加数额 　　　　或本期债务的减少数额	期初余额：期初债务大于债权的差额 发生额：本期债务的增加数额 　　　　或本期债权的减少数额
期末余额：期末债权大于债务的差额	期末余额：一期末债务大于债权的差额

图 5—5　债权债务结算账户结构

【例 5—1】 兴海公司 8 月份与新龙公司和大龙公司两个单位发生的债权、债务业务的总分类账与明细账的资料如下：

借方　应收账款（总分类账）		贷方	
发生额：本月应从新龙公司收到款项	2 000	发生额：本月预收大龙公司款项	1 000
月末余额：月末应收款大于预收款的差额	1 000		

借方	应收账款——新龙公司		贷方
发生额——本月应收款	2 000		
月末余额——月末应收款余额	2 000		

借方	应收账款——大龙公司		贷方
		发生额——本月预收款	1 000
		月末余额——月末预收款余额	1 000

从以上明细账可以看出：月末该公司应从新龙公司收款项 2 000 元，本月从大龙公司已预收款项1 000元，它们表示兴海公司的实际债权、债务的月末余额分别为2 000元和 1000 元，并且两个明细账余额之差1 000元(2 000－1 000)与总账余额相等。

因此，在编制资产负债表时，应根据债权债务结算账户所属明细账的余额方向，分析判断余额的性质，而不能直接根据总账余额填列有关项目，以便真实地反映企业债权债务的结算情况。如本例中，月末应将属于债权部分的余额以“应收账款”项目列在资产负债表的资产方，而属于债务部分的余额则以“预收账款”项目列在资产负债表的负债方，以便反映债权、债务的实际状况。

（三）资本账户

资本账户是用来核算和监督企业所有者权益的增减变动情况及实有数额的账户，如“实收资本”、“股本”、“资本公积”、“盈余公积”账户等。资本账户的特点是：贷方登记各项资本的增加数额；借方登记各项资本的减少数额；余额在贷方，表示各项资本的增加数额。资本账户的结构如图 5－6 所示。

借方	资本账户	贷方
	期初余额：期初所有者权益的实有数额	
发生额：本期所有者权益的减少数额	发生额：本期所有者权益的增加数额	
	期末余额：期末所有者权益的实有数额	

图 5－6　资本账户的结构

（四）跨期摊配账户

跨期摊配账户是用来核算和监督应由若干个会计期间共同负担的费用，并将这些费用在各个会计期间进行分摊，以正确核算各期费用的账户。设置跨期摊配账户的目的在于：以权责发生制和配比原则为理论基础，准确计算各期的成本费用。跨期摊配账户的特点是：发生的费用由若干个会计期间负担；按照确定的会计期间平均分摊费用。例如“长期待摊费用”账户。这类账户的性质和结构，既有资产性质账户的结构，又有负债性质账户的结构，关键在于其期末的借贷方向。如果该账户的期末余额在借方，表示企业已经支付，但尚未摊销完毕的数额，在以后若干个会计期间内仍然有将此笔支出摊销入各期费用的权利，形成企业的资产；如果该账户的期末余额在贷方，表示企业已经预提，但尚未支付的数额，在以后某个会计期间有将此笔费用一次性支付出去的义务，形成企业的负债。

长期待摊费用账户是用来核算本期已经支付，但应由本期和以后各期负担的分摊期限在一年以上的费用账户。其账户结构如图5—7所示。

借方　　　　长期待摊费用账户	贷方
期初余额：期初已支付而尚未摊销的长期待摊费用数额 发生额：本期待摊费用的摊销数额	发生额：本期待摊费用的支付数额
期末余额：已发生而尚未摊销的长期待摊费用数额	

图5—7　长期待摊费用账户结构

二、调整账户

调整账户是用来调整有关账户的账面余额而设置的账户。调整账户的特点是：调整账户是一种附属性质的账户，它依存于被调整账户，只有与被调整账户结合起来，才能确定某项资产、负债或所有者权益的实有数额。其性质既有资产性质的调整账户，又有负债或所有者权益性质的账户，还有共同性质的调整账户。调整账户与被调整账户相互配合既能全面、完整地反映同一会计对象增减变动情况及结果，又能满足管理上对不同指标的需要。

调整账户按其调整方式的不同，可以分为抵减账户、附加账户和抵减附加账户三种，其中抵减账户是常见的调整账户。

（一）抵减账户

抵减账户是用来抵减被调整账户的余额，以求得被调整账户实际余额的账户，又称备抵账户。抵减账户的调整方式是以被调整账户的期末余额减去调整账户的期末余额，以求得被调整账户的现有实际数额。其结构特点是：账户的余额方向与被调整账户的余额方向是相反的。

例如，"累计折旧"、"固定资产减值准备"账户是"固定资产"账户的抵减账户。固定资产由于使用发生损耗，其价值不断减少，但从管理的角度考虑，需要"固定资产"账户能提供固定资产的原始价值指标，因此，固定资产价值的减少不直接记入"固定资产"账户的贷方，冲减其原始价值，而是另外开设了"累计折旧"账户，将提取的折旧记入"累计折旧"账户的贷方，用以反映固定资产由于损耗而不断减少的价值。将"固定资产"账户的借方余额（固定资产的原始价值）减去"累计折旧"账户的贷方余额（固定资产的累计折旧），其差额就是固定资产的账面净值（或折余价值）。另外，出于会计核算的谨慎性原则，会计期如果预计固定资产发生减值，则应计提固定资产减值准备，以便真实反映企业的财务状况。因此，为了反映固定资产价值变动的信息，又增设了"固定资产减值准备"账户，将提取的减值准备记入"固定资产减值准备"账户的贷方，用以核算固定资产可收回金额低于其账面价值的差额。用固定资产的账面净值（或折余价值）减去"固定资产减值准备"账户的贷方余额，其差额就是固定资产的净额。通过这三个账户余额的对比分析，可以了解固定资产的新旧程度、资金占用状况和减值状况。下面举例说明"累计折旧"账户和"固定资产减值准备"账户对"固定资产"账户的抵减作用。

【例5—2】　兴海公司的一台设备原始成本为800 000元，累计折旧为150 000元。该设备已有证据表明发生了减值损失，可收回金额为450 000元，则应确认的减值准备的金额为

200 000元(800 000－150 000－450 000)。有关的账户记录如下：

被调整账户

固定资产

期末余额　800 000	

调整账户

累计折旧

	期末余额　150 000

调整账户

固定资产减值准备

	期末余额　200 000

被调整账户与调整账户关系如下：

固定资产的原始价值	800 000 元
减：累计折旧	150 000 元
固定资产账面净值	650 000 元
减：固定资产减值准备	200 000 元
固定资产净额	450 000 元

另外，“坏账准备”、“存货跌价准备”、“持有至到期投资减值准备”、“长期股权投资减值准备”、“累计摊销”、“无形资产减值准备”等减值准备账户也属于相应资产的抵减账户。

(二)附加账户

附加账户是用来增加被调整账户的余额，以求得被调整账户实际余额的账户。这类账户同抵减账户的调整方式恰好相反，是将被调整账户的期末余额与调整账户的期末余额相加，得出被调整账户的实际余额。附加账户的特点是，被调整账户的性质和期末余额方向与调整账户一致。

【例 5－3】 兴海公司溢价发行债券用于生产经营活动，债券面值500 000元，实际收到款项为 550 000 元。发行时按债券的票面金额 500 000 元贷记“应付债券——面值”账户，溢价金额50 000元贷记“应付债券——利息调整”。“利息调整”二级账户是“面值”二级账户的负债附加账户，两者期末贷方余额之和表示该债券的实际余额。有关的账户记录如下：

被调整账户

应付债券——面值

	期末余额　500 000

调整账户

应付债券——利息调整

	期末余额　50 000

被调整账户与调整账户关系如下：

债券发行总额	500 000 元
加：债券溢价总额	50 000 元
债券实际发行金额	550 000 元

将被附加账户中所登记的期末负债的原始数额加上负债附加账户中所登记的负债附加数额，就是该项负债的现有实际数额。

需要说明的是，目前在会计实务中，总账的附加账户应用较少。

(三)抵减附加账户

抵减附加账户是同时具备抵减和附加两种调整职能的账户。但是,根据抵减附加账户余额求得被调整账户的实际余额时,或是抵减或是附加,这取决于该账户的余额在方向上是否一致,当其余额与被调整账户的余额在不同方向时,它所起的是抵减账户的作用;当其余额与被调整账户的余额在相同方向时,它所起的是附加账户的作用。

如"材料成本差异"账户就是"原材料"账户的抵减附加账户。如果企业的材料核算采用计划成本计价方式,就必须设置"材料采购"、"原材料"、"材料成本差异"三个账户,来分别核算材料的实际采购成本和计划成本以及实际采购成本同计划成本的差异额。原材料入库时,将材料采购成本大于计划成本的差额登记"材料成本差异"账户的借方(即超支额),将材料采购成本小于计划成本的差额登记"材料成本差异"账户的贷方(即节约差)。当月末编制会计报表时,需将"原材料"账户所反映的计划成本,调整为实际成本。这时"材料成本差异"账户的期末余额如在借方,则与"原材料"账户的余额相加;如果"材料成本差异"账户的期末余额在贷方,则与原材料账户的期末借方余额相减,即可将材料计划成本调整为实际成本。下面举例说明。

【例 5—4】 某公司采购甲材料 15 吨,实际采购单价为1 900元,计划单价为2 000元,货款已经支付,材料已验收入库,甲材料期初无余额。有关的账户记录如下:

被调整账户

原材料

期末余额　30 000	

调整账户

材料成本差异

	期末余额　1 500

被调整账户与调整账户关系如下:

"原材料"账户的借方余额(计划成本)	30 000 元
减:"材料成本差异"账户贷方余额(节约额)	1 500 元
甲材料实际成本	28 500 元

在此例中,"材料成本差异"账户对"原材料"账户起着抵减账户的作用。

承上例,如果该公司采购甲材料 15 吨,实际采购单价为2 200元,计划单价为2 000元,货款已经支付,材料已验收入库,乙材料期初无余额。有关的账户记录如下:

被调整账户

原材料

期末余额　30 000	

调整账户

材料成本差异

期末余额　3 000	

被调整账户与调整账户关系如下:

"原材料"账户的借方余额(计划成本)	30 000 元
加:"材料成本差异"账户借方余额(超支额)	3 000 元
甲材料的实际成本	33 000 元

在此例中,"材料成本差异"账户对原材料账户起着附加账户的作用。

三、业务账户

业务账户是用来核算和监督企业在经营过程中发生的各种业务活动的账户。其特点是能及时考核企业财务和成本计划的完成情况，对企业经济效益作出全面评价。

业务账户可分为集合分配账户、成本计算账户、配比账户和财务成果计算账户等四小类。

（一）集合分配账户

集合分配账户是用来汇集和分配企业生产经营过程中某一阶段所发生的有关生产费用的账户。企业在生产经营过程中发生的应由各个成本计算对象共同负担的间接费用，应首先通过集合分配账户进行归集，然后再按照一定标准分配计入各成本计算对象，企业可以通过集合分配账户来反映和监督有关生产费用计划的执行情况和费用的分配情况。集合分配账户的特点是：借方登记费用的发生额；贷方登记费用的分配额；期末一般无余额。属于集合分配账户的有“制造费用”账户。其账户的结构如图 5－8 所示。

借方　　　　集合分配账户	贷方
发生额：汇集经营过程中间接费用的数额	发生额：分配间接费用的数额

图 5－8　集合分配账户结构

（二）成本计算账户

成本计算账户是用来归集企业生产经营过程中某一阶段所发生的全部费用，确定该阶段各成本计算对象的实际成本的账户。成本计算账户结构的特点是：借方登记应计入成本的全部费用，包括直接计入成本的直接费用和通过集合分配账户分配转来的间接费用；贷方登记转出的实际成本；期末如有余额一定在借方，表示尚未完成某一阶段的成本计算对象的实际成本。“生产成本”、“材料采购”和“在建工程”账户都属于这类账户。其账户的结构如图 5－9 所示。

借方　　　　成本计算账户	贷方
期初余额：期初尚未完成生产经营过程中某一阶段的成本计算对象的实际成本 发生额：归集生产经营过程中某一阶段所发生的全部费用数额	发生额：结转已完成某一阶段的成本计算对象的实际成本
期末余额：尚未完成某一阶段的成本计算对象的实际成本	

图 5－9　成本计算账户结构

（三）配比账户

配比账户是用来反映企业一定时期的各项收入和成本费用以及营业外收支，并据以确定企业最终财务成果的账户。配比账户既有计算收入的账户，又有计算费用的账户。

收入账户是用来归集企业在一定时期内所取得的各种收入或收益的账户。收入账户的特点是：贷方登记取得的收入或收益；借方登记收入或收益的减少额和期末转入“本年利润”账户的收入或收益数额；期末一般无余额，这是因为当期实现的全部收入或收益都要在期末转入“本年利润”账户。收入账户主要有“主营业务收入”、“其他业务收入”、“投资收益”、“营业外收入”等账户。其账户的结构如图 5－10 所示。

借方	收入账户 贷方
发生额:本期收入或收益的减少数额和期末转入“本年利润”账户的收入或收益数额	发生额:本期发生并确认的收入或收益数额

图 5—10 收入账户结构

费用账户是用来归集企业在一定时期内所发生的应记入当期损益的各项费用、成本和损失的账户。费用账户的特点是:借方登记费用支出的增加数额;贷方登记费用支出的增加数额;贷方登记费用支出的减少数额和期末转入“本年利润”账户的费用支出数额;期末一般无余额,这是因为当期发生的全部费用支出都要用在期末转入“本年利润”账户。费用账户主要有“主营业务成本”、“营业税金及附加”、“销售费用”、“管理费用”、“财务费用”、“所得税费用”、“其他业务成本”等账户。其账户的结构如图 5—11 所示。

借方	费用支出账户 贷方
发生额:本期发生并确认的费用支出数额	发生额:本期费用支出的减少数额和期末转入“本年利润”账户的费用支出数额

图 5—11 费用账户结构

(四)财务成果计算账户

财务成果计算账户是用来核算和监督企业在一定时期内全部经营活动最终财务成果的账户。如“本年利润”账户是典型的财务成果计算账户。该账户贷方登记一定时期内的主营业务收入、其他业务收入、营业外收入等,借方登记一定时期内的主营业务成本、期间费用、其他业务成本、营业税金及附加、营业外支出和所得税费用等。期末将借方发生额与贷方发生额进行比较,就可以得出本期最终财务成果,贷方余额表示企业本年度以来获得的利润累积数,期末借方余额表示企业本年度以来产生的亏损累积数。财务成果计算账户的结构如图 5—12 所示。

借方	财务成果计算账户贷方
发生额:反映一定时期内的主营业务成本、期间费用、其他业务成本、营业税金及附加、营业外支出和所得税费用等数额	发生额:一定时期内的主营业务收入、其他业务收入、营业外收入等数额
期末余额:发生的亏损总额	期末余额:实现的利润净额

图 5—12 财务成果计算账户结构

综上所述,账户按照用途和结构分类如图 5—13 表示。

此外,会计账户按其与会计报表的关系,可分为资产负债表账户与利润表账户两类。

资产负债表账户所提供的资产、负债与所有者权益是编制资产负债表的依据。这类账户的数字特点是时点数,即期末通常有余额,所反映的经济内容都是资金运动的静态状况。因此,资产负债表账户又称实账户或静态账户。资产负债表账户包括资产账户、负债账户和所有者权益账户三类,与资产负债表的基本结构相对应。其具体包括的账户,与前文所反映的资金

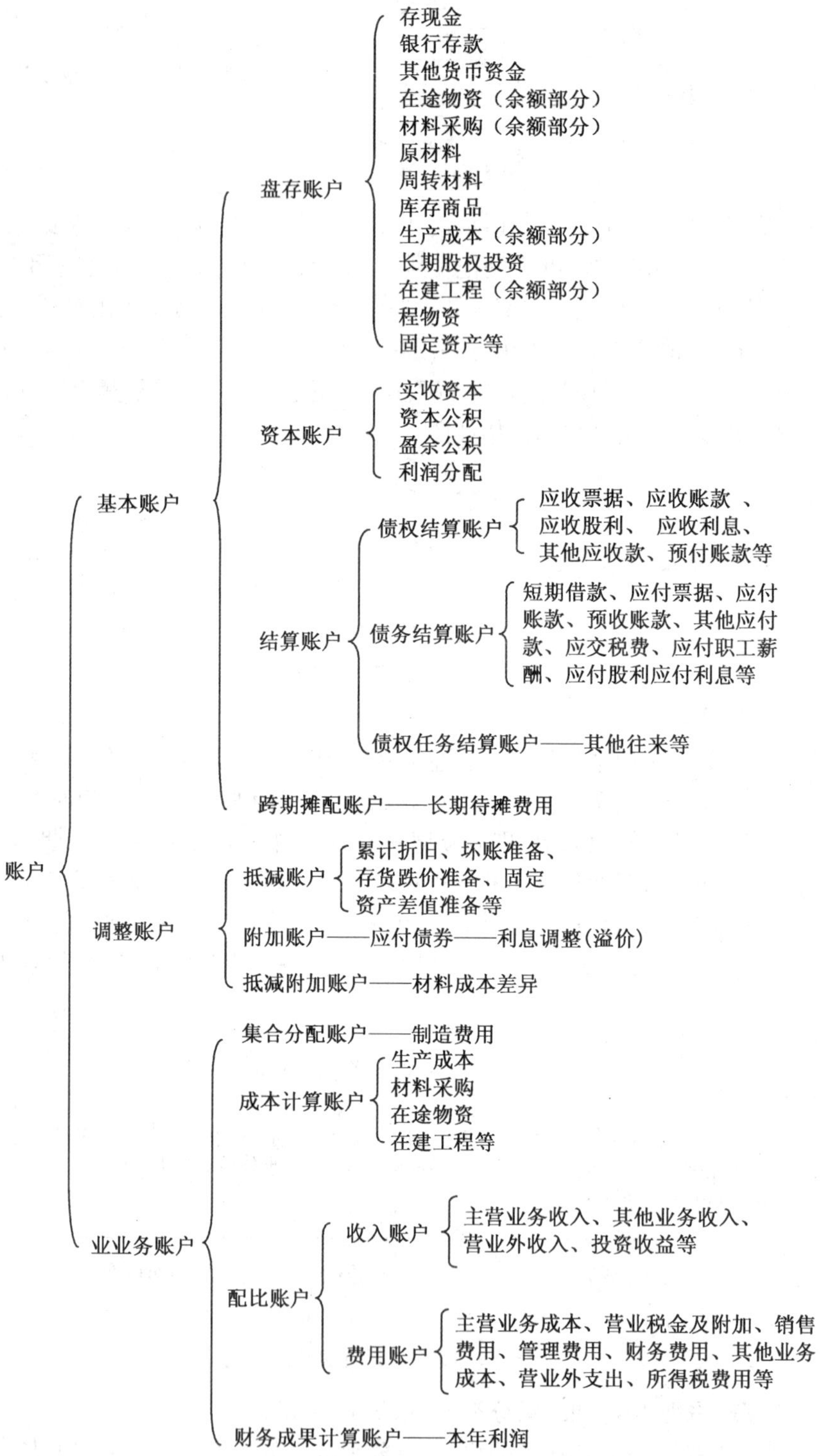

图 5—13 账户按照用途和结构分类示意图

运动静态状况的账户完全相同。

利润表账户，亦称损益表账户，其所提供的资料是编制利润表的依据。这类账户的数字特点是时期数，即发生额，所反映的经济内容是资金运动的动态状况。这类账户期末结转后通常没有余额，因此利润表账户又称虚账户或动态账户。利润表账户包括收入账户、费用成本账户和利润账户，这三类账户的内容分别与利润表的有关项目对应。其具体包括的账户，与前文所反映的资金运动动态状况的账户完全相同。

需要说明的是，“生产成本”等成本类账户，从理论归类应是利润表账户，如果该账户有余额，则是企业资产中存货的一部分，其余额具体反映的是在产品，相应地应列入资产负债表账户。

这种账户分类，对于正确运用各类账户所提供的数据资料编制会计报表具有重要作用。

【复习思考题】

1. 为什么要对账户按照不同的分类标志进行分类？
2. 账户按照经济内容可以分为哪些类别？
3. 账户按照用途和结构分为哪几类？
4. 以“材料成本差异”账户为例，说明其与“原材料”账户的关系。
5. 什么是跨期摊配账户、集合分配账户、配比账户和财务成果计算账户？其用途和结构是怎样的？

【练习题】

【目的】　练习账户按照经济内容、用途和结构的分类。

【资料】　账户名称：原材料、应收账款、银行存款、应收票据、在途物资、材料成本差异、库存商品、固定资产、制造费用、生产成本、本年利润、累计折旧、应付账款、应付职工薪酬、主营业务收入、营业税金及附加、盈余公积、所得税费用、长期待摊费用、实收资本、管理费用、利润分配、财务费用、坏账准备。

【要求】　请将上述账户填入表5－1账户分类表中。

表5－1　　**账户分类表**

类　别	资产账户	负债账户	所有者权益账户	成本账户	损益账户
盘存账户					
结算账户					
资本账户					
跨期摊配账户					
抵减账户					
抵减附加账户					
集合分配账户					
成本计算账户					
配比账户					
财务成果计算账户					

第六章　会计凭证

【学习要求】

1. 了解会计凭证的种类和格式；
2. 明确会计凭证的填制要求和审核内容；
3. 掌握各种记账凭证的填制方法；
4. 了解会计凭证的传递与保管要求。

【专业术语】

会计凭证(Accounting document)　　原始凭证(Source document)
记账凭证(General journal voucher)　　一次凭证(Single-record document)
累计凭证(Accumulation source document)
原始凭证汇总表(Summary of source document)

第一节　会计凭证的作用与种类

一、会计凭证的作用

会计凭证，简称凭证，是记录经济业务、明确经济责任据以登记账簿的书面证明。一切会计记录都要有真凭实据，使核算资料具有客观性，这是会计核算必须遵循的一条基本原则。因此，填制与审核会计凭证是会计核算工作的起点和基础。

为了保证会计记录如实反映企业的经济活动情况，保证账户记录的真实性、准确性，记账必须严格以会计凭证为依据。会计凭证必须在经济业务发生时，由执行或记录该项经济业务的有关人员从外部取得或自行填制，以书面形式反映、证明经济业务的发生及完成情况，并签字盖章，以证明对该项经济业务的真实性和合法性所负的责任。会计凭证经有关人员审核无误后，方可作为记账的依据。

正确填制和严格审核会计凭证，对完成会计工作任务，实现会计职能，充分发挥会计在企业管理中的作用，具有重要的作用：

(1)保证会计信息质量。填制和严格审核会计凭证，可以为记账、算账及整个会计核算过程提供真实的、可靠的原始依据，保证会计信息质量真实准确，实现会计的反映职能。

(2)发挥会计的监督作用。填制和严格审核会计凭证，可以及时反映经营活动的发生、发展和完成的实际情况，便于进行会计监督和控制。通过会计凭证的审核，可以查明各项经济业务是否符合法规、制度的规定，有无贪污盗窃、铺张浪费和损公肥私行为，从而发挥会计的监督作用，保护各会计主体所拥有资产的安全完整，维护投资者、债权人和有关各方的合法权益。

(3)明确经济责任。认真填制和严格审核会计凭证，可以明确有关部门、有关人员的责任，便于进行会计考核、分析和评价。

(4)强化企业内部管理。填制和严格审核会计凭证，可以及时检查经济活动的合法性、合理性，有利于企业经营目标的实现。

二、会计凭证的种类

会计凭证按其填制程序和用途的不同，可以分为原始凭证和记账凭证。

(一)原始凭证

原始凭证是经济业务发生时所取得或填制的、载明经济业务的执行和完成情况的书面证明，它是进行会计核算的原始资料和重要依据。原始凭证是在经济业务发生过程中直接填制的，是经济业务发生的最初证明，在法律上具有证明效力，所以叫作“证明凭证”。原始凭证可按不同的标准进行分类。

1. 原始凭证按其来源不同，可分为自制原始凭证和外来原始凭证

“外来”和“自制”是以会计主体来识别的。凡是由本单位(会计主体)经办业务的部门和人员，在执行或完成某项经济业务时所填制的原始凭证称为自制原始凭证，如收料单、领料单等。收料单一般格式见表6－1，领料单一般格式见表6－2。

表6－1 **收料单**

发票编号： 凭证编号：

供货单位： 年 月 日 收料仓库：

材料名称	规格	单位	数量		单价	金额
			应收	实收		
备注					合计	

第二联：财务科核算

仓库负责人 记账 仓库保管 收料

表 6—2 **领料单**

领料部门： 凭证编号：

用途： 年 月 日 收料仓库：

材料名称	规格	单位	数量		单价	金额
			请领	实领		
备注					合计	

第二联：财务科核算

记账 发料 审批 领料

凡是从本单位（会计主体）以外取得的原始凭证，如采购材料、商品等取得的增值税专用发票、普通发票、银行结算凭证，出差购买的车船票等都是外来原始凭证。增值税专用发票格式见表6—3，普通发票格式见表6—4。

表 6—3 **增值税专用发票**

发票联 No.

开票日期：

<table>
<tr><td>购货方</td><td colspan="3">名 称：
纳税人识别号：
地 址 、电 话：
开户行及账号：</td><td colspan="2">密码区</td><td colspan="17"></td></tr>
<tr><td colspan="2" rowspan="2">货物及应税劳务名称</td><td rowspan="2">计量单位</td><td rowspan="2">数量</td><td rowspan="2">单价</td><td colspan="9">金 额</td><td rowspan="2">税率（%）</td><td colspan="9">税 额</td></tr>
<tr><td>百</td><td>十</td><td>万</td><td>千</td><td>百</td><td>十</td><td>元</td><td>角</td><td>分</td><td>百</td><td>十</td><td>万</td><td>千</td><td>百</td><td>十</td><td>元</td><td>角</td><td>分</td></tr>
<tr><td colspan="2"></td><td></td><td></td><td></td><td></td><td></td><td></td><td></td><td></td><td></td><td></td><td></td><td></td><td></td><td></td><td></td><td></td><td></td><td></td><td></td><td></td><td></td><td></td></tr>
<tr><td colspan="2"></td><td></td><td></td><td></td><td></td><td></td><td></td><td></td><td></td><td></td><td></td><td></td><td></td><td></td><td></td><td></td><td></td><td></td><td></td><td></td><td></td><td></td><td></td></tr>
<tr><td colspan="2">合 计</td><td colspan="3"></td><td></td><td></td><td></td><td></td><td></td><td></td><td></td><td></td><td></td><td></td><td></td><td></td><td></td><td></td><td></td><td></td><td></td><td></td></tr>
<tr><td colspan="2">价税合计（大写）</td><td colspan="22">仟 佰 拾 万 仟 佰 拾 元 角 分</td></tr>
<tr><td>销售方</td><td colspan="10">名 称：
纳税人识别号：
地 址 、电 话：
开户行及账号：</td><td colspan="2">备注</td><td colspan="11"></td></tr>
</table>

收款人： 复核： 开票人： 开票单位（未盖章无效）

表 6—4

湖北省商品零售统一发票

发票联　　　　　　　　NO.

购货单位：　　　　　　　　　　　　　　　　　　年　　月　　日

货物名称	规格	单位	数量	单价	金额
金额(大写)万仟佰拾元角分					
备注：					

②付款方报销凭证

开票单位：　　　　　　　　收款人：　　　　　　　　开票人：

2. 原始凭证按其反映业务的方法不同，可分为一次凭证、累计凭证和汇总原始凭证

一次凭证，是指只反映一项或同时反映若干项同类性质的经济业务，填制手续是一次完成的凭证。如企业的购进材料验收入库，由保管人员填制的“收料单”等是一次性的自制原始凭证。外来原始凭证都是一次凭证。

累计凭证，是指一定时期内连续记载若干项同类经济业务的自制原始凭证。这种凭证的填制手续不是一次完成的，而是随着经济活动的连续发生分次填制的，可以随时计算发生额累计数，所以称为累计凭证。使用累计凭证，一方面可以简化核算手续，减少凭证数量，同时还便于同定额、计划、预算数比较，起到控制有关费用定额、计划或预算范围内的开支，节约支出的作用。如限额领料单(其一般格式见表 6—5)、企业管理费用开支手册等，都是累计凭证。

表 6—5

兴达公司

限额领料单

材料类别	材料编号	名称材料	计量单位	单价	全月领用限额	全月实领	
						数量	金额
金属	0348	铝材	千克	3	1000	980	2940
领料日期	请领		实发				限额结余
	数量	领料单位负责人	数量	发料人	领料人		
10	300	张云	300	吕忠	肖凯	700	
20	330	张云	330	吕忠	肖凯	370	
25	350	张云	350	吕忠	肖凯	20	
合计	980	张云	980				

仓库负责人(签章)　　　　　　　　生产计划部门负责人(签章)

汇总原始凭证，是为了集中反映某项经济业务，并简化编制记账凭证的工作，根据一定时期内许多相同原始凭证或会计核算资料汇总起来而填制的凭证，如发出材料汇总表(其一般格式见表 6—6)、工资结算汇总表等都属于汇总原始凭证。

表 6—6 **兴达公司**

发出材料汇总表

发料仓库：　　　　　　　　　年　　月　　日

应借账户	应贷账户:原材料					金额合计
	甲材料	乙材料	丙材料	丁材料	戊材料	
生产成本						
制造费用						
管理费用						
在建工程						
合　计						

会计主管：　　　　复核：　　　　记账：　　　　制单：

汇总原始凭证，在大中型企业中使用非常广泛，因为它不仅可以简化核算手续，提高核算工作效率，还能够使核算资料更为系统化，核算过程更为条理化，同时能够直接为管理提供某些综合指标。

（二）记账凭证

记账凭证是本单位会计人员根据审核无误的原始凭证填制，载有反映经济业务的会计分录及简要内容，直接作为登记账簿依据的凭证。

原始凭证来自各个方面，格式大小不一，且不能清楚地表明应记入账户的名称和方向。若直接根据原始凭证记账，容易发生差错，难以达到记账的要求。而记账凭证，载有反映经济业务的会计分录，并指明经济业务应记入的账户、应记的方向及相应的金额，且附有相关的原始凭证即附件，便于记账和查账。所以编制记账凭证，对于保证账簿记录的正确性是十分必要的。记账凭证可以从不同的角度进行分类：

1. 按其反映经济业务的内容不同，可以分为收款凭证、付款凭证和转账凭证

收款凭证是用来反映现金和银行存款收入业务的记账凭证，它是根据有关现金和银行存款收入业务的原始凭证编制的。收款凭证又可分为现金收款凭证和银行存款收款凭证两种。根据现金收入业务的原始凭证编制的收款凭证称为现金收款凭证；根据银行存款收入业务的原始凭证编制的收款凭证，称为银行存款收款凭证。收款凭证的格式见表 6—7。

表 6—7 **收款凭证**

借方科目：　　　　　　年　　月　　日　　　　　　收字第　　号

摘　要	贷方科目		金　额									
	总账科目	明细科目	千	百	十	万	千	百	十	元	角	分
合　计												

附件　张

会计主管：　　　记账：　　　出纳：　　　复核：　　　制单：

付款凭证是用来反映现金和银行存款付出业务的记账凭证，它是根据有关现金和银行存款付出业务的原始凭证填制的。付款凭证又可以分为现金付款凭证和银行存款付款凭证两种。根据现金付出业务的原始凭证填制的付款凭证，称为现金付款凭证；根据银行存款付出业务的原始凭证填制的付款凭证，称为银行存款付款凭证。付款凭证格式见表6—8。

表6—8 **付款凭证**

贷方科目：　　　　　　　　　年　　月　　日　　　　　　　　　付字第　　号

摘　要	借方科目		金　额									
	总账科目	明细科目	千	百	十	万	千	百	十	元	角	分
合　计												

附件　张

会计主管：　　　记账：　　　出纳：　　　复核：　　　制单：

收款凭证和付款凭证，既是登记现金日记账、银行存款日记账以及有关明细分类账和总分类账的依据，也是出纳员收、付款项的依据。

转账凭证是用来反映现金、银行存款收付业务以外的其他转账业务的记账凭证。它是根据转账业务的原始凭证填制的，是登记有关账簿的依据。转账凭证格式见表6—9。

表6—9 **转账凭证**

年　　月　　日　　　　　　　　　转字第　　号

摘　要	总账科目	明细科目	借方金额										√	贷方金额										√
			千	百	十	万	千	百	十	元	角	分		千	百	十	万	千	百	十	元	角	分	
合　计																								

附件　张

会计主管：　　　记账：　　　复核：　　　制单：

收款凭证、付款凭证和转账凭证统称为专用记账凭证。有的小型企业会计业务量少，会计人员少，为简化凭证，常只使用通用记账凭证记录发生的各种经济业务，其格式与转账凭证基本相同，见表6—10。

表 6－10 **记账凭证**

年　月　日　　　　转字第　号

摘要	总账科目	明细科目	借方金额										√	贷方金额										√
			千	百	十	万	千	百	十	元	角	分		千	百	十	万	千	百	十	元	角	分	
合计																								

附件　张

会计主管：　　记账：　　复核：　　制单：

2. 按其填制方法的不同，可分为单式记账凭证和复式记账凭证

单式记账凭证，简称单式凭证，是在一张凭证上只填制一个会计科目的记账凭证。分“借项记账凭证”和“贷项记账凭证”（见表 6－11、6－12）。商业银行等金融企业多采用单式记账凭证。

表 6－11 **借项记账凭证**

对应科目：应收账款　　20×6 年 12 月 3 日　　编号：$5\frac{1}{2}$

摘要	总账科目	明细科目	金额									
			千	百	十	万	千	百	十	元	角	分
收到 M 公司前欠货款存入银行	银行存款					3	5	0	0	0	0	0
合计					¥	3	5	0	0	0	0	0

附件 1 张

会计主管：　　记账：　　复核：　　制单：

表 6－12 **贷项记账凭证**

对应科目：银行存款　　20×6 年 12 月 3 日　　编号：$5\frac{2}{2}$

摘要	总账科目	明细科目	金额									
			千	百	十	万	千	百	十	元	角	分
收到 M 公司前欠货款存入银行	应收账款	M 公司				3	5	0	0	0	0	0
合计					¥	3	5	0	0	0	0	0

附件 1 张

会计主管：　　记账：　　复核：　　制单：

复式记账凭证，简称复式凭证，就是在一张凭证上至少登记两个互相对应的会计科目的凭证。复式凭证把一项经济业务所涉及到的对应科目都集中填列在一张凭证上，具有反映经济业务全貌的优点，便于查账，减少了凭证张数，但它不便于分工记账和汇总计算每一会计科目的发生额。

上述收、付、转凭证及通用记账凭证，均属于复式记账凭证。

在实际工作中，一般都采用复式记账凭证。

3. 按其是否经过汇总，可分为单项记账凭证和汇总记账凭证

上面介绍的收、付、转凭证等都是单项记账凭证。根据单项记账凭证逐笔登记总分类账，工作量很大。为了减少总账的记账工作，可以根据记账凭证先编汇总表，然后再根据汇总表的汇总额登记总账。

汇总记账凭证按汇总方法不同，可分为分类汇总和全部汇总两种。分类汇总是定期根据收款凭证、付款凭证、转账凭证，分别汇总编制汇总收款凭证、汇总付款凭证、汇总转账凭证，其一般格式分别见表6－13、表6－14、表6－15。全部汇总是将企业、行政事业单位一定时期内编制的记账凭证，全部汇总在一张凭证总表上。如科目汇总表，其一般格式见表6－16。

表6－13 **汇总收款凭证**

借方科目： 年 月 汇收字第 号

贷方科目	(1)								(2)								(3)								合计								总账页数	
	十	万	千	百	十	元	角	分	十	万	千	百	十	元	角	分	十	万	千	百	十	元	角	分	十	万	千	百	十	元	角	分	借方	贷方
合　计																																		
附注	(1)自　日至　日　收款凭证，共　张 (2)自　日至　日　收款凭证，共　张 (3)自　日至　日　收款凭证，共　张																																	

会计主管： 记账： 出纳： 复核：

表6－14 **汇总付款凭证**

贷方科目： 年 月 汇付字第 号

借方科目	(1)								(2)								(3)								合计								总账页数	
	十	万	千	百	十	元	角	分	十	万	千	百	十	元	角	分	十	万	千	百	十	元	角	分	十	万	千	百	十	元	角	分	借方	贷方

续表

借方科目	(1)								(2)								(3)								合计								总账页数	
	十	万	千	百	十	元	角	分	十	万	千	百	十	元	角	分	十	万	千	百	十	元	角	分	十	万	千	百	十	元	角	分	借方	贷方
合计																																		
附注	(1)自 日至 日 付款凭证，共 张 (2)自 日至 日 付款凭证，共 张 (3)自 日至 日 付款凭证，共 张																																	

会计主管： 记账： 出纳： 复核：

表 6－15 **汇总转账凭证**

贷方科目： 年 月 汇收字第 号

借方科目	(1)								(2)								(3)								合计								总账页数	
	十	万	千	百	十	元	角	分	十	万	千	百	十	元	角	分	十	万	千	百	十	元	角	分	十	万	千	百	十	元	角	分	借方	贷方
合计																																		
附注	(1)自 日至 日 转账凭证，共 张 (2)自 日至 日 转账凭证，共 张 (3)自 日至 日 转账凭证，共 张																																	

会计主管： 记账： 出纳： 复核：

表 6－16 **科目汇总表**

年 月 日至 日 共 张

会计科目	借方金额										贷方金额										总账页数
	千	百	十	万	千	百	十	元	角	分	千	百	十	万	千	百	十	元	角	分	
合计																					

会计主管： 记账： 出纳： 复核：

归纳上述会计凭证的分类，见图 6－1。

- 会计凭证
  - 原始凭证
    - 按其来源不同
      - 自制原始凭证
      - 外业源始凭证
    - 按其反映业务方法不同
      - 一次凭证
      - 累计凭证
      - 汇总原始凭证
  - 记账凭证
    - 按其反映经济业务的内容不同
      - 收款凭证
      - 付款凭证
      - 转账凭证
    - 按其填置方法不同
      - 单式记账凭证
      - 复式记账凭证
    - 按其是否经过汇总
      - 单项记账凭证
      - 汇总记账凭证

图 6—1　会计凭证的分类示意图

第二节　原始凭证的填制与审核

一、原始凭证的基本内容

在日常经济活动中，由于经济业务的内容和经济管理的要求不同，原始凭证的名称、格式和内容多种多样。作为反映经济业务已经发生或已经完成的原始证据，必须反映经济业务发生或完成情况，并明确有关经办人的责任。因此，各种原始凭证必须具备一些共同的基本内容。

根据财政部制定的《会计基础规范》规定，原始凭证必须具备的基本要素是：凭证的名称；填制凭证的日期；填制凭证的单位名称或填制人姓名；经办人员的签名或者盖章；接受凭证单位名称；经济业务内容、数量、单价和金额等。

对一些特殊情况的原始凭证，除应具备原始凭证的上述内容外，还应当符合一定的附加条件，具体是：

第一，从外单位取得的原始凭证，必须盖有填制单位的公章；对外开出的原始凭证，必须加盖本单位的公章。从个人取得的原始凭证，必须有填制人员的签名或者盖章。在实际工作中，有些单位存在“白条”问题。所谓“白条”，即单位或者个人的、没有固定格式的、不具备规定内容的非正式原始凭证，如外单位没有加盖公章的借款单据等。显然，用“白条”充当原始凭证是不符合制度要求的，在会计工作中应当杜绝出现“白条”现象。

第二，自制的原始凭证，必须有经办单位的领导人或者由单位领导人指定的人员签名或者盖章。

第三，购买实物的原始凭证，必须有验收证明。这样要求的目的是为了明确经济责任，保证账物相符，防止盲目采购，避免物资短缺和流失。实物验收工作由经管实物的人员负责办理，会计人员通过有关的原始凭证进行监督检查。需要入库的实物，必须填写入库验收单，由实物保管人员验收后在入库单上如实填写实收金额，并加盖印章；不需要入库的实物；除经办人员在凭证上签章外，必须由实物保管人员或者使用人员在凭证上签名或者盖章。总之，必须由购买人以外的第三者查证核实后，会计人员才能据以入账。

第四，支付款项的原始凭证，必须有收款单位和收款人员的收款证明，不能仅以支付款项的有关凭证如银行汇款凭证等代替。其目的都是为了防止舞弊行为的发生。

第五，发生销货退回的，除填制退货发票外，还必须有退货验收证明；退款时，必须取得对方的收款收据或者汇款的凭证，不得以退货发票代替收据。在实际工作中，有些单位发生销售退回，收到的退货没有验收证明，造成退货流失；在办理退款时，开出红字发票，并以红字发票副本作为本单位付款的原始凭证，既不经对方单位盖章收讫，也不附对方单位收到退款的收据，这种做法容易发生舞弊行为，漏洞很大。因此，发生销售退回及退还货款时，必须填制退货发票并附有退货验收证明和对方的收款收据。如果由于特殊情况，可先用银行的有关凭证作为临时收据，待收到收款单位的收款证明后，再将其附在原付款凭证之后，作为正式原始凭证。

第六，职工公出借款凭据，必须附在记账凭证之后。收回借款时，应当另开收据或者退还借款副本，不得退还原借款收据。因为，借款和收回借款，是互有联系的两项经济业务，在借款和收回借款发生时，必须分别在会计账目上独自反映出来。因此，借款收据和还回借款的收据都是原始凭证，必须予以保留，不能将原借款收据退还借款人，否则将会使会计资料失去完整性。

第七，经上级有关部门批准的业务，应当将批准文件作为原始凭证附件。如果批准文件需要单独归档的，应当在凭证上注明文件的批准机关名称、日期和文号，以便确认经济业务的审批情况和查阅。

二、原始凭证的填制

原始凭证是具有法律效力的证明文件，是进行会计核算的依据，必须认真填制。填制原始凭证，应严格遵守下列要求：

（一）记录真实

即凭证上填列的日期、业务和数字真实可靠，要按照经济业务实际发生的情况进行填列，不得估算和任意填写，决不允许有任何歪曲或弄虚作假。对于实物的数量、质量和金额，都要经过严格的审核，确保凭证内容真实可靠。从外单位取得的原始凭证如有丢失，应取得原签发单位盖有“财务专用章”的证明，并注明原凭证的号码、所载金额等内容，由经办单位负责人批准后，可代作原始凭证；对于确实无法取得证明的，如火车票、轮船票、飞机票等，可由当事人写出详细情况，由经办单位负责人批准后，也可代作原始凭证。

（二）内容完整

即凭证规定的项目必须填列齐全，不得遗漏和简略。如果项目填写不全，则不能作为经济业务的合法证明。为了明确经济责任，原始凭证必须由经办部门和人员签章。从外单位取得的原始凭证，必须有填制单位的公章或财务专用章；从个人取得的原始凭证，必须有填制人员的签名或盖章。自制原始凭证必须有经办部门负责人或其指定人员的签名或盖章。对外开出的原始凭证，必须加盖本单位的公章或财务专用章。

（三）书写清楚

即文字说明和数字要填写清楚、整齐，易于辨认。各种原始凭证的书写，只能用蓝、黑墨水填写，不准使用圆珠笔和铅笔填写；数量和金额的计算要正确无误。大小写金额数字要按规定的要求填写，即：阿拉伯数字金额数字的最高位前面应写人民币符号“￥”，在人民币符号“￥”与阿拉伯数字之间，不得留有空白；元以后写到角分，无角分的要以“0”补位；大写金额最后为“元”的应加写“整”字断尾，大小写金额必须保持一致。阿拉伯数字应逐个书写清楚，不可连笔书写。汉字大写金额数字，应符合规定要求，应使用既容易辨认又不容易涂改的正楷字书写，如壹、贰、叁、肆、伍、陆、柒、捌、玖、拾、佰（或百）、仟（或千）、万、亿、元、角、分、零、整等。不得用一、二（两）、三、四、五、六、七、八、九、十、块、毛、另（0）等字样代替。大写金额字体之间也应紧密排列，字间距适当。阿拉伯金额数字中间有“0”或连续有几个“0”时，汉字大写金额只写一个“零”字即可，如105 006元，汉字大写金额应为“人民币壹拾万零伍仟零陆元整”。

各种原始凭证填写发生错误时，应按规定的方法更正；凡是规定填写大写金额的各种凭证，如银行结算凭证、发票、运单、提货单、合同、契约等，都必须在填写小写金额的同时，也填写大写金额，且大小写金额应该一致。大小写金额不一致的原始凭证视为无效凭证，应加盖“作废”戳记，重新填写。

（四）填制及时

即经办人员应于每项经济业务实际发生或完成时，按规定及时填制原始凭证，以免遗漏经济事项。做到不拖延、不积压，并按规定的程序将其送交会计部门。

三、原始凭证的审核

根据《会计法》第 14 条规定，为了保证原始凭证的客观性、真实性、合法性，保证会计数据的质量和充分发挥会计的监督作用，会计机构、会计人员无论对外来的原始凭证，还是自制的原始凭证，都必须按照国家统一的会计制度的规定进行严格认真的审核。

审核原始凭证，主要审查以下内容：

（一）完整性的审核

即审核原始凭证的手续是否完备，应填写的项目是否填写齐全，有关经办人员是否都已签章，是否经过有关主管人员审核等。

（二）真实性的审核

即审核原始凭证是否反映了经济业务的本来面貌，是否具备成为本单位合法会计凭证的条件。

（三）正确性的审核

即审核原始凭证的摘要和数字是否填写清楚正确，数量、单价、金额及其合计数等有无差错，大写金额和小写金额是否相等。

（四）合法性的审核

即审核原始凭证是否符合有关政策、法令、制度、计划、预算及合同的规定等。

（五）合理性的审核

即审核原始凭证是否符合审批权限和手续，是否符合规定的开支标准，是否符合提高经济效益，实现经营目标的原则。

对原始凭证的审核是执行会计监督职能的重要环节。它要求会计人员精通业务、熟悉政策、坚持原则、掌握情况和明辨是非。在审核中，对于内容不全、手续不齐、数字差错以及不符合实际情况的原始凭证，应该退回有关部门或人员，及时补办手续或进行更正；对于不合法、不合理，以及违反国家财经政策和制度的开支，会计人员应拒绝付款和报销；对于伪造公章、涂改单据、虚报冒领款项等行为，应及时向企业负责人和总会计师报告，进行严肃处理。

第三节　记账凭证的填制与审核

一、记账凭证的基本内容

为了保护会计核算的真实、正确，作为对经济业务的分类和登记账簿依据的记账凭证，尽管其格式可能不一，但都必须具备以下内容：

(1)填制凭证的日期。

(2)凭证编号。

(3)经济业务摘要。

(4)会计科目；金额。

(5)所附原始凭证张数。

(6)填制凭证人员、稽核人员、记账人员、会计机构负责人(会计主管人员)签名或者盖章。

收款、付款的记账凭证还应当由出纳人员签名或者盖章。以自制的原始凭证或者原始凭证汇总表代替记账凭证的，也必须具备记账凭证应有的项目。

二、记账凭证的填制

填制记账凭证，是会计核算工作的重要环节，是对原始凭证的整理和分类，并按照复式记账的要求，运用会计科目，编制会计分录，作为登记账簿的依据。这不仅能使记账更为条理化，保证记账工作的质量，又能简化记账工作，提高工作效率。

(一)专用记账凭证的填制

收款凭证和付款凭证是根据有关库存现金、银行存款和其他货币资金收付业务的原始凭证填制。涉及银行存款和其他货币资金的收付业务，一般应以经银行盖章的单据(如送款单、收款通知、支款通知等)作为原始凭证。这样做是为了保证收付业务的可靠性，也便于同银行账核对。

对于库存现金、银行存款和其他货币资金之间的收付业务(亦称相互划转业务)，如从银行提取现金、把现金送存银行、开设外埠存款账户等，为避免重复记账，一般只编制付款凭证，而不再编制收款凭证。出纳人员对于已经收讫的收款凭证和已经付款的付款凭证及其所附的各种原始凭证，都要加盖“收讫”和“付讫”的戳记，以免重收重付。

转账凭证除了根据有关转账业务的原始凭证填制外，还有根据账簿记录填制的，如根据有关资产账户提取减值准备，将收入、费用类账户的月末余额转入“本年利润”账户，将“本年利润”账户的年末余额转入“利润分配”账户，以及更正账簿错误等。根据账簿记录编制的记账凭证一般没有原始凭证，所以并非所有的记账凭证都附原始凭证。

(二)汇总记账凭证的填制

汇总记账凭证分为汇总收款凭证、汇总付款凭证和汇总转账凭证，其格式分别见表6－13、表6－14、表6－15。汇总收款凭证是根据一定时期的全部收款凭证，按期汇总编制而成的。收款凭证按借方科目设置，汇总收款凭证也按借方库存现金和银行存款科目设置，按其相对应的贷方科目加以归类，定期汇总，按期编制。月末时，结算出汇总收款凭证中各贷方科目的合计数，作为登记总分类账的依据。

汇总付款凭证是根据一定时期的全部付款凭证，按期汇总编制而成的。付款凭证是按贷方科目设置的，汇总付款凭证也按贷方库存现金和银行存款科目设置，按其相对应的借方科目加以归类，定期汇总，按期编制。月末时，结算出汇总付款凭证中各借方科目的合计数，作为登记总分类账的依据。

汇总转账凭证是根据一定时期的全部转账凭证，按期汇总编制而成的。转账凭证的借、贷方科目均无规律性，为避免混乱，规定汇总转账凭证一律按转账凭证的贷方科目分别设置，按与设置科目相对应的借方科目加以归类，定期汇总，按期编制。月末时，结算出各汇总转账凭证中各借方科目的合计数，作为登记总分类账的依据。

全部汇总记账凭证又称科目汇总表，是根据收款凭证、付款凭证和转账凭证，按照相同的会计科目归类，定期(每 5 天或每旬)汇总编制。科目汇总表的格式见表 6－16。

记账凭证的填制工作，除了必须做到上述填制原始凭证的要求外，还应做到以下几点：

(1)填制记账凭证的依据，必须是经过审核无误的原始凭证或汇总原始凭证。

(2)正确填写摘要。在“摘要”栏内，要抓住经济业务的要点，简明扼要、确切地概括经济业务的内容。

(3)会计分录必须正确。一级科目、二级科目或明细科目，账户对应关系、金额都应正确无误。

(4)真实填写记账凭证的日期。收款、付款业务的记账凭证的日期应是货币资金收付的实际日期，与原始凭证所记的日期不一定相同。转账凭证以收到原始凭证的日期为日期，但在“摘要”栏要注明经济业务发生的实际日期。

(5)选择合适的记账凭证编号方法。这要根据不同的情况采用不同的编号方法。如果企业采用统一的通用格式，凭证的编号可采用顺序编号法，即按月编顺序号；若采用三种格式或五种格式的记账凭证，则采用字号编号法；若一笔经济业务需填制多张记账凭证，可采用分数编号法。例如，假设某项经济业务需填制三张转账凭证，凭证的顺序号为 28 号，则可编为：转字 $28\frac{1}{3}$号(第一张)；转字第 $28\frac{2}{3}$号(第二张)；转字第 $28\frac{3}{3}$(第三张)。无论采用哪种方法编号，都应在每月最末一张记账凭证的编号旁加注“全”字，以便于检查有无散失。

(6)注明记账凭证上所附原始凭证的张数，以便于复核。若根据同一原始凭证，填制多张记账凭证时，必须在未附原始凭证的记账凭证的“摘要”栏内注明：“单据×张，附在第×号记账凭证上”。

(7)记账凭证填制完毕，应加计合计数，检查借贷双方及总账科目与二级或明细科目的金额是否平衡。

对于采用电算化会计的企业，财会人员在凭证录入过程中要对凭证进行正确性检查，包括凭证号检查、凭证日期检查、科目代码检查、金额检查等。

三、记账凭证的审核

这主要是审核记账凭证的填制是否正确，是否符合要求。审核记账凭证应该注意以下几点：

(1)会计分录是否正确；

(2)所附原始凭证是否齐全；

(3)填制是否完整；

(4)审核反映重大财产物资、货币资金收付款项以及政策性强的经济业务的记账凭证时，对其所附的原始凭证必须复核一遍，以确保记账凭证正确无误。

如果发现有错误，应及时更正。只有经审核符合要求的记账凭证才能作为登记账簿的依据。

对于采用电算化会计的企业，审核人员可通过目测等方式对已输入的凭证进行检查，若审核人员认为有错误或有异议的凭证，应交给填制人员修改后再复核，若审核人员认为没有错误可按动签章键进行确认。审核人员也可采取二次输入校验法，通过计算机比较两批输入的凭证是否相同，从而检查出多输或漏输的凭证或数据不一致的凭证。

第四节　会计凭证的传递与保管

会计凭证在会计核算工作中具有重要作用。会计工作中，凭证的需要量以及凭证的编制、整理、传递和保管的工作量都很大。因此，缩短凭证传递的时间，并易于保管和查阅，有利于实施内部控制制度，使各项工作、各个部门互相制约，避免发生各种差错。

一、会计凭证的传递

会计凭证的传递，是指会计凭证从填制(或取得)之日起，经过审核、整理、记账到归档保管为止，在有关部门、人员之间办理业务手续的过程。会计凭证的传递主要包括凭证的传递路线、传递时间和传递手续三个方面的内容。

(一)传递路线

各单位应根据经济业务的特点、机构设置、人员分工情况，以及经营管理上的需要，明确规定会计凭证的联次及其流程。既要使会计凭证经过必要的环节进行审核和处理，又要避免会计凭证在不必要的环节停留，从而保证会计凭证沿着最简捷、最合理的路线传递。

(二)传递时间

会计凭证在每一环节的传递和处理，都应在规定时间完成，不允许跨期。否则，会影响整个会计核算的准确性和及时性。

(三)传递手续

会计凭证传递过程中的各种手续应做到既完备严密，又简便易行。

二、会计凭证的保管

会计凭证的保管，指会计凭证登账后的整理、装订和归档保存。其保管既要考虑到安全可靠，又要便于随时检索、查证和调用。保管的主要方法和要求为：

(一)会计凭证的归类

会计部门在记账以后，应定期（一般为每月)将会计凭证加以归类整理，即把记账凭证及其所附原始凭证，按记账凭证的编号顺序进行整理，在确保记账凭证及其所附原始凭证完整无缺后，将其折叠整齐，加上封面、封底，装订成册，并在装订线上加贴封签，以防散失和任意拆装。在封面上要注明单位名称、凭证种类、所属年月和起讫日期、起讫号码、凭证张数等。会计主管或指定装订人员要在装订线封签处签名或盖章，然后入档保管。

对于那些数量过多或各种随时需要查阅的原始凭证，可以单独装订保管，在封面上注明记账凭证的日期、编号、种类，同时在记账凭证上注明“附件另订”。各种经济合同和重要的涉外文件等凭证，应另编目录，单独登记保管，并在有关记账凭证和原始凭证上注明。

（二）会计凭证的造册归档

每年的会计凭证都应由会计部门按照归档的要求，负责整理立卷或装订成册。当年的会计凭证，在会计年度终了后，可暂由会计部门保管 1 年，期满后，原则上应由会计部门编造清册移交本单位档案部门保管。档案部门接收的会计凭证，原则上要保持原卷册的封装，个别需要拆封重新整理的，应由会计部门和经办人员共同拆封整理，以明确责任。会计凭证必须做到妥善保管，存放有序，查找方便，并要严防毁损、丢失和泄密。

（三）会计凭证的借阅

会计凭证原则上不得借出，如有特殊需要，须报请批准，但不得拆散原卷册，并应限期归还。需要查阅已入档的会计凭证时，必须办理借阅手续。其他单位因特殊原因需要使用原始凭证时，经本单位负责人批准，可以复制。但向外单位提供的原始凭证复印件，应在专设的登记簿上登记，并由提供人员和收取人员共同签名或盖章。

（四）会计凭证的销毁

会计凭证的保管期限，一般为 30 年。保管期未满，任何人都不得随意销毁会计凭证。按规定销毁会计凭证时，必须开列清单，报经批准后，由档案部门和会计部门共同派人员监销。在销毁会计凭证前，监督销毁人员应认真清点核对，销毁后，在销毁清册上签名或盖章，并将监销情况报告本单位负责人。

【复习思考题】

1. 什么是会计凭证？会计凭证有什么作用？
2. 原始凭证如何分类？记账凭证如何分类？
3. 原始凭证的填制有哪些基本要求？
4. 记账凭证的填制与审核有哪些要求？
5. 会计凭证的传递与保管有哪些要求？

【练习题】

【目的】 练习记账凭证的编制。

【资料】 某公司 20×6 年 9 月发生部分经济业务如下：

1. 收到酷猫公司的投资款800 000元，款项存入银行。
2. 用银行存款偿还短期借款125 000元。
3. 购入甲材料1 000千克，单价 90 元，买价90 000元，增值税税率 17%，材料尚未到达企业。以银行承兑汇票结算货款。
4. 以银行存款支付上月应交税费5 000元。
5. 用现金购买办公用品 150 元。
6. 结转完工入库产品生产成本63 425元。
7. 收到三阳公司的前欠货款11 000元存入银行。
8. 从银行提取现金15 000元备用。

【要求】 根据以上业务编制收款凭证、付款凭证或转账凭证。

第七章　会计账簿

【学习要求】

1. 掌握会计账簿的概念、作用和分类；
2. 了解会计账簿的基本要素，熟练登记各类日记账、总账和明细账；
3. 了解对账方法，掌握结账的具体方法；
4. 熟练掌握错账的更正方法。

【专业术语】

会计账簿(Book of accounts)

普通日记账(General ledger)

结账 (Closing accounts)

序时账簿 (Journal accounts)

特种日记账(Special journal)

对账(Account checking)

第一节　会计账簿的意义和种类

一、会计账簿的概念

会计账簿是由具有一定格式、相互联系的账页所组成，是根据会计凭证序时地、分类地记录和反映经济业务的会计簿籍。账页是账户的载体，账簿是若干账页的集合。

各单位生产经营和管理过程中会发生各种繁复纷杂的经济业务，虽然通过填制和审核会计凭证，已将各项经济业务记录在会计凭证中，但是会计凭证比较零碎分散，数量又多，每张凭证只能孤立地反映一项经济业务的情况，没有对所有经济业务进行系统汇总整理，即分散零碎的会计凭证无法连续、系统、完整地记录和反映一个单位的经济活动的全貌。为此，必须在填制和审核会计凭证的基础上，再登记账簿，通过账簿对经济业务的系统汇总、整理，连续、系统、全面、综合地记录和反映企业、行政事业单位经济活动的全部过程。因而，设置和登记账簿是会计核算的一个重要环节，同时也是会计核算的一种专门方法。

二、会计账簿的作用

在会计核算过程中，账簿是一个中介体，是连接会计凭证与会计报表的桥梁和纽带，对于会计凭证和会计报表有着承前启后的作用，具体表现在：

（一）账簿是系统地归纳、积累会计核算资料的工具

通过登记账簿，可以把会计凭证所提供的资料进一步汇总，形成集中的、系统的、全面的会计核算资料。

（二）账簿是编制会计报表，进行成本计算的依据

通过账簿汇总整理和积累，可以得到编报会计报表的资料，也可以得到成本计算的资料。会计报表的编制和成本计算是否正确及时，都与账簿的设置和登记质量密切相关。

（三）账簿是监督财产物资安全完整的重要手段

通过账簿记录的账面数与实地盘点的实存数的对比，来检查财产物资是否妥善保管、账实是否相符。如有不符，及时追查原因，这样可以保护企业财产物资的安全、完整。

（四）账簿是会计检查的档案依据

账簿中积累了一定时期内有关资产、负债、所有者权益、费用成本和收入成果的档案资料，是日后会计检查的依据。通过会计检查，可以明确经济责任，对经济业务的合法性、合理性和会计资料的真实性进行评价。

三、会计账簿的种类

在实际工作中，账簿的种类及其格式是多种多样的，可以按不同标准进行分类。

（一）账簿按其主要用途分类

会计账簿按其主要用途分为序时账簿、分类账簿和备查账簿。

1. 序时账簿

序时账簿也称为日记账，是对各项经济业务按照发生时间的先后顺序逐日逐笔进行登记的账簿。日记账可以进一步划分为特种日记账和普通日记账两种。普通日记账它是按照会计部门收到凭证的先后顺序，即按照凭证号码的先后顺序进行登记的，用来记录全部经济业务的发生情况。特种日记账是用来记录某一类经济业务发生情况的序时账。

就我国目前情况来看，在会计工作中多使用特种日记账，而普通日记账则较少使用。例如，为了加强对货币资金的监督和管理，各个单位对现金和银行存款的收付业务，要求必须专门设置现金日记账和银行存款日记账予以登记。现金日记账和银行存款日记账就是特种日记账。在这种情况下，对于现金和银行存款收付业务以外的转账业务，为简化记账工作，一般不再设置普通日记账予以登记。

2. 分类账簿

分类账簿又称分类账，是对全部经济业务分类登记的账簿。分类账簿按其反映指标的详细程度划分，分为总分类账簿和明细分类账簿两种。总分类账簿，又称总分类账，简称总账，是根据一级会计账户开设，总括反映全部经济业务和资金状况的账簿。明细分类账簿，又称明细分类账，简称明细账，是根据二级或三级账户设置，详细反映某一种资金变化情况的账簿。

3. 备查账簿

备查账簿又称辅助账簿，是对某些不能在日记账和分类账中记录的经济事项或记录不全的经济业务进行补充登记的账簿。主要是为某些经济业务的经营决策提供必要的参考资料，

如以经营租赁方式租入固定资产的登记簿、受托加工材料登记簿、代购代销商品登记簿等。备查账簿不一定在每个单位都设置，而是根据各单位的实际需要确定。备查账簿没有固定的格式，可由各单位根据管理的需要自行设计，也可使用分类账的账页格式。

(二)账簿按其外表形式分类

会计账簿按其外表形式分为订本式账簿、活页式账簿、卡片式账簿和磁盘式账簿四类。

1. 订本式账簿

订本式账簿也称订本账，是在启用前就把已编号的若干账页固定装订成册的账簿。这种账簿可以避免账页散失，防止账页被抽换，但使用起来不灵活，一般用于具有统驭性的重要账簿，如总分类账、现金日记账和银行存款日记账等。

2. 活页式账簿

活页式账簿也称活页账，是把分散的账页装存在账夹内，并可以随时取放(增减)账页的账簿。一般适用于明细分类账。

3. 卡片式账簿

卡片式账簿也称卡片账，是由许多分散的、具有一定格式的卡片，存放在卡片箱中保管的账簿。这种账簿具有一般活页账的利弊，且无需每年更换，可以跨年度使用。如固定资产明细账常常采用卡片账。

活页式账簿和卡片式账簿在使用前都没有把账页固定地装订成册，所以它们共同的优点就是便于记账分工，并能根据记账的需要随时添加空白的账页或卡片，具有一定的灵活性。其缺点是账页容易散失和被抽换。活页账和卡片账应当在更换新账后装订成册或予以封扎，妥善保管。

4. 磁盘式账簿

磁盘式账簿指电脑磁盘储存的账簿。这种账簿没有“账”的形式，信息量大，可以随时调用和分析。在打印输出之前，是看不见，摸不着的，打印输出后，才是实体账簿。

此外，账簿还可以按账页格式不同分为三栏式、数量金额式和多栏式等。

第二节　会计账簿的设置与登记

一、会计账簿的基本要素

虽然各种账簿所记录的经济内容不同，账簿的格式又多种多样，但各种账簿所具备的一些基本要素是一致的，这些基本要素主要包括以下三项内容：

(一)封面

封面主要标明账簿名称，如总分类账、材料物资明细账、债权债务明细账等。

(二)扉页

扉页主要列明科目索引及“账簿启用表”，一般将科目索引列于账簿最前面。活页账、卡片账装订成册后，填写“账簿启用表”。其一般格式见表 7－1、表 7－2。

表 7—1　　　　　　　　　　　　**目　录**

××年度

账号	科目	起讫页数	账号	科目	起讫页数	账号	科目	起讫页数

表 7—2　　　　　　　　　　　　**账簿启用表**

<table>
<tr><td colspan="11">账簿启用表</td></tr>
<tr><td>单位名称</td><td colspan="9"></td><td rowspan="4">单位公章</td></tr>
<tr><td>账簿编号</td><td colspan="9">字第　　号第　　册共　　册</td></tr>
<tr><td>账簿页数</td><td colspan="9">本账簿共计页号</td></tr>
<tr><td>启用日期</td><td colspan="9">年　　月　　日</td></tr>
<tr><td colspan="2">经管人员</td><td colspan="3">接　管</td><td colspan="3">移　交</td><td colspan="2">会计负责人</td><td>备　注</td></tr>
<tr><td>姓名</td><td>盖章</td><td>年</td><td>月</td><td>日</td><td>年</td><td>月</td><td>日</td><td>姓名</td><td>盖章</td><td></td></tr>
<tr><td></td><td></td><td></td><td></td><td></td><td></td><td></td><td></td><td></td><td></td><td></td></tr>
<tr><td></td><td></td><td></td><td></td><td></td><td></td><td></td><td></td><td></td><td></td><td></td></tr>
<tr><td></td><td></td><td></td><td></td><td></td><td></td><td></td><td></td><td></td><td></td><td></td></tr>
<tr><td>印花税票
粘贴处</td><td colspan="10"></td></tr>
</table>

（三）账页

账页是账簿的主要内容，各种账页格式一般包括以下内容：

(1)账户名称，或称会计科目；

(2)登账日期栏；

(3)凭证种类和号数栏；

(4)摘要栏；

(5)借、贷方金额及余额栏；

(6)总页次和分账户页次等。

二、日记账的设置与登记

库存现金日记账和银行存款日记账，能够逐日反映库存现金和银行存款收入的来源、支出的用途和结存的余额，有利于对货币资金的保管、使用，以及对现金管理制度的执行情况进行严格的日常监督；同时，利用库存现金日记账和银行存款日记账的记录，还可以检查收款凭证和付款凭证有无丢失情况，保证账证相符。因此，每一个企业都必须设置库存现金日记账和银行存款日记账，有外币现金的企业，应分别设置人民币、各种外币现金日记账；有外币存款的企业，应分别设置人民币、各种外币银行存款日记账。

（一）库存现金日记账

库存现金日记账是由出纳员根据审核后的现金收款凭证和付款凭证逐日逐笔顺序登记的，但对于从银行提取现金的收入数，由于已填制银行存款付款凭证，所以应直接根据银行存款付款凭证登记，以免重复记账。现金日记账一般采用“借方”、“贷方”和“余额”三栏式的格式。其一般格式见表7—3。

表7—3 库存现金日记账

20×6年		凭证号数	摘要	对应账户	借方	贷方	借或贷	余额	√
月	日								
5	1		月初余额				借	800	
	8	银付01	从银行提取现金	银行存款	15 000		借	15 800	
	10	现付01	购买办公用品	管理费用		980	借	14 820	
	11	现收01	收到包装物押金	其他应付款	1 000		借	15 820	
			…						
	31		本月发生额及月末余额		30 000	25 000	借	5 800	

库存现金日记账具体栏目登记方法如下：

(1)记账日期栏：登记现金实际收付日期。

(2)凭证种类号数栏：登记收、付款凭证的种类和编号。

(3)摘要栏：应将经济业务的内容作简要说明。

(4)对方科目栏：登记现金收入来源或支出去向的相应会计科目。

(5)借方、贷方栏：登记现金实际收付的金额；每日营业结束时应分别计算现金收入、付出金额的合计数；并用下述公式算出本日余额：

本日余额＝昨日余额＋本日收入金额合计－本日付出金额合计

余额算出后，出纳员应盘点现金，核对账款是否相符，如果账款不符，应及时查明原因。此外，现金的库存结余额如果超过银行规定的限额，必须将超过部分及时存入银行。

（二）银行存款日记账

银行存款日记账的登记方法与现金日记账基本相同，即由出纳员根据审核后的银行存款收款凭证和付款凭证逐日逐笔登记，但对于把现金存入银行的收入数或者从其他银行存款户转存的收入数，也应该根据现金的付款凭证或者银行存款的付款凭证登记。每日登记完毕后，应分别算出银行存款收入、付出的合计数和本日余额，以使定期同银行送来的对账单逐笔核对。银行存款日记账的格式一般采用三栏式。其一般格式见表7—4。

表7—4 银行存款日记账

20×6年		凭证号数	摘要	对应账户	借方	贷方	借或贷	余额	√
月	日								
5	1		月初余额				借	200 000	
	7	银收01	收到N公司所欠货款	应收账款	32 000		借	232 000	

续表

20×6年		凭证号数	摘 要	对应账户	借方	贷方	借或贷	余额	√
月	日								
	12	银付 01	归还短期借款	短期借款		100 000	借	132 000	
	13	现付 02	将现金存入银行	库存现金	10 000		借	142 000	
			…						
	31		本月发生额及月末余额		450 000	250 000	借	400 000	

三、分类账簿的设置与登记

分类账按其所记录经济业务的详略程度划分，分为总分类账和明细分类账。

(一)总分类账的设置与登记

总分类账简称总账，是按照总分类账户分类登记全部经济业务的账簿。在总分类账中，应按照会计科目的编码顺序分设账户，并为每个账户预留若干账页。由于总分类账能够全面而总括地反映经济活动情况，并为编制会计报表提供资料，因而企业会计核算通常都要设置总分类账。

总分类账一般采用借方、贷方、余额三栏式的订本账。根据实际需要，在总分类账中的借贷两栏内，也可增设对方科目栏，或采用多栏式总分类账的格式。

总分类账可以直接根据收款凭证、付款凭证和转账凭证，按经济业务发生时间的先后顺序逐笔登记；也可通过一定的汇总记账凭证方式，按期或分次汇总登记。总分类账的登记方法取决于企业所采用的账务处理程序，具体将在第十章介绍。总分类账通常格式见表7—5。

表7—5 **总账**

年		凭证号数	摘 要	借 方											√	贷 方											√	借或贷	余 额											√
月	日			亿	千	百	十	万	千	百	十	元	角	分		亿	千	百	十	万	千	百	十	元	角	分			亿	千	百	十	万	千	百	十	元	角	分	

(二)明细分类账的设置与登记

明细分类账又称明细账，是按照二级科目或明细科目，分类、连续、详细地记录和反映各种资产、负债、所有者权益、成本、费用、收入等明细情况的账簿。明细分类账是总分类账的补充记录。运用明细分类账，能够详细地反映经济活动和财务收支情况，并可为编制会计报表提供所需的必要资料。明细分类账对于监督财产的收发和保管、往来款项的结算、收入的取得以及费用的开支等，起着重要的日常控制作用。因此，每一个企业都必须设置原材料、库存商品、债权债务、固定资产、业务收入、费用开支以及其他各种必要的明细分类账。

明细分类账的账簿一般采用活页式账簿，也有的采用卡片式账簿(如固定资产明细账等)。根据管理的要求和各种明细分类账记录的经济内容，明细分类账账页主要有三种格式：

1. 三栏式明细分类账

三栏式明细分类账页只设借方、贷方和余额三个金额栏，不设数量栏，适用于只需要进行金额核算而无需进行数量核算的债权、债务结算科目，如“应付账款”、“应收账款”等科目。三栏式明细分类账账页的一般格式见表7—6。

表7—6 **应收账款明细账**

明细科目：丰裕公司 20×6年

20×6年		凭证		摘要	借方	贷方	借或贷	余额	√
月	日	种类	号数						
5	1			月初余额			借	400 000	
	7	银收	5	收到丰裕公司前欠货款		300 000			
	31	转字	9	销售产品款未收	46 800				
	31			本月发生额及月末余额	46 800	300 000	借	146 800	

2. 数量金额式明细分类账

数量金额式明细分类账基本结构为借方(收入)、贷方(发出)和余额三栏，每栏再分设“数量”“单价”和“金额”三小栏。采用这种格式，还应按实际需要在账页上端设置和登记一些必要的项目。其适用于既要核算金额又要核算数量的明细账，主要有“原材料”、“库存商品”、“包装物”和“低值易耗品”等明细账。一般格式见表7—7。

表7—7 **原材料明细账**

二级科目：原材料及主要材料 计量单位：元/千克

材料名称：甲材料 最高储备：

材料规格：208 最低储备：

20×6年		凭证		摘要	借(收入)方			贷(发出)方			余额		
月	日	种类	号数		数量	单价	金额	数量	单价	金额	数量	单价	金额
5	1			月初余额							600	3	1 800
	7	转字	2	车间领用				300	3	900	300	3	900
	10	转字	4	入库	500	3	1 500				800	3	2 400
				……									
	31			本月发生额及月末余额	3 000	3	9 000	2 200	3	6 600	1 400	3	4 200

3. 多栏式明细分类账

多栏式明细分类账不是按明细科目分设账页，而是根据经济业务的特点和经营管理的需要，在一张账页内按有关明细项目分设若干专栏，便于在同一张账页上集中反映各有关明细项目的详细资料。这种账页格式适用于只记金额，不记数量，而且在管理上需要了解其构成内容的费用、收入、利润账户，如“管理费用”、“主营业务收入”、“本年利润”等明细账户。其一般格式见表7—8。

费用明细账一般按借方设多栏，若需冲减有关费用，可以在明细账中以红字在借方登记。会计期末将借方净发生额从贷方结转到“本年利润”或其他账户。

收入明细账一般按贷方设多栏，若需要冲减有关收入，可以在明细账中以红字在贷方登记。会计期末将贷方净发生额从借方结转到“本年利润”账户。

利润明细账一般按借方和贷方分设多栏，即按利润构成项目设多栏记录。

各种明细分类账的登记方法，应根据各单位的业务量大小、人员多少、经济业务内容以及经营管理的需要而定。明细分类账可以根据原始凭证、汇总原始凭证或标有明细科目的记账凭证进行登记，可以逐笔登记，也可以定期汇总登记。

表7—8　　生产成本明细账

20×6年		凭证		摘要	成本项目			
月	日	种类	号数		直接材料	直接人工	制造费用	合　计
7	1			月初余额	70 000	150 000	90 000	310 000
	31			本月领用材料	130 000			130 000
	31			分配本月职工薪酬		270 000		270 000
	31			分配本月动力费	67 000			67 000
	31			分配本月制造费用			10 000	10 000
	31			本月发生额	197 000	270 000	10 000	477 000
	31			结转完工产品成本	267 000	320 000	100 000	687 000
	31			月末余额	0	0	0	0

第三节　账簿的登记规则与错账更正

一、启用账簿的规则

账簿是重要的会计档案。为了确保账簿记录的规范和完整，明确记账责任，在启用账簿时，应在账簿封面上写明单位名称和账簿名称。在账簿扉页上应附"账簿使用登记表"或"账簿启用表"，其内容包括：启用日期、账簿页数、记账人员和会计主管人员姓名，并加盖责任人名章和单位公章。记账人员或会计人员调动工作时，应注明交接日期、接办人员和监交人员姓名，由交接双方签名或盖章。账簿启用表见7—2所示。

启用订本式账簿，对于未印制顺序号的账簿，应从第一页到最后一页顺序编定页数，不得跳页、缺号。使用活页式账页，应按账页顺序编号，并必须定期装订成册。装订后再按实际使用的账页顺序编定页数，另加目录，标明每个账户的名称和页次。

二、登记账簿的规则

账簿作为重要的会计档案资料和会计信息的主要储存工具，必须按规定的方法，依据审核无误的记账凭证进行登记。进行账簿登记，一般应满足以下要求：

(一)账簿登记要正确、及时

登记账簿时，将会计凭证日期、编号、业务内容摘要、金额和其他有关资料逐项记入账内。在登记完毕后，要在会计凭证上签名或盖章，并注明已经登账的符号(如"√")，表示已经记账。防止重记、漏记等。

(二)账簿登记要清晰、整洁

账簿中书写的文字和数字上面要留适当空距,不要写满格,一般应占格距的1/2。

摘要栏的文字应简明扼要,并采用标准的简化汉字,不能使用不规范的汉字。各账户结出余额后,应在“借或贷”栏内写明“借”或“贷”。没有余额的账户在“借或贷”栏内写“平”字,在余额栏内写“0”。

登记账簿要用蓝黑或黑色墨水书写。不得使用圆珠笔(银行的复写账簿除外)、铅笔或红色墨水书写(更正错账中规定用红色墨水记账的例外);禁止刮擦、挖补、涂抹或用“消字灵”更改字迹。

(三)账簿记录要连贯

各种账簿按页次顺序连续登记,不得跳行、隔页。如果发生跳行、隔页,应将空行、空页划线注销,或注明“此行空白”或“此页空白”字样;并由记账人员签名或盖章。

每一账页登记完毕结转下页时,应结出本页合计数及余额,写在本页最后一行和下页第一行有关栏内,并在本页的摘要栏内注明“过次页”字样,在次页的摘要栏内注明“承前页”字样,以便对账和结账。

三、更正错账规则

如果发现账簿记录有错误,应按规定的方法进行更正,不得涂改、挖补或用化学试剂消除字迹。更正错误的基本方法有三种。

(一)划线更正法

划线更正法适用于结账前或者结账时发现账簿记录中文字或数字的错误,而记账凭证没有错误。

更正方法:先在错误的文字或数字上划单红线注销,但必须使原有字迹仍可辨认,以备查考;然后,在注销的文字或数字的上方空白处,用蓝字或黑字填上正确的文字或数字,并由记账员在更正处盖章,以明确责任。

需注意的是,在划单红线注销时,对于文字差错,可只划去错误的部分,不必将与错字相关联的其他文字划去;对于数字差错,应将错误的数额全部划线,不得只更正错误数额中的个别数字。

【例7—1】 登账时,将30 684元误记为30 689元,应将30 689全部划线,在其上方填写正确数字,如下所示:

30684 ×××

~~30689~~ (此处为红线)

(二)红字更正法

红字更正法,又称红字冲销法。在会计上,以红字记录表明对原记录的冲减。红字更正法适用于以下两种情况:

(1)根据记账凭证所记录的内容记账以后,发现记账凭证中的应借、应贷会计科目或会计科目和金额错误均发生错误,应采用红字更正法。

更正方法:先用红字填制一张与原错误记账凭证内容完全相同的记账凭证,并据以用红字登记入账,冲销原有错误的账簿记录;然后,再用蓝字或黑字填制一张正确的记账凭证,据以用蓝字或黑字登记入账。

【例7—2】 车间以现金支付设备维修费800元。填制记账凭证如下:

借:管理费用——维修费 800

　贷:库存现金 800

以上记账凭证登记入账。

显然,该项分录应借记“制造费用”科目。在更正时,应用红字金额编制如下记账凭证进行更正:

借:管理费用——维修费 [800]

　贷:库存现金 [800]

上述红字记账凭证应在“摘要”内注明“更正第×号凭证错误”并登记入账后,表明已全部冲销原有错误记录,然后用蓝字或黑字填制如下正确分录,并据以登记入账:

借:制造费用——维修费 800

　贷:库存现金 800

(2)根据记账凭证所记录的内容记账以后,发现记账凭证中应借、应贷的会计科目、记账方向都没有错误,只是所记金额大于应记的正确金额,应采用红字更正法。

更正方法:将多记的金额用红字填制一张与原错误记账凭证所记载的借贷方向、应借应贷会计科目相同的记账凭证,并据以登记入账,以冲销多记金额。

【例 7—3】 用银行存款40 000元偿还 K 公司应付账款,在填制记账凭证时,误记金额为400 000元,且已登记入账,但会计科目、借贷方向均无错误,其错误记账凭证所反映的会计分录为:

借:应付账款——K 公司 400 000

　贷:银行存款 400 000

在更正时,应用红字金额360 000元编制如下记账凭证进行更正:

借:应付账款——K 公司 [360 000]

　贷:银行存款 [360 000]

上述红字记账凭证应在“摘要”内注明“冲转第×号凭证多计数”并登记入账后,则将原来错误记录冲销了360 000元,即可反映其正确金额为40 000元。

(三)补充登记法

补充登记法又称蓝字补记法。根据记账凭证所记录的内容登记入账以后,发现记账凭证中应借、应贷的会计科目和记账方向都没有错误,只是所记金额小于应记的正确金额,应采用补充登记法。更正的方法:将少记的金额用蓝字或黑字填制一张与原错误记账凭证所记载的借贷方向、应借应贷会计科目相同的记账凭证,并据以登记入账,以补少记金额。

【例 7—4】 用银行存款50 000元结算支付车间水电费,在填制记账凭证时,误记金额为5 000元,且已登记入账,但会计科目、借贷方向均无错误,其错误记账凭证所反映的会计分录为:

借:制造费用——水电费 5 000

　贷:银行存款 5 000

在更正时,应用蓝字或黑字编制如下记账凭证进行更正:

借:制造费用——水电费 45 000

　贷:银行存款 45 000

上述记账凭证,应在“摘要”内注明“补记第×号凭证少计数”并登记入账后,即可反映其正确的金额为50 000元。

第四节 结账与对账

一、结账

结账就是把一定时期(月度、季度、半年度、年度)内所发生的经济业务全部登记入账的基础上,结算出各种账簿的本期借方、贷方发生额和期末余额,以便进一步根据账簿记录编制会计报表。

(一)结账的主要程序

(1)认真检查本期内日常发生的经济业务是否已经全部记入了有关账簿,若有遗漏应补记。要求只有在上述前提下,才能办理结账手续,既不允许为了赶编报表提前结账,也不能把结账工作有意推迟。

(2)应由本期承担的费用和确认的收入,按权责发生制的要求,填制凭证登记入账;不应由本期承担的费用和确认的收入,本期不考虑。

(3)结转应结转的账目。例如,期末"制造费用"应结转计入"生产成本";本期完工产品应由"生产成本"结转至"库存商品"等。

(4)认真对账,以保持账面记录正确,做到账证相符、账账相符和账实相符,以便提供真实可靠的会计指标。

(5)结出所有账户本期发生额和余额。

(6)编制本期发生额、余额对照表,进行试算平衡。

(二)结账的方法

结账分为月结、季结和年结三种。月度结账时,应该结出本月借、贷双方的月内发生额和期末余额,在摘要栏内注明"本期发生额及期末余额",同时,在"本期发生额及期末余额"行的上、下端各划一条红线,表示账簿记录已经结束。季度结账应在本季度最后一个月的结账数字的红线下边一行,把本季度三个月的借、贷双方月结数汇总,并在摘要栏内注明"本季发生额合计及季末余额",同样在数字下端划一条红线。年度结账时,应将四个季度的借、贷双方季结加以汇总,在摘要栏内注明"本年发生额及年末余额",并在数字下端划双红线,表示本年度账簿记录已经结束。年度结账后,各账户的年末余额应转入下年度的新账簿。

二、对账

在日常会计工作中,难免会发生各种差错或账实不符的情况。为了保证会计记录的正确性,就有必要进行对账。对账,就是定期对各种账簿记录进行核对,做到账证相符、账账相符和账实相符,以保证账簿记录的真实性和正确性,保证会计报表数据的真实可靠。

对账的主要内容包括账证核对、账账核对和账实核对。

(一)账证核对

账证核对就是将各种账簿(总分类账、明细分类账以及现金和银行存款日记账)与会计凭证(记账凭证和所附的原始凭证)进行核对,做到账证相符。这种核对,一般是在日常工作中进行,月终如果发现有差错,则回头将账簿记录与会计凭证逐一核对,以查明原因。

（二）账账核对

账账核对是各种账簿之间的有关记录相互核对。核对内容如下：

(1)全部总分类账的本期借方发生额合计数与贷方发生额合计数核对相符，全部总分类账的借方期末余额合计数与贷方期末余额合计数核对相符；

(2)各总分类账的借方、贷方本期发生额和期末余额与所属明细分类账的借方、贷方本期发生额之和及期末余额之和核对相符；

(3)现金日记账和银行存款日记账的借方、贷方本期发生额之和及期末余额之和与现金、银行存款总分类账的借方、贷方本期发生额和期末余额核对相符；

(4)会计部门财产物资明细分类账的借方、贷方本期发生额和期末余额与财产物资保管和使用部门的有关财产物资明细分类账的借方、贷方本期发生额和期末余额核对相符。

（三）账实核对

账实核对是把货币资金、债权债务和各种财产物资的账面余额与实存数额进行核对，一般通过财产清查的方法进行。账实核对包括：

(1)现金日记账的账面余额同库存现金的实际数核对相符；

(2)银行存款日记账的账面余额与银行对账单和银行存款余额调节表核对相符；

(3)各种材料物资明细账的账面余额与其实存数额核对相符；

(4)各种应收、应付、预收、预付款项明细分类账的账面余额与有关债权、债务单位的账目定期核对相符。

三、账簿的更换

为了清晰地反映各个会计年度的财务状况和经营成果，每个会计年度开始时，一般都要启用新账，并把上年度的会计账簿归档保管。

现金日记账、银行存款日记账、总分类账及明细分类账都要每年更换新账，但固定资产明细账或固定资产卡片可以继续使用，不必每年更换新账。

年终结账后，有期末余额的账户，应将其余额结转至下年度新账簿的相应账户中去。结转时，将有余额的账户的余额直接记入新账簿中相对应的账户中的余额栏内，不需要编制记账凭证，也不必将本年有余额的账户调整为零。

下年度新开账户的第一行，填写的日期是1月1日，“摘要”栏注明“上年结转”字样，同时，将上年结转余额记入“余额”栏，并标明余额方向。上年度该账户的借方余额，转至本年度新账内仍为借方余额；上年度该账户的贷方余额，转至本年度新账内仍为贷方余额。

四、账簿的保管

各种账簿是重要的经济档案，必须按规定妥善保管，不得丢失和任意销毁；否则，无法理清原有债权、债务，将丧失重要的经济资料和经济信息，无法明确经济责任，故妥善保管账簿意义重大。账簿的保管，既要安全、完善、机密，又要保证使用时能及时、迅速查到。年度终了更换新账后，旧账页应清点整理，所有活页账页装订成册归档保管。账簿归档保管要做到五防：防火、防盗、防潮、防霉烂变质、防虫蛀鼠咬。存档后的会计账簿调阅时必须提出理由，经会计主管人员批准，在保管员陪同下方可查阅，原则上不得借出。

根据财政部、国家档案局《会计档案管理办法》的规定，企业和其他单位账簿的保管期限为：现金和银行存款日记账保管30年；总账和明细分类账保管30年；涉外账簿应长期保存。

账簿保管期满，需要销毁时，由档案保管部门提出销毁意见，会同财务部门共同鉴定，编造销毁清册，报本单位领导或上级批准方可销毁。销毁时，应由档案保管部门、财务部门和有关部门共同监销。

【复习思考题】

1. 会计账簿按照用途分为哪几类？有什么区别？
2. 订本式、活页式和卡片式账簿有什么特点？各适用于什么类型的账簿？
3. 库存现金日记账和银行存款日记账各自的登记依据是什么？
4. 明细分类账账页有哪些格式？各适用于什么类型的明细账？
5. 登记账簿有哪些规则？
6. 错账更正有哪几种方法？各适用于什么情况？
7. 什么是结账？月结和年结的方法是怎样的？
8. 为什么要对账？有哪些内容？

【练习题】

习题一

【目的】 练习日记账、明细分类账和总分类账的登记。

【资料】 2016 年 12 月初，大华公司库存现金日记账期初余额6 800元；银行存款日记账期初余额165 000元；应收账款总账的借方余额为130 000元，为大生公司欠款；库存商品总账的期初余额为385 000元，其中，甲产品 900 件，单位成本 150 元，乙产品1 000件，单位成本 250 元。12 月公司发生如下经济业务：

(1)1 日，收到大生公司上月所欠货款130 000元，存入银行。

(2)2 日，支付银行手续费 450 元。

(3)3 日，从银行提取现金10 000元备用。

(4)4 日，以银行150 000元发放职工工资。

(5)5 日，购买办公用品 500 元，用现金支付。

(6)6 日，出售给大生公司甲产品 100 件，单价 200 元；乙产品 500 件，单价 300 元，增值税率为 17%，货款尚未收到。

(7)7 日，人力资源部张林因公出差预支现金4 000元。

(8)9 日，以银行存款归还短期借款30 000元，并支付利息1 800元。

(9)10 日，以银行存款支付应由本月负担的财产保险费1 000元。

(10)12 日，购入设备一台15 000元，增值税税率 17%，用银行存款支付。

(11)13 日，出售给东方公司甲产品 800 件，单价 200 元；乙产品 400 件，单价 300 元，增值税率为 17%，货款已存入银行。

(12)15 日，用现金支付业务招待费用 400 元。

(13)16 日，张林出差归来，报销差旅费3 400元，余款以现金归还。

(14)18 日，采购 A 材料 200 吨，买价80 000元，进项税额为13 600元，运费 200 元，以银行存款支付，材料已验收入库。

(15)20 日，以银行存款支付上月水电费1 700元。

(16)22 日，收到本月 6 日销售给大生公司甲、乙产品的货款及增值税的销项税额，存入银行。

(17)30 日,完工入库甲产品1 200件,单位成本 150 元;完工入库乙产品1 500件,单位成本 250 元。

(18)31 日,结转本月已销甲、乙产品的实际生产成本,甲产品单位成本为 150 元,乙产品单位成本为 250 元。

【要求】

(1)根据上述经济业务编制会计分录,并说明按照反映业务的内容应编制何种记账凭证;

(2)按收、付、转编制凭证号,并登记三栏式的库存现金日记账和银行存款日记账;

(3)根据有关记账凭证登记"管理费用"明细账、"应收账款"明细账和"库存商品"明细账;

(4)根据有关记账凭证登记"库存商品"总分类账。

习题二

【目的】 练习账簿错误的更正方法。

【资料】 中化公司 2016 年 12 月发生以下业务:

(1)开出转账支票4 500元,偿还上月未付大方公司的货款。编制的记账凭证为:

借:应付账款——大方公司 4 800

　贷:银行存款 4 800

该凭证已登记入账。

(2)收到购货单位暂存的包装物押金 760 元。编制的记账凭证为:

借:银行存款 7 600

　贷:其他应收款 7 600

该凭证已登记入账。

(3)某企业购入一台设备,计300 000元,货款已经支付。编制的记账凭证为:

借:管理费用 300 000

　贷:银行存款 300 000

该凭证已登记入账。

(4)收到外单位原欠账款6 800元,存入银行。编制的记账凭证为:

借:银行存款 5 800

　贷:应收账款 5 800

该凭证已登记入账。

(5)计提车间固定资产折旧7 450元。编制记账凭证为:

借:管理费用 7 450

　贷:累计折旧 7 450

该凭证已登记入账。

(6)结转完工入库产品的生产成本65 000元。编制记账凭证为:

借:库存商品 65 000

　贷:生产成本 65 000

登记"生产成本"账簿时,贷方金额误记为56 000元。

(7)将主营业务收入480 000元结转到"本年利润"账户。编制记账凭证为:

借:本年利润 450 000

贷:主营业务收入 450 000

该凭证已登记入账。

(8)结转已销产品的生产成本60 000元。编制记账凭证为:

借:主营业务成本 6 000

贷:库存商品 6 000

该凭证已登记入账。

(9)计提盈余公积234 000元。编制记账凭证为:

借:利润分配 243 000

贷:盈余公积 243 000

该凭证已登记入账。

(10)车间领用辅助材料5 640元。编制记账凭证为:

借:管理费用 5 460

贷:原材料 5 460

该凭证已登记入账。

【要求】指出上述会计处理错误,并采用正确的方法予以更正。

第八章 财产清查

【学习要求】

1. 理解财产清查的意义，了解财产清查的种类；
2. 熟悉财产清查的具体内容，掌握各种不同的财产清查方法；
3. 理解和掌握财产清查结果的会计处理方法；
4. 了解永续盘存制与实地盘存制的联系和区别。

【专业术语】

财产清查(Assets checked up)
账务处理(Accounts treatment)
库存现金(Cash on hand)
银行对账单(Bank statement)
加权平均法(Weighted average method)
备抵法(Allowance method)
永续盘存制(Perpetual inventory system)
实地盘存制(Physical inventory system)
银行存款(Cash in bank)
银行余额调节表(Bank reconciliation)
坏账损失(Loss on bad debts)
直接核销法(Direct write-off method)

第一节 财产清查概述

一、财产清查的意义

财产清查也叫财产检查，是指根据账簿记录，通过对实物资产、现金的实地盘点和对银行存款、往来款项的核对，来查明各项财产物资、货币资金、往来款项的实有数和账面数是否相符的一种会计核算的专门方法。

我国《会计法》规定，任何单位发生的日常经济业务，都需要通过填制和审核会计凭证、登记账簿、试算平衡和对账等一系列严密的会计处理方法，来保证账证相符和账账相符。因此，从理论上讲，会计账簿上所记录的财产增减和结存情况，应该与实际的财产收发和结存相符。但在实际工作中有许多原因会造成各种财产物资账面数额与实际结存数额有差异。造成各种财产账实不符的原因主要有以下几个方面：

（1）在收、发各项财产过程中，由于计量、检验不准确而发生品种、数量或质量上的差错。

（2）在财产发生增减变动时，没有填制凭证而登记入账；或者在填制凭证、登账时，发生计算上或登记上的差错。

（3）在财产的保管过程中，受到气候等自然因素影响而发生的数量和质量上的变化。

（4）由于保管不善或工作人员失职发生的财产残损、变质与短缺，以及货币资金、债权债务的差错。

（5）由于不法分子营私舞弊、贪污盗窃等而造成的财产物资损失。

（6）因未达账项或拒付而引起单位之间账账不符等。

为了保证账簿记录的正确性，进一步健全财产物资的管理制度，确保企业的财产的完整与安全，必须对财产物资进行定期或不定期的清点和审查工作即财产清查，做到账实相符。财产清查的意义在于：

第一，保证会计信息资料的真实性。通过财产清查，确定各项财产的实存数，查明实存数与账存数之间的差异，及时调整账簿记录，做到账实相符，从而提供高质量的数据资料，保证会计信息真实可靠。

第二，保护各项财产完整性和安全性。通过财产清查，查明企业有关业务人员是否遵守财经纪律和结算制度，各项财产盘盈、盘亏的原因和责任，有无贪污盗窃、挪用公款等情况；查明各项资金使用是否合理，是否符合国家财经法规，从而使工作人员更加自觉地遵纪守法，确保财产使用合法，为企业实施内部控制制度创造条件。

第三，提高资金的使用效率。通过财产清查，查明各项财产物资的储备和利用情况，对储备不足的物资，应予以补充，确保生产需要；对超储、积压、呆滞的财产物资，应及时处理，防止盲目采购而导致资金积压，充分挖掘生产潜力，加速资金周转，提高资金的使用效率。

二、财产清查的内容

（一）流动资产清查

这包括货币资金、交易性金融资产、应收及预付款项、存货等资产清查。其中货币资金包括库存现金及在开户银行和其他金融机构的各种存款、其他货币资金等；应收及预付款项包括应收票据、应收账款、其他应收款、预付账款等；存货包括原料、辅助材料、燃料、修理用的备品备件、周转材料、在产品、半成品、库存商品、外购商品、协作件，以及其他单位、个人保管的物资，在途、外存、外借、委托加工的商品、物资等。

（二）固定资产清查

这包括房屋建筑物、机器设备、交通运输设备和工具器具、办公设备等资产清查。凡租出、借出和未按规定手续批准转让出去的固定资产必须清查，以防资产被侵占和流失。

（三）长期投资清查

这包括企业以各种形式对其他单位所进行的持有至到期投资、可供出售金融资产、长期股权投资及各项金融资产等的清查。

（四）无形资产清查

这包括各项专利权、商标权、特许权、著作权、土地使用权、非专利技术等资产清查。

（五）其他资产清查

这包括固定资产大修理支出、租入固定资产改良支出及特种储备物资等资产清查。

(六)债务清查

这包括流动负债、长期负债的清查。流动负债包括各种短期借款、应付及预收款项等;长期负债的清查,包括各种长期借款、应付债券、长期应付款等的清查。

(七)产权清查

随着改革开放的深入,企业间的联营、合资或进行股份制改造,必须通过产权的界定来明确企业 投资的产权及权益,划分企业原始投资和增值部分,规范产权关系,把应属于国家所有的净资产纳入国有资产管理范围。为此进行相应的产权清查是十分必要的。

三、财产清查的种类

(一)按财产清查对象和范围分为全面清查和局部清查

全面清查是指对全部财产进行盘点和核对。全面清查范围广,参加的部门、人员多。一般来说,在以下几种情况下,需进行全面清查:

(1)年终决算前,为了确保年终决算会计资料真实、正确,需进行一次全面清查;

(2)单位撤销、合并或改变隶属关系,需进行全面清查;

(3)中外合资、国内联营,需进行全面清查;

(4)开展清产核资,需要进行全面清查;

(5)单位主要负责人调离工作,需要进行全面清查。

局部清查是指根据需要对一部分财产物资进行的清查,其清查的主要对象是流动性较大的财产,如现金、原材料、在产品、库存商品、周转材料等。局部清查范围小、内容少、涉及

的人也少,但专业性较强,一般有:

(1)对于现金应由出纳员在每天业务终了时清查,做到日清月结;

(2)对于银行存款和银行借款,应由出纳员每月同银行核对一次;

(3)对于原材料、在产品、库存商品除年度清查外,应有计划地每月重点抽查,对于贵重的财产物资,应每月清查盘点一次;

(4)对于债权债务,应在年度内至少核对一至二次,有问题应及时核对,及时解决。

(二)按财产清查的时间分为定期清查和不定期清查

定期清查是指根据管理制度的规定或预先计划安排的时间对财产进行的清查。这种清查的对象不确定,可以是全面清查也可以是局部清查,其清查的目的在于保证会计核算

资料的真实正确,一般是在年末、半年末、季末或月末结账时进行。

不定期清查是指根据需要所进行的临时清查。其清查对象是局部清查,如:更换出纳员时对现金、银行存款所进行的清查;更换仓库保管员时对其所保管的财产物资所进行的清查;等等。其清查的目的在于分清责任,查明情况。

第二节 财产清查的方法

一、财产清查前的准备

财产清查是一项复杂细致的工作,它涉及面广、工作量大,极具政策性,必须加强领导,各部门协调配合,有组织、有目的地开展准备工作。

（一）组织准备

抽调专职人员组成清查小组。主要拟订财产清查工作的详细步骤，确定财产清查对象和范围；安排财产清查工作的具体步骤，配备财产清查人员；在财产清查过程中，及时掌握工作进度，检查和监督工作，研究和解决财产清查工作中出现的问题；在财产清查工作结束后，撰写财产清查工作的书面报告，对发生的盘盈、盘亏提出处理意见。

（二）部门准备

（1）财会部门。应在财产清查之前将所有的经济业务登记入账，将有关的账簿登记齐全并结出余额。总分类账中反映货币资金、财产物资和债权债务的有关科目应与所属明细分类账核对清楚，做到账账相符、账证相符，为财产清查提供可靠依据。

（2）财产物资保管部门。应将截止到财产清查时点之前的各项财产物资的出入办好凭证手续，全部登记入账，结出各账户余额，并与会计部门的有关总分类账核对相符，将各种财产物资堆放整齐，挂上标签，标明品种、规格和结存数量，以便进行实物盘点。

（3）其他部门。应准备好计量器具，印制好各种登记表册等。

二、财产物资的盘存制度

实物资产的清查是财产清查的重要环节。为使盘点工作顺利进行，应建立一定的盘存制度。一般来说，财产物资的盘存制度有两种，即永续盘存制和实地盘存制。各单位可根据经营管理的需要和财产物资品种不同，分别采用不同的方法，以达到弄清账实，查明原因，提高经营管理水平的目的。

（一）永续盘存制

永续盘存制，亦称账面盘存制，是平时对企业、单位各项财产物资分别设立明细账，根据会计凭证连续记载其增减变化并随时结出余额的一种管理制度。这种盘存制，能从账簿资料中及时反映出企业各项财产、物资的结存数额，即“期初结存数＋本期增加额－本期减少额＝期末结存数”，及时掌握企业单位财产增减变动情况和余额，为经营管理提供可靠依据，以便加强企业单位财产物资的管理。

（二）实地盘存制

实地盘存制是平时根据有关会计凭证，只登记财产、物资的增加数，不登记减少数，月末或一定时期可根据期末盘点资料，弄清各种财物的实有数额；然后，再据“期初结存数＋本期增加数－期末结存数＝本期减少数”的公式，倒算出本期的减少数额。即“以存计耗”、“以存计销”，并计入有关明细账中的一种物资盘存管理制度。这种盘存制度，工作比较简单，虽然看起来账是平衡的，但手续不够严密，对于管理中存在的问题不易发现。

三、实物资产的清查方法

财产物资种类繁多，占用形态不同，财产清查主要包括实物资产清查、货币资金清查和债权债务清查等，实物资产的清查方法主要有以下两种。

（一）实地盘点

实地盘点是指在财产物资堆放现场进行逐一清点数量或用计量仪器确定实存数的一种方法。这种方法适用范围广，要求严格，数字准确可靠，清查质量高，但工作量大，若事先按存货的实物形态进行科学的码放，如五五排列、三三制码放等，则有助于提高清查的速度。

（二）技术推算盘点

技术推算盘点是利用技术方法，如量方计尺等对财产物资的实存数进行推算的一种方法。这种方法适用于大量成堆，难以逐一清点的财产物资。

在财产物资清查过程中，实物保管人员与盘点人员须同时在场清查，以明确经济责任。清查盘点的结果，应及时登记在财产物资“盘存单”（见表8—1）上，由盘点人和实物保管人签字或盖章。财产物资盘存单是记录实物盘点结果的书面文件，也是反映财产物资实有数的原始凭证。

表8—1　　**盘存单**

单位名称：　　盘点时间：　　编号：

财产类别：　　存放地点：

编号	名称	计量单位	数量	单价	金额										备注
					千	百	十	万	千	百	十	元	角	分	

盘点：　　主管：　　复核：　　保管：

为了进一步查明盘点结果同账簿余额是否一致，还应根据财产物资“盘存单”和账簿记录编制“实存账存对比表”（见表8—2）。该表是一个非常重要的原始凭证，这张凭证上所确定的实存和账存之间的差异，既是经批示后调整账簿记录的依据，也是分析差异、查明经济责任的依据。

表8—2　　**实存账存对比表**

单位名称：　　年　月　日

编号	类别及名称	计量单位	单价	实存		账存		差异				备注
								盘盈		盘亏		
				数量	金额	数量	金额	数量	金额	数量	金额	

主管：　　会计：　　制表：

四、货币资金的清查方法

（一）库存现金的清查

通过实地盘点进行，确定库存现金的实存数，再与现金日记账的账面余额核对，以查明盈亏情况。清查前出纳员应将现金收、付款凭证全部登记入账；清查时出纳员要在场，现钞应逐张查点；一切借条、收据不准抵充现金，并查明库存现金是否超过限额、有无坐支现金的情况；然后根据盘点的结果及现金日记账核对的情况填制“现金盘点报告表”（见表8—3）。现金盘点报告表既是盘存清单，又是实存账存对比表。

表 8－3

现金盘点报告表

单位名称： 年 月 日

实存金额	账存金额	实存与账存对比		备 注
		盘盈	盘亏	

盘点人： 会计主管： 复核人： 出纳员：

（二）银行存款的清查

银行存款的清查，通常采用银行存款日记账与开户银行提供“对账单”相互核对的方法。在同银行核对账目前，先检查本单位银行存款日记账，力求正确与完整，然后与银行送来的对账单逐笔核对。如果发现错账、漏账，应及时查明更正。但即使双方记账都没有错误，银行存款日记账的余额和银行对账单的余额也往往不一致。这种不一致的原因可能是存在未达账项。

所谓未达账项是指由于企业与银行之间对于同一项业务，由于取得凭证的时间不同，导致记账的时间不一致，即一方因取得结算凭证已登记入账，而另一方由于尚未取得结算凭证尚未入账的款项。未达账项主要有以下四种情况：

(1)企业已经收款入账而银行尚未收款入账的款项；

(2)企业已经付款入账而银行尚未付款入账；

(3)银行已经收款入账而企业尚未入账的款项；

(4)银行已经付款入账而企业尚未付款入账的款项。

上述任何一种未达账项存在，都会使企业银行存款日记账余额与银行提供的“对账单”的余额不符。在与银行对账时，应首先查明有无未达账项，如果存在未达账项，可编制“银行存款余额调节表”(见表 8－4)予以调整。“银行存款余额调节表”的编制应在企业银行存款日记账余额和银行对账单余额的基础上，分别加减未达账项进行调整，调整后的余额应该相等。其计算公式如下：

$$\text{企业银行存款日记账余额}+\text{银行已收企业未收款项}-\text{银行已付企业未付款项}=\text{银行对账单余额}+\text{企业已收银行未收款项}-\text{企业已付银行未付款项}$$

经过调节后重新求得的余额，既不等于本单位账面余额，也不等于银行账面余额，而是银行存款的真正实有数。

【例 8－1】 某公司 201×年 8 月 31 日银行存款日记账的余额为582 000元，银行转来对账单的余额为760 000元，经过逐笔核对发现有下列未达账项：

(1)企业收到销货款20 000元，已记银行存款增加，银行尚未记增加；

(2)企业支付购料款200 000元，已记银行存款减少，银行尚未记减少；

(3)银行代收某公司汇来购货款120 000元，银行已登记存款增加，企业尚未记增加；

(4)银行代企业支付购料款122 000元，银行已登记存款减少，企业尚未记减少。

根据以上资料编制银行存款余额调节表如表 8－4 所示。

表 8—4　　银行存款余额调节表

201×年 8 月 31 日

项　目	金　额	项　目	金　额
银行存款日记账余额	582 000	银行对账单余额	760 000
加:银行已收企业未收款项	120 000	加:企业已收银行未收款项	20 000
减:银行已付企业未付款项	122 000	减:企业已付银行未付款项	200 000
调节后存款余额	580 000	调节后存款余额	580 000

会计主管:　　出纳:　　复核:　　制表:

四、债权债务的清查

债权债务的清查也称往来账项的清查，主要包括应收款、应付款、暂收款等款项的清查。其清查方法采用询证核对法，即同对方单位核对账目的方法。首先，应将本单位往来账目核对清楚，确认准确无误后，再向对方填发对账单。对账单位应按明细账逐笔抄写一式两联，其中一联作为回单，对方单位如核对相符，应盖章后退回。如核对不符，应将不符情况在回单上注明。收到回单后，应填制往来账项对账单(见表 8—5)。通过债权债务账项的清查，要及时催收该收回的账款，偿还该偿付的账款，对呆账和悬账也应及时研究处理。

表 8—5　　往来账项对账单

总分类账户名称:　　年　月　日

明细分类账户名称	账面金额	核对相符金额	核对不符金额	核对不符原因		
				未达款项金额	有争议款项金额	其他
备注						

盘点人:　　会计主管:　　复核人:　　出纳员:

第三节　财产清查结果的处理

一、财产清查结果的处理步骤

财产清查的结果可能是账实相符，即实存数等于账存数；也可能是账实不符，如果实存数大于账存数则称为盘盈，如果实存数小于账存数则称为盘亏。

财产清查结果的处理一般指的是对账实不符的处理。其具体步骤如下：

(1)核准金额，分析差异，查明原因。核准货币资金、财产物资及债权债务的盘亏数字，对各项差异产生的原因进行分析，明确经济责任，提出处理意见，按照规定的程序报经有关部门批准后，予以认真严肃处理。

(2)调整账目，做到账实相符。财会部门对于财产清查中所发现的差异及对差异的处理，必须及时进行账簿记录的调整。具体应分两步进行：第一步，应将已经查明的财产盘盈、盘亏和损失等，根据有关原始凭证(如财产物资盘存单等)编制记账凭证，据以记入有关账户，使各项财产的账存数同实存数完全一致；第二步，按照差异发生的原因及报经批准的结果，根据有关批示编制记账凭证，转销盘盈、盘亏，据以登记入账。

为了反映和监督各单位在财产清查过程中查明的库存现金、存货和固定资产等财产物资的盈亏和毁损及其报经批准后的转销数额，企业应设置"待处理财产损溢"账户。该账户属于双重性质账户，用来核算和监督库存现金短缺或盈余、存货的盘盈或盘亏、毁损和固定资产盘亏的数额以及报批后的转销情况。该账户借方登记库存现金短缺数、存货的盘亏或毁损数和固定资产盘亏净值以及库存现金盈余、存货盘盈报经批准后的转销数；贷方登记库存现金的盈余数、存货盘盈以及库存现金短缺数、存货的盘亏或毁损数和固定资产盘亏报经批准后的转销数。按规定，企业的各项盘盈、盘亏必须于期末结账前处理完毕，所以该账户期末无余额。该账户下设"待处理流动资产损溢"和"待处理固定资产损溢"两个明细分类账户，以进行明细分类核算。其账户结构如图 8—1 所示。

借方　　　　　　待处理财产损溢	贷方
(1)库存现金短缺数、存货的盘亏或毁损数和固定资产盘亏净值	(1)库存现金的盈余数、存货盘盈
(2)库存现金盈余、存货盘盈报经批准后的转销数	(2)库存现金短缺数、存货的盘亏或毁损数和固定资产盘亏报经批准后的转销数

图 8—1　待处理财产损溢账户结构

需要说明的是，固定资产盘盈不通过"待处理财产损溢"账户核算，固定资产的出售、投资、报废、毁损应通过"固定资产清理"账户进行核算，也不通过"待处理财产损溢"账户核算。

二、财产清查结果的账务处理

(一)库存现金清查结果的会计处理

库存现金清查中发现库存现金短缺或盈余时，除了设法查明原因外，还应及时根据"库存现金盘点报告表"进行会计处理。

【例 8—2】 某企业进行库存现金清查中发现长款 100 元。其会计处理如下：

(1)批准前：

借：库存现金　　100

　贷：待处理财产损溢——待处理流动资产损溢　　100

(2)经反复核查，未查明原因，报经批准转作营业外收入：

借：待处理财产损溢——待处理流动资产损溢　　100

　贷：营业外收入　　100

【例 8—3】 某企业在库存现金清查中发现短款 500 元。其会计处理如下：

(1)批准前：

借:待处理财产损溢 ——待处理流动资产损溢	500	
贷:库存现金		500

(2)经查，该短款属于出纳员李鑫的责任，应由该出纳员赔偿：

借:其他应收款 ——李鑫	500	
贷:待处理财产损溢——待处理流动资产损溢		500

(二)存货清查结果的会计处理

1. 存货盘盈的会计处理

当存货盘盈时，应根据“实存账存对比表”，将盘盈存货的价值记入“原材料”、“生产成本”、“库存商品”等账户的借方，同时记入“待处理财产损溢——待处理流动资产损溢”账户的贷方。报经批准后，冲减管理费用。

【例 8—4】 某公司在财产清查中，盘盈某种钢材 1 吨，价值3 000元。经查明，盘盈的钢材系计量仪器不准造成溢余。

(1)批准前 ：

借:原材料——钢材	3 000	
贷:待处理财产损溢——待处理流动资产损溢		3 000

(2)批准后，冲减管理费用：

借:待处理财产损溢——待处理流动资产损溢	3 000	
贷:管理费用		3 000

2. 存货盘亏的会计处理

当存货盘亏或毁损时，经批准以前应先记入“待处理财产损溢——待处理流动资产损溢”账户的借方，同时记入有关存货账户的贷方。批准后，再根据造成亏损的原因，分别进行账务处理：

(1)属于自然损耗产生的定额内的合理损耗，经批准后即可计入管理费用。

(2)属于超定额短缺的，能确定过失人的应由过失人负责赔偿；属于保险责任范围的，应向保险公司索赔；扣除过失人或保险公司赔款和残料价值后的余额，应计入管理费用。

(3)属于非常损失所造成的存货毁损，扣除保险公司赔款和残料价值后，应计入营业外支出。

【例 8—5】 某企业盘亏 A 产品 100 千克，单位成本 200 元。经查明，属于定额内合理损耗。其会计处理如下：

(1)批准前：

借:待处理财产损溢 ——待处理流动资产损溢	20 000	
贷:库存商品——A 产品		20 000

(2)批准后，计入管理费用：

借:管理费用	20 000	
贷:待处理财产损溢——待处理流动资产损溢		20 000

【例 8—6】 某企业盘亏甲材料 10 件，每件 300 元。经查明，是由于工作人员失职造成的材料毁损，应由过失人赔偿1 000元，毁损材料残值 500 元。其会计处理如下：

(1)批准前：

借:待处理财产损溢 ——待处理流动资产损溢　　3 510
　贷:原材料——甲材料　　3 000
　　应交税费——应交增值税(进项税额转出)　　510

(2)批准后,分别不同情况处理:

①由过失人赔偿:

借:其他应收款——××　　1 000
　贷:待处理财产损溢——待处理流动资产损溢　　1 000

②残料作价入库:

借:原材料——甲材料　　500
　贷:待处理财产损溢——待处理流动资产损溢　　500

③扣除过失人的赔款和残值后的盘亏数,计入管理费用:

借:管理费用　　2 010
　贷:待处理财产损溢——待处理流动资产损溢　　2 010

【例 8—7】 某企业丙材料盘亏一批,实际成本为15 000元。经查明,属于非常事故造成的损失,保险公司应给予10 000元的赔偿。其会计处理如下:

(1)批准前:

借:待处理财产损溢 ——待处理流动资产损溢　　17 550
　贷:原材料——丙材料　　15 000
　　应交税费——应交增值税(进项税额转出)　　2 550

(2)批准后,分别不同情况处理:

①应由保险公司赔偿部分:

借:其他应收款——保险公司　　10 000
　贷:待处理财产损溢——待处理流动资产损溢　　10 000

②计入营业外支出部分:

借:营业外支出　　7 550
　贷:待处理财产损溢——待处理流动资产损溢　　7 550

(三)固定资产清查结果的会计处理

在固定资产清查过程中,如果发现有盘亏的固定资产,应查明原因,填制固定资产盘亏报告表并写出书面报告,报经企业主管领导批准后才能记入“营业外支出”账户。在批准之前,只能作为待处理财产损溢处理。

对于盘亏的固定资产,企业应按盘亏固定资产的净值借记“待处理财产损溢——待处理固定资产损溢”账户,按已提折旧额借记“累计折旧”账户,按原值贷记“固定资产”账户。按规定程序批准后,应按盘亏固定资产的净值借记“营业外支出”账户,贷记“待处理财产损溢——待处理固定资产损溢”账户。

对于固定资产盘盈,按新准则规定,应作为前期差错记入“以前年度损益调整”科目。固定资产盘盈不再计入当期损益,而是作为以前期间的会计差错。企业在盘盈固定资产时,首先,应确定盘盈固定资产的原值、累计折旧和固定资产净值。根据确定的固定资产原值借记“固定资产”,贷记“累计折旧”,将两者的差额贷记“以前年度损益调整”;其次,再计算应纳的所得税费用,借记“以前年度损益调整”科目,贷记“应交税费——应交所得税”;接着补提盈余公积,借记“以前年度损益调整”科目,贷记“盈余公积”;最后调整利润分配,借记“以前年度损益调整”,

贷记“利润分配——未分配利润”。

【例 8-8】 某企业在财产清查中，盘亏设备一台，其原价为200 000元，累计折旧为50 000元。

(1)批准前：

借：待处理财产损溢——待处理固定资产损溢	150 000	
累计折旧	50 000	
贷：固定资产		200 000

(2)批准后予以转销：

借：营业外支出	150 000	
贷：待处理财产损溢——待处理固定资产损溢		150 000

【例 8-9】 某企业在财产清查中，发现账外机器一台，该机器的当前市场价格200 000元，根据其新旧程度估计价值已经损耗20 000元。假如企业所得税税率为 25%，按照 10%计提法定盈余公积。

(1)批准前：

借：固定资产	200 000	
贷：累计折旧		20 000
以前年度损益调整		180 000

(2)批准后：

① 计算应纳的所得税：

借：以前年度损益调整	45 000	
贷：应交税费——应交所得税		45 000

②补提盈余公积：

借：以前年度损益调整	13 500	
贷：盈余公积——法定盈余公积		13 500

③调整利润分配：

借：以前年度损益调整	121 500	
贷：利润分配——未分配利润		121 500

(四)应收账款清查结果的处理

在财产清查过程中，如发现长期应收而收不回的款项，即坏账损失，经批准应予以转销。坏账损失不需要通过“待处理财产损溢”账户进行核算。坏账损失的转销方法通常有直接转销法和备抵法。

直接转销法把发生的坏账损失直接列入当期损益，简单明了。但它没有将各个会计期间发生的坏账损失与应收账款相联系起来，影响收入与费用的正确配比，不符合会计核算的稳健性原则。这一方法适用于商业信用较少，坏账损失风险小的企业。

备抵法是指按期估计坏账损失，形成坏账准备，当某一应收款项全部或部分被确认为坏账时，应根据其金额冲减坏账准备，同时转销相应的应收款项金额的一种核算方法。这一方法适用于赊销金额大、坏账比例高，且数额较大的企业，更符合稳健性原则。估计坏账损失的方法有应收款项余额百分比法、账龄分析法和销货百分比法等。

采用备抵法，企业需设置“坏账准备”账户。企业计提坏账准备时，借记“资产减值损失”账户，贷记“坏账准备”账户；实际发生坏账时借记“坏账准备”账户，贷记“应收账款”等账户。

如果确认并转销的坏账以后又收回，则应按收回的金额，借记“应收账款”等账户，贷记“坏账准备”账户，以恢复企业债权、冲回已转销的坏账准备金额；同时，借记“银行存款”账户，贷记“应收账款”等账户，以反映款项收回情况。

【例 8—10】 丁公司 2016 年年末应收账款余额为30 000 000元。该企业坏账准备提取比例为年末应收账款余额 3‰。则计提坏账准备时，作如下会计分录：

借：资产减值损失	90 000	
贷：坏账准备		90 000

【例 8—11】 丁公司在财产清查中，查明 L 公司所欠货款30 000元确实无法收回，经批准作为坏账。则作如下会计分录：

借：坏账准备	30 000	
贷：应收账款——L 公司		30 000

【复习思考题】

1. 什么是财产清查？其包括哪些内容？
2. 什么是永续盘存制？什么是实地盘点制？两者有何区别？
3. 实物资产的清查方法有哪些？
4. 库存现金、银行存款和应收账款的清查各采用什么方法？
5. 如何进行存货盘盈、盘亏的会计处理？
6. 固定资产盘盈、盘亏如何进行会计处理？

【练习题】

习题一

【目的】 练习银行存款对账方法。

【资料】 某公司 2016 年 7 月 31 日银行存款的账面余额为535 200元，开户银行送来对账单，其银行存款余额为510 000元。经查对，发现有以下几笔未达账项：

7 月 30 日，委托银行收款50 000元，银行已收入企业银行存款户，收款通知尚未送达。

7 月 30 日，企业开出现金支票一张 ，计1 600元，企业已减少银行存款，银行尚未记账。

7 月 31 日，银行为企业支付电费1 000元，银行已入账，减少企业存款，企业尚未记账。

7 月 31 日，企业收到外单位转账支票一张，计64 000元，企业已收账，银行尚未记账。

【要求】

1. 根据上述资料，编制银行存款余额调节表，确立企业月末实际可用的银行存款余额。

2. 假定银行对账单所列存款无误，未达账项已由双方查明无误，在编制调节表时所发现的错误数额是多少？企业银行存款的账面余额应是多少？

习题二

【目的】 练习银行存款对账方法。

【资料】 中兴工厂 201×年 10 月 31 日银行存款日记账的记录与开户银行送来的对账单核对时，双方本月下旬的有关数字记录如下（以前记录均相符）：

1. 中兴工厂银行存款日记账账面记录：

（1）21 日开出转账支票＃1246，支付购料款 37 670 元；

(2)23 日开出转账支票＃621，提取现金 300 元；
(3)25 日开出转账支票＃1247，支付光明工厂账款 22 786 元；
(4)26 日收到天宇工厂货款 24 600 元；
(5)29 日收到转账支票＃74677，存入货款 10 800 元；
(6)30 日开出转账支票＃1248，支付材料运费 845 元；
(7)31 日结存余额 117 830 元。

2. 银行对账单记录：
(1)22 日代收天宇工厂货款 24 600 元；
(2)23 日付现金支票＃621，计 300 元；
(3)23 日付转账支票＃1246，购料款 37 670 元；
(4)25 日代交自来水公司水费 2 085 元；
(5)28 日代收浙江东湖工厂货款 33 600 元；
(6)30 日付转账支票＃1247，购料款 22 786 元；
(7)31 日结存余额 139 390 元。

【要求】 根据资料查明银行存款记录与银行对账单不符的原因，编制银行存款余额调节表。

习题三

【目的】 练习财产清查结果的会计处理。

【资料】 长东公司年终进行财产清查，在清查中发现下列事项：

(1)盘亏水泵一台，原价5 200元，账面已提折旧1 400元。盘亏水泵系因自然灾害招致毁损，作非常损失处理。

(2)发现账外机器一台，估计重置价10 000元，现值6 000元。账外机器尚可使用，交车间投入使用。假定所得税税率 25%，按 10%计提盈余公积。

(3)甲材料账面余额 455 千克，价值19 110元，盘点实际存量为 450 千克。经查明其中 3 千克为定额损耗，2 千克为日常收发计量差错。

(4)乙材料账面余额 166 千克，价值5 321元，盘点实际存量为 161 千克，缺少数为保管人员失职造成的损失，由过失人负责赔偿。

(5)丙材料盘盈 25 千克，每千克 30 元，经查明其中 20 千克为代长兴公司加工剩余材料，该公司未及时提走，其余属于日常收发计量差错。

(以上甲、乙、丙材料购入时的增值税税率均为 17%)

(6)经检查应收账款项目，有迅达公司欠款2 500元，属于委托该公司运输材料，已确定由该公司赔偿，但该公司已撤销，无法收回，作坏账损失处理。

【要求】 根据上述财产清查结果，编制审批前及报请批准后的会计分录。

第九章　财务报告

【学习要求】

1. 了解财务报告的种类；
2. 掌握资产负债表的概念、结构和编制方法；
3. 明确利润表及利润分配表的概念、结构和编制方法；
4. 了解现金流量表结构；
5. 初步掌握财务报表分析的基本方法。

【专业术语】

财务报告(Financial reporting)　资产负债表(Balance sheet)
利润表(Income statement)　现金流量表(Statement of cash flows)
营运资本(Working capital)　现金等价物(Cash equivalents)
财务报表分析(Analysis of financial statements)
偿债能力(Solvency)　盈利能力(Profitability)
流动比率(Current ratio)　速动比率(Quick ratio)
存货周转率(Inventory turnover)　应收账款周转率(Accounts receivable turnover)
股东权益报酬率(Return on equity)　每股收益(Earning per share)

第一节　财务报告概述

一、财务报告的含义及意义

财务会计报告，是指企业对外提供的反映企业某一特定日期财务状况和某一会计期间经营成果、现金流量等会计信息的报告文件。企业的财务会计报告是企业会计核算的最终成果，是企业对外提供财务会计信息的主要形式。在会计核算中，会计主体通过设置、登记会计账簿，能够全面、连续、系统地反映经济业务及其结果。但因会计账簿资料分散于各个会计账户，不能清晰地反映各个经济指标间的内在联系，不能满足国家宏观经济管理要求，也不能满足投资过者、债权人等会计信息使用者了解该单位财务状况和经营成果的需要，同时也不能满足单位内部加强经营管理的需要。因此，财会人员应通过编制财务会计报告，提供反映会计主体财务状况、经营成果和现金流量的总括的会计资料。因此，编制财务报具有现实意义：

(1)财务会计报告是国家进行经济宏观调控的依据。通过对会计报表的逐级汇总，便于国家掌握国民经济的发展速度，是国家经济管理部门制定宏观经济管理政策和经济决策的重要信息来源。

(2)为主管部门、投资者、债权人及其他外部单位和部门提供信息。通过财务会计报告，可以使上级主管部门了解企业的经营业绩，全面认识企业的财务状况和经营成果，以指导、帮助企业沿着正确的轨道发展；有助于投资者、债权人和潜在投资者对不同企业的经营业绩、财务实力进行比较分析，以确定其投资和贷款方向，减少投资风险，有利于保持国民经济的健康稳定发展。

(3)为单位内部的经营管理者和职工提供必要的信息。通过财务会计报告，可以使经营管理人员掌握本单位经济活动、财务收支和财务成果的全部情况，分析本单位在经营活动中的优势，查明问题存在的原因，不断改进经营管理工作，以便正确地进行经营理财决策，提高经济效益。各单位的职工、职工代表大会也可以通过会计报表提供的数据资料，更好地参与单位的经营管理活动。

(4)促进社会资源的合理配置。通过编制和提供有用的财务会计报告，使财务会计报告的使用者借助于财务信息和其他信息来源，促进资本市场和其他市场的有效运作，并促进有限的社会资源得到合理分配。

二、财务报告体系

作为全面披露企业财务活动及经济活动信息的对外报告，财务报告具有完整的体系框架。从财务报告的构成看，财务报告包括财务报表、财务报表附注和其他财务报告等内容。

(一)财务报表

财务报表(或称会计报表)是财务报告的主要内容。它是企业向投资者、债权人等信息使用者提供的关于企业财务状况、经营成果和现金流量等会计信息文件。财务状况是指企业在特定时日的资产规模与结构、产权关系及权益构成的基本状况；经营成果即经营业绩，是指企业在一定期间所发生的费用、取得的收入以及实现的利润或亏损，其表明企业的盈利情况；现金流量是指企业在经营、投资和筹资等活动中形成的现金流入与现金流出及现金净流量情况，其表明企业的财务(或理财)能力。财务报表同时也是财务报告形成的基础。财务报告正是在财务报表基础上的拓展，其通过较为详细的文字分析与说明，使财务报表更容易被会计信息使用者理解和接受。

在我国，企业财务报表体系由资产负债表、利润表(收益表)、现金流量表和所有者权益(股东权益)变动表等报表构成。在美国会计中，财务报表体系包括资产负债表(反映期末的财务状况)、收益表(反映特定期间的盈利即净收益)、全面收益表(反映特定期间的全面收益即权益中非业主交易引起的变动总额)、现金流量表(反映期内现金流转)和股东权益变动表(反映期内业主的投资和对业主的分派)。

(二)财务报表附注

财务报表附注是财务报告的重要组成部分，它是为了便于会计信息使用者理解财务报表的内容而对财务报表产生的基础、依据、原则和方法以及主要项目等所作的解释和说明。

财务报表附注主要是对财务报表的信息进行补充说明。财务报表附注包括了所有在财务报表正文中未提供但与公司财务状况、经营成果和现金流量密切相关、有助于会计信息使用者更好地理解企业提供的财务报表且可以公开的重要信息。

（三）其他财务报告

除财务报表及其附注信息外，其他与财务报表相关的信息和资料也应当作为财务报告的信息内容予以披露。这些信息有助于企业的信息使用者对企业的财务状况、经营业绩和现金流量等情况进行深入、详尽的了解。其他与财务报表相关的信息不一定是能够以“货币”来计量的信息，但这些信息对于投资者、债权人等进行相关经济决策具有重要价值。

随着社会经济的发展，企业财务报告体系从内容到结构，从披露观念到方法技术，都处于演进与变革之中。从 1993 年开始，为适应市场经济发展的需要，我国借鉴经济发达国家及国际会计准则的先进经验，设计了与国际会计惯例基本一致的财务报告体系。此后，随着经济全球化与我国资本市场的发展，财务报告体系也在不断改进和完善。我国现行的企业财务报告体系及其内容如表 9—1 所示。

表 9—1　我国企业财务报告体系及构成

<table>
<tr><td rowspan="6">财务报告</td><td rowspan="5">财务报表</td><td rowspan="4">基本报表</td><td>资产负债表</td></tr>
<tr><td>利润表</td></tr>
<tr><td>现金流量表</td></tr>
<tr><td>所有者权益变动表</td></tr>
<tr><td>附表</td><td>（依企业所在行业规定）</td></tr>
<tr><td colspan="2">财务报表附注</td><td>财务报表编制基础、重要会计政策说明、重要会计估计说明、会计政策和会计估计变更以及差错的说明等其他财务报告
其他应当在财务报告中披露的相关信息和资料</td></tr>
</table>

三、财务报表的分类

（一）财务报表按反映的经济内容的不同，可以分为静态会计报表和动态会计报表

静态会计报表是指综合反映企业某一特定日期资产、负债和所有者权益状况的报表，如资产负债表；动态会计报表是指综合反映企业一定期间的经营成果的利润表或现金流量情况的现金流量表以及所有者权益变动情况的所有者权益变动表。

（二）财务报表按编制的时间可以分为月报、季报、半年报和年报

月报要求简明扼要，及时反映；年报要求揭示完整，反映全面；季报和半年报在披露会计信息的详细程度方面，则介于两者之间。半年报、季报和月度财务会计报告统称为中期财务会计报告。季度和月度财务会计报告仅指会计报表，但国家另有要求的，则应按国家要求增加相关资料。通常情况下，企业年度财务会计报告的会计期间是指公历每年的 1 月 1 日至 12 月 31 日；半年度财务会计报告的会计期间是指公历每年的 1 月 1 日至 6 月 30 日，或 7 月 1 日至 12 月 31 日；季度财务会计报告的会计期间是指公历每一季度；月度财务会计报告的会计期间则是指公历每月 1 日至最后 1 日。

（三）财务报表按其服务的对象，可以分为对内报表和对外报表

对内报表是指为企业内部经营管理服务而编制的不对外公开的会计报表，它不要求统一

格式，没有统一指标体系，如成本表就属于对内报表；对外报表是指企业为满足国家宏观经济管理部门、投资者、债权人及其他有关会计信息使用者对会计信息的需求而编制的对外提供服务的会计报表，它要求有统一的报表格式、指标体系和编制时间等，资产负债表、利润表和现金流量表等均属于对外报表。

（四）财务报表按编报主体的不同，可以分为个别财务报表和合并财务报表

个别财务报表是由企业在自身会计核算基础上对账簿记录进行加工而编制的财务报表，它主要用以反映企业自身的财务状况、经营成果和现金流量情况。合并财务报表是以母公司和子公司组成的企业集团为会计主体，根据母公司和所属子公司的财务报表，由母公司编制的综合反映企业集团财务状况、经营成果及现金流量的财务报表。

四、财务报告的编制要求

编制财务报告的目的是为了向现有的和潜在的投资者、债权人、政府部门及其他机构等信息使用者提供企业的财务状况、经营成果和现金流量信息，以有利于正确地进行经济决策。为此，编制财务报告需符合以下要求。

（一）财务报告的编制时间要求

各单位必须按照国家统一会计制度规定，定期编制财务报告。企业的会计核算应当及时进行，不得提前或延后。财务报告提供的信息有较强的时间性，各单位必须及时编制和报送。企业应当依照有关法律、行政法规规定的结账日进行结账。年度结账日为公历年度每年的 12 月 31 日；半年度、季度、月度结账日分别为公历年度每半年、每季、每月的最后一天。月度财务会计报告应当于月度终了后 6 天内（节假日顺延，下同）对外提供；季度财务会计报告应当于季度终了后 15 天内对外提供；半年度财务会计报告应当于年度中期结束后 60 天内（相当于两个连续的月份）对外提供；年度财务会计报告应当于年度终了后 4 个月内对外提供。

（二）财务报告的编制格式要求

对外报送的财务报告的格式，应当符合国家有关规定；单位内部使用的财务报告，其格式要求由各单位自行规定。

国家统一会计制度对于对外报送的会计报表及其附表格式都有统一规定，各单位在编制会计报表时应当严格执行统一规定，不能随意增列或减并表内项目，更不能任意变更表内各项目的经济内容，以免引起使用方面的混乱。

对于内部使用的财务报告格式，各单位在自行规定时，格式要科学合理、体系完整、结构严谨、简明实用。

对于会计报表的封面，单位名称应当填写全称；单位公章应当使用单位行政公章，不能用财务专用章代替；同时还要盖齐单位负责人、总会计师、会计机构负责人、制表人等人员的印章；随同报表的财务状况说明书，应在封面之内与报表装订在一起，并在封面上注明“内附财务状况说明书一份”字样；报送文件一般应贴在报表封面上，不能与财务状况说明书订在一起。因为财务状况说明书是财务报告的组成部分，报送文件只是一种履行报送程序的方式。

（三）财务报告编制程序和质量要求

会计报表应当根据登记完整、核对无误的会计账簿记录和其他有关资料编制，做到数字真实、计算准确、内容完整、说明清楚。任何人不得篡改或者授意、指使、强令他人篡改财务报告数字。这是编制财务报告程序和质量最基本的要求，各单位必须严格执行。

(1)数字真实。我国《企业财务会计报告条例》规定：企业不得编制和对外提供虚假的或隐

瞒重要事实的财务会计报告;企业负责人对本企业财务会计报告的真实性、完整性负责。财务报告应当与单位的财务状况和经营成果相一致。要求一切会计资料必须真实反映单位经济活动的实际,每一项会计记录都要有合法的会计凭证为依据,会计的计量、记录和确认必须根据国家统一会计制度和相关法规的规定处理;编制财务报告,必须以登记完整、核对无误的会计记录和其他有关资料为依据。任何弄虚作假、隐瞒财务状况的行为,都是编制财务报告所不能允许的。

(2)计算准确。在会计账簿和其他有关资料真实可靠的前提下,严格按照国家统一会计制度规定的会计报表编制说明,编制会计报表;做到表内各项目之间、报表与报表之间相互衔接,本期报表与上期报表之间有关数字,应当相互衔接;严禁任何人用任何方式篡改财务报告数字。

(3)内容完整。财务报告各项目的内容必须严格按照国家统一会计制度规定的内容编制,要能满足各方面对财务信息的需要;不能任意改变报表项目的内容,增列或减并报表项目,更不能漏报或谎报。

(4)说明清楚。财务报告所附的财务状况说明书,必须准确、简明、清晰地说明各个重要会计事项,如会计方法的变动及其影响、有关表内的综合项目(货币资金、存货等)构成情况,等等。通过说明,使财务报告使用者增强对财务报告的理解和掌握。

第二节 资产负债表

一、资产负债表的概念与作用

资产负债表属于静态报表,也是企业最主要的报表。它是反映会计主体在某一特定日期的各项资产、负债和所有者权益情况的会计报表。由于资产负债表综合反映了企业的财务状况,故又称为财务状况表。

通过资产负债表,可以向各方面的使用者提供如下信息:

(1)反映企业所拥有或控制的资源及其分布与结构。资产负债表按特定的规律将企业的流动资产和非流动资产及其具体项目进行科学排列,便于有关方面了解和掌握企业的资源及分布情况。

(2)反映企业的资金来源及其构成。便于报表使用者掌握企业所承担的债务及投资者所拥有的权益。

(3)反映企业的实际财务状况、短期偿债能力和支付能力。报表使用者对于企业一定会计期间的经营情况和经营过程中形成的负债及其偿债能力等,可通过资产负债表提供的数据直接获得;报表使用者还可以利用这些数据计算企业的"资产负债率"、"流动比率"、"速动比率"等指标,进一步分析企业利用债权人提供的资金进行经营活动的能力及偿付流动负债的能力。

(4)反映企业资金结构的变化情况及其发展的趋势。报表使用者通过不同时期报表的相同项目的纵向对比和同一时期报表的不同项目的横向对比,可以比较客观地了解和掌握企业财务的现实状况和今后的发展趋势。

三、资产负债表的结构

资产负债表一般有表首、正表两部分。其中，表首概括地说明报表名称、编制单位、编制日期、报表编号、货币名称、计量单位等。正表有两种结构格式：账户式和报告式。

(一)账户式资产负债表

账户式资产负债表分左右两方，按照会计的基本平衡式“资产＝负债＋所有者权益”排列。左方列示资产项目，右方列示负债和所有者权益项目，左右两方合计数保持平衡。其简化格式如表9—2所示。

表9—2　　资产负债表　　会企01表

编制单位：××公司　　201×年8月31日　　单位：元

资　产	期初余额	期末余额	负债和所有者权益	期初余额	期末余额
流动资产	略	3 500 000	流动负债	略	1 200 000
			长期负债		800 000
长期资产		6 500 000	所有者权益		8 000 000
资产总计		10 000 000	负债和所有者权益总计		10 000 000

(二)报告式资产负债表

报告式资产负债表将资产、负债、所有者权益项目采用垂直顺序排列，以会计平衡式“资产＝负债＋所有者权益”为依据排列，即列在表式上半部的资产总额应等于列在表式下半部的负债和所有者权益总额。其简化格式如表9—3所示。

表9—3　　资产负债表　　会企01表

编制单位：××公司　　201×年8月31日　　单位：元

资　产	
流动资产	3 500 000
长期投资	200 000
固定资产	6 000 000
无形资产	300 000
资产总计	10 000 000
权　益	
流动负债	1 200 000
长期负债	800 000
所有者权益	8 000 000
权益总计	10 000 000

在我国，资产负债表采用账户式结构，报表分为左右两方，左方列显示资产各项目，反映全部资产的分布及存在形态；右方列显示负债和所有者权益各项目，反映全部负债和所有者权益的内容及构成情况。资产负债表左右两方合计数保持平衡，资产总计等于负债和所有者权益

总计，即“资产＝负债＋所有者权益”。此外，为了使使用者通过比较不同时点资产负债表的数据，掌握企业财务状况的变动情况及发展趋势，企业需提供比较资产表。资产负债表还就各项目再分为“年初余额”和“期末余额”两栏分别填列。

三、资产负债表项目的分类与排列

编报资产负债表，应当根据编表目的和要求，将企业的全部资产、负债和所有者权益按照一定的分类标准和一定的次序加以编排。按项目的流动性和非流动性分类排列资产负债表的各项目，是当今世界上绝大多数国家的通行做法。

在我国资产负债表中，资产项目按照其流动性分类分项列示，包括流动资产和非流动资产；负债项目按照其偿还期长短分类分项列示，包括流动负债和非流动负债等；所有者权益项目按照永久性程度列示，即按实收资本（股本）、资本公积、盈余公积、未分配利润等项目分项列示。

四、资产负债表的编制方法

账户式资产负债表正表的结构，左边“资产”与右边“负债”和“所有者权益”的各个项目，均须分别列示“期初余额”和“期末余额”的数字。

（一）资产负债表中的“期初余额”填列

在编制时，“期初余额”一般根据上一时期同一报表的“期末余额”分析填列（若本年度资产负债表规定的各个项目的名称和内容与上一年度不一致，应对上年年末报表各项目的名称和数字按照本年度的规定进行调整后填列）。

（二）资产负债表中“期末余额”填列

“期末余额”填列则应区别情况，根据有关账户的记录，直接填列、加总填列或分析填列。主要编制方法包括以下几种：

（1）根据总账科目余额直接填列。资产负债表中的有些项目，可直接根据有关总账科目的余额填列，如“交易性金融资产”、“短期借款”、“应付票据”、“应付职工薪酬”、“应交税费”、“应付股利”、“其他应付款”、“实收资本”、“资本公积”等项目。

（2）根据几个总账科目的期末余额计算填列，如：“货币资金”项目，需根据“库存现金”、“银行存款”、“其他货币资金”三个总账科目的期末余额的合计数填列；“存货”项目，需要根据“原材料”、“库存商品”、“委托加工物资”、“周转材料”、“材料采购”、“在途物资”、“发出商品”、“材料成本差异”等总账科目期末余额的分析汇总数，再减去“存货跌价准备”科目余额后的净额填列。

（3）根据总账科目和明细账科目余额分析计算填列。例如，“长期借款”项目，需要根据“长期借款”总账科目余额扣除“长期借款”科目所属的明细科目中将在一年内到期，且企业不能自主地将清偿义务展期的长期借款后的金额计算填列。

（4）根据明细科目余额计算填列。例如，“应付账款”项目，需要根据“应付账款”和“预付款项”两个科目所属的相关明细科目的期末贷方余额计算填列；“应收账款”项目，需要根据“应收账款”和“预收账款”两个科目所属的相关明细科目的期末借方余额计算填列。又如，“预付账款”项目，根据“应付账款”和“预付款项”两个科目所属的相关明细科目的期末借方余额计算填列；“预收账款”项目，需要根据“应收账款”和“预收账款”两个科目所属的相关明细科目的期末贷方余额计算填列。

【例 9—1】 某企业结算类有关账户所属明细分类账户的余额如表 9—4 所示。

表 9—4　**有关结算类账户所属明细分类账户余额表**　单位:元

账户名称	明细分类账户余额	
	借方	贷方
应收账款	300 000	200 000
预付账款	50 000	40 000
应付账款	400 000	600 000
预收账款	100 000	150 000

资产负债表中的相关项目金额如下：

"应收账款"项目＝300 000＋100 000＝400 000(元)

"预付账款"项目＝50 000＋400 000＝450 000 (元)

"应付账款"项目＝600 000＋40 000＝640 000 (元)

"预收账款"项目＝150 000＋200 000＝350 000(元)

(5)根据有关科目余额减去其备抵科目余额后的净额填列，如:资产负债表中的"应收账款"项目，应当根据"应收账款"科目的余额减去"坏账准备"科目余额后的净额填列;"固定资产"项目，应当根据"固定资产"科目的期末余额减去"累计折旧"、"固定资产减值准备"备抵科目余额后的净额填列等。

(三)资产负债表编制举例

【例 9—2】 丰华实业股份有限公司 20×6 年 12 月 31 日总分类账户余额见表 9—5。

表 9—5　**总分类账户余额表**　单位:元

会计账户	期末余额	
	借方	贷方
库存现金	20 000	
银行存款	240 000	
其他货币资金	30 000	
交易性金融资产	400 000	
应收票据	10 000	
应收账款	13 630 000	
坏账准备		70 000
预付账款	6 950 000	
应收利息	50 000	
应收股利	150 000	
其他应收款	880 000	
材料采购	1 050 000	
原材料	10 000 000	
周转材料	13 000 000	
库存商品	5 020 000	
生产成本	1 150 000	

续表

会计账户	期末余额	
	借方	贷方
存货跌价准备		150 000
长期股权投资	34 210 000	
长期股权投资减值准备		80 000
固定资产	17 090 000	
累计折旧		2 620 000
固定资产减值准备		150 000
工程物资	800 000	
在建工程	51 110 000	
其中:在建工程减值准备		90 000
无形资产	1 300 000	
其中:无形资产减值准备		40 000
长期待摊费用	25 000	
递延所得税资产	15 000	
短期借款		9 300 000
应付票据		90 000
应付账款		25 940 000
预收账款		370 000
应付职工薪酬		90 000
应付股利		
应交税费		3 240 000
其他应付款		6 900 000
长期借款		5 000 000
其中:将于一年内到期的长期借款		500 000
实收资本		61 200 000
资本公积		1 200 000
盈余公积		22 600 000
利润分配(未分配利润)		18 000 000
合　计	157 130 000	157 130 000

其中:“应收账款”账户中有明细账有贷方余额100 000元;“应付账款”账户中有明细账借方余额40 000元;“预付账款”账户中有明细账贷方余额50 000元。

根据“总分类账户余额表”中的资料,编制丰华实业股份有限公司 20×6 年 12 月 31 日的“资产负债表”,如表 9－6 所示。

表 9—6 　　　　　　　　　　　　**资产负债表** 　　　　　　　　　　　　会企 01 表

编制单位:丰华实业股份有限公司 　　　　20×6 年 12 月 31 日 　　　　　　　单位:元

资　产	期末余额	期初余额	负债及所有者权益	期末余额	期初余额
流动资产			流动负债		
货币资金	290 000		短期借款	9 300 000	
交易性金融资产	400 000		交易性金融负债		
应收票据	10 000		应付票据	90 000	
应收账款	13 660 000		应付账款	26 030 000	
预付账款	7 040 000		预收账款	470 000	
应收利息	50 000		应付职工薪酬	90 000	
应收股利	150 000		应交税费	3 240 000	
其他应收款	880 000		应付利息		
存货	30 070 000		应付股利		
一年内到期的非流动资产	0		其他应付款	6 900 000	
其他流动资产	0		一年内到期的非流动负债	500 000	
流动资产合计	52 550 000	略	其他流动负债		略
非流动资产			流动负债合计	46 620 000	
可供出售金融资产			非流动负债		
持有至到期投资			长期借款	4 500 000	
长期应收款			应付债券		
长期股权投资	34 130 000		长期应付款		
投资性房地产			专项应付款		
固定资产	14 320 000		预计负债		
在建工程	51 020 000		递延所得税负债		
工程物资	800 000		其他非流动负债		
固定资产清理			非流动负债合计	4 500 000	
生产性生物资产			负债合计	51 120 000	
油气资产			所有者权益		
无形资产	1 260 000		实收资本(或股本)	61 200 000	
开发支出			资本公积	1 200 000	
商誉			减:库存股		
长期待摊费用	25 000		盈余公积	22 600 000	
递延所得税资产	15 000		未分配利润	18 000 000	
其他非流动资产			所有者权益合计	103 000 000	
非流动资产合计	101 570 000				
资产总计	154 120 000		负债和所有者权益总计	154 120 000	

表中有关数字计算及填列说明:

货币资金:290 000=20 000+240 000+30 000

存货:30 070 000 = 1 050 000 + 10 000 000 + 13 000 000 + 5 020 000 + 1 150 000 − 150 000

长期股权投资:34 130 000=34 210 000−80 000

固定资产:14 320 000=17 090 000−2 620 000−150 000

在建工程：51 020 000＝51 110 000－90 000

无形资产：1 260 000＝1 300 000－40 000

长期借款：4 500 000＝5 000 000－500 000

应收账款：13 660 000＝13 630 000＋100 000－70 000

预付账款：7 040 000＝6 950 000＋50 000＋40 000

应付账款：26 030 000＝25 940 000＋40 000＋50 000

预收账款：470 000 ＝370 000＋100 000

应收票据、应收利息、交易性金融资产、应收股利、工程物资、长期待摊费用、递延所得税资产各项目，短期借款、应付票据、应付职工薪酬、应交税费、应付股利、其他应付款各负债项目，根据总账账户余额填列。实收资本、资本公积、盈余公积、未分配利润各所有者项目，根据对应的账户余额直接填列或分析填列。

第三节　利润表

一、利润表的概念与作用

利润表亦称损益表，是总括反映企业在一定会计期间的经营成果的财务报表。利润表是根据"收入－费用＝利润"这一会计恒等式，按照各项收入、费用以及构成利润的各个项目分类分项编制而成的。收入是企业在日常活动中形成的、会导致所有者权益增加但与所有者投入资本无关的经济利益的总流入；费用是企业在日常活动中发生的、会导致所有者权益减少但与向所有者分配利润无关的经济利益的总流出；企业在一定期间经济利益的总流入与总流出的差额，就是企业在一定会计期间实现的利润（或发生的亏损），它们反映的是企业一定期间经济利益的流入、流出及其最终结果的财务指标。从反映企业资金运动的角度看，它是一种反映企业资金运动动态表现的报表，所以也称为动态会计报表。根据《企业会计准则》及其指南，我国企业应按月度、季度、半年度和年度编报反映经营成果的利润表。

通过利润表，报表使用者可以了解到企业以下信息：

（1）企业收入构成与收入水平的信息。通过利润表，可以反映企业一定会计期间的收入实现情况，如实现的营业收入有多少、实现的投资收益有多少、实现的营业外收入有多少，等等。

（2）企业费用构成与费用水平的信息。通过利润表，可以反映企业一定会计期间的费用耗费情况，如：耗费的营业成本有多少、营业税费有多少，销售费用、管理费用、财务费用各有多少，营业外支出有多少，等等。

（3）企业的利润数额及其构成的信息。通过利润表，可以反映企业生产经营活动的成果，即利润的实现情况，如营业利润有多少、营业外收支净额有多少，据以判断资本保值、增值情况。

（4）企业获利能力的信息。将利润表中的信息与资产负债表中的信息相结合，可以提供进行财务分析的基本资料，如将净利润与资产总额进行比较，计算出资产收益率等，可以表现企业的获利能力和水平，便于报表使用者判断企业未来的发展趋势，作出经济决策。

二、利润表的结构

利润表一般有表首、正表两部分。其中,表首概括地说明报表名称、编制单位、报表所属期间、报表编号、货币名称、计量单位等。利润表通常有单步式和多步式两种不同的编制方法,编制方法不同,其结构形式也不完全一样。

(一)单步式利润表

单步式利润表是将本期的所有收入和费用分别相加合计,然后将两者相减,一次计算出企业的净利润额。单步式利润表的具体格式参见表 9－7。

表 9—7　　**利润表**　　单位:元

收入	
营业务收入	6 100 000
其他业务收入	100 000
投资收益	400 000
营业外收入	5 000
收入合计	6 605 000
费用	
主营业务成本	4 800 000
营业税金及附加	50 000
其他业务成本	140 000
销售费用	180 000
管理费用	150 000
财务费用	80 000
营业外支出	40 000
所得税费用	384 550
费用合计	5 824 550
净利润	780 450

单步式利润表的优点是表式直观简单,便于理解,编制方便;其缺点是未能揭示收入与费用之间的内在联系,不便于报表使用者对企业经济效益的分析与评价。

(二)多步式利润表

多步式利润表是将企业净利润额的计算分解为多个步骤,以分别反映企业营业性收益和非营业性收益对经营成果实现过程的影响,通常采用上下加减的报告结构。其优点是有利于报表使用者比较分析企业利润的具体形成情况,预测企业今后的盈利能力;缺点是计算过程要复杂些。

我国《企业会计准则》及其指南统一规定企业应采用多步式利润表结构,将利润表的计算过程划分为三部分,分别计算和反映企业的营业利润、利润总额和净利润。这些项目之间的内在联系与计算公式如下:

营业利润＝营业收入－营业成本－营业税金及附加－(销售费用十管理费用＋财务费用
－资产减值损失＋公允价值变动收益＋投资收益

其中：

营业收入＝主营业务收入＋其他业务收入
营业成本＝主营业努成本＋其他业务成本

投资收益为投资净收益;资产减值损失和公允价值变动收益为资产减值和公允价值变动所导致的净损失。

利润总额＝营业利润＋营业外收入－营业外支出
净利润＝利润总额－所得税费用

多步式利润表的具体格式参见表9－9。

三、利润表的编制方法

企业利润表的编制应包括各栏目的填列方法和各项目的填列方法两个方面。

(一)利润表栏目填列方法

1.“本月数”栏

表中“本月数”栏反映利润表各项目的本月实际发生数。在编报月度报表时,应根据当月有关损益类收支账户的本月发生额分析填列;在编报中期报表时,应将“本月数”栏改为“上年同期数”栏,填列上年同期累计实际发生数;在编报年度报表时,应将“本月数”栏改为“上年数”栏,填列上年全年累计实际发生数。如果上年度利润表与本年度利润表的项目名称和内容不相一致,应对上年度利润表项目的名称和数字按本年度的规定进行调整,填入本表“上年数”栏。

2.“本年累计数”栏

表中“本年累计数”栏反映利润表各项目自年初起至报告期末止的累计实际发生数。编制时,应根据“本月数”与年度内上月利润表中“本年累计数”之和,或直接根据各对应账户本年累计余额填列。

(二)利润表各主要项目填列方法

(1)“营业收入”项目,反映企业经营主要业务和其他业务所确认的收入总额。本项目应根据“主营业务收入”和“其他业务收入”账户的发生额分析填列。

(2)“营业成本”项目,反映企业经营主要业务和其他业务发生的实际成本总额。本项目应根据“主营业务成本”和“其他业务成本”账户的发生额分析填列。

(3)“营业税金及附加”项目,反映企业经营业务应负担的消费税、城市维护建设税、资源税、土地增值税和教育费附加等。应根据“营业税金及附加”账户的发生额分析填列。

(4)“销售费用”项目,反映企业在销售商品过程中发生的包装费、广告费等费用和为销售本企业商品而专设的销售机构的职工薪酬、业务费等经营费用,根据“销售费用”账户的发生额分析填列。

(5)“管理费用”项目,反映企业为组织和管理生产经营发生的管理费用,根据“管理费用”账户的发生额分析填列。

(6)“财务费用”项目,反映企业筹集生产经营所需资金等而发生的筹资费用,根据“财务费用”账户的发生额分析填列。

(7)“投资收益”项目,反映企业以各种方式对外投资所取得的收益。其中,“对联营企业和合营企业的投资收益”项目，反映采用权益法核算的对联营企业和合营企业投资在被投资单位实现的净损益中应享有的份额(不包括处置投资形成的收益)。本项目应根据“投资收益”账户的发生额分析填列；如为投资损失，以“－”号填列。

(8)“营业外收入”、“营业外支出”项目，反映企业发生的与其经营活动无直接关系的各项收入和支出。其中，处置非流动资产损失，应当单独列示。该两个项目应分别根据“营业外收入”账户和“营业外支出”账户的发生额分析填列。

(9)“所得税费用”项目，反映企业根据所得税准则确认的应从当期利润总额中扣除的所得税费用。本项目应根据“所得税费用”账户的发生额分析填列。

(10)“基本每股收益”和“稀释每股收益”项目，反映企业根据每股收益准则计算的两种每股收益指标的金额。

(11)“其他综合收益”和“综合收益总额”项目。“其他综合收益”是指企业根据企业会计准则规定未在损益中确认的各项利得和损失扣除所得税影响后的净额，即以后终究会归入损益类科目核算，只是当时业务还不适合直接归入损益核算，包括可供出售金融资产的公允价值变动、减值及处置导致的其他综合收益的增加或减少，以及按照权益法核算的在被投资单位其他综合收益中所享有的份额导致的其他综合收益的增加或减少等。该项目应根据有关科目的明细发生额分析计算填列。“综合收益总额”反映净利润和其他综合收益扣除所得税影响后的净额相加后的合计数额，根据利润表中相关项目计算填列。

【例 9－3】 丰华实业股份有限公司 20×6 年损益类有关账户发生额，见表 9－8。

表 9－8 **损益类账户发生额**

20×6 年度 单位:元

会计账户	本年累计数
主营业务收入	51 150 000
主营业务成本	37 100 000
营业税金及附加	700 000
其他业务收入	10 300 000
其他业务成本	6 180 000
销售费用	120 000
管理费用	1 740 000
财务费用	1 450 000
投资收益	17 630 000
营业外支出	10 000
所得税费用	2 930 000
其他综合收益	105 000

根据以上资料编制丰华实业股份有限公司利润表如 9－9 所示。

表 9—9　　利润表　　会企 02 表

编制单位:丰华实业股份有限公司　　20×6 年度　　单位:元

项　目	本期金额	上期金额
一、营业收入	61 450 000	略
减:营业成本	43 280 000	
营业税金及附加	700 000	
销售费用	120 000	
管理费用	1 740 000	
财务费用	1 450 000	
资产减值损失	—	
加:公允价值变动收益(损失以"—"号填列)	—	
投资收益(损失以"—"号填列)	17 630 000	
其中,对联营企业和合资企业的投资收益	—	
二、营业利润(损失以"—"号填列)	31 790 000	
加:营业外收入	—	
减:营业外支出	10 000	
其中,非流动资产处置损失		
三、利润总额(损失以"—"号填列)	31 780 000	
减:所得税费用	2 930 000	
四、净利润(损失以"—"号填列)	2 885 000	
五、每股收益		
(一)基本每股收益	0.74	
(二)稀释每股收益	0.7	
六、其他综合收益	105 000	
七、综合收益总额	2 990 000	

第四节　现金流量表

一、现金流量表的概念与作用

现金流量表是综合反映企业一定会计期间内经营活动、投资活动和筹资活动等引起现金及现金等价物的流入、流出及其对企业持有的现金及现金等价物的影响结果的财务报表。

现金是指企业库存现金以及可以随时用于支付的存款,包括库存现金、银行存款和其他货币资金等。不能随时用于支付的存款不属于现金。

现金等价物,是指企业持有的限期短、流动性强、易于转换为已知金额现金,价值变动风险很小的投资。

在商品经济社会中,现金及现金等价物在企业财务状况中的地位愈来愈受到重视。一般认为,资产负债表是反映企业某一特定日期的基本财务状况,反映某一特定时期资产与权益变动结果的报表。但是,该表不能说明企业现金及现金等价物状况的变动情况,即使比较资产负债表也只能反映两个或几个特定日期的财务状况的变动,并不能说明财务状况变动的具体原因。利润表虽能反映企业在一定会计期间内经营活动的财务成果,说明企业在该时期内的投资活动与筹资活动的损益情况,但仍不能提供企业在经营过程中获得多少现金或营运资金。

为了将企业在一定时期内实现的利润与资产、权益项目的增减变化结合起来,从动态角度分析说明企业资金取得的来源渠道和用途去向,综合反映企业重要的理财活动及其财务状况变动的原因和结果,就需要在资产负债表和利润表之外,编制第三张报表来反映企业在一定时间内的资金流动状况。正是基于上述原因,美国财务会计准则委员会(FASB)在1971年发表了第19号意见书,明确规定企业对外公开披露财会信息时,必须编报第三张会计报告——财务状况变动表。自此以后,财务状况变动表便被西方国家广泛采用,成为企业对外编报的三张主要会计报告之一,并形成国际惯例。但是,各个企业在实际编制该表时,常常使用不同含义的"资金"概念,如:有的企业以"营运资金"为基础编制财务状况变动表,用来综合反映一定会计期间营运资金的来源和运用及其增减变动情况;有的企业则以"现金"为基础编制财务状况变动表,用来综合反映一定会计期间内的现金收入和支出情况。由于对资金的定义不同,导致各企业编制的财务状况变动表的内容差异很大,从而不便于报表使用者对不同企业的财务状况变动情况进行比较分析。

为了解决上述问题,美国财务会计准则委员会(FASB)1987年发布第95号财务会计准则公告,规定所有企业停止使用以营运资金为基础编制的财务状况变动表,一律编制以现金为基础的财务状况变动表——现金流量表。自此之后,西方各国纷纷效仿美国,以现金流量表取代传统的财务状况变动表。后来,国际会计准则委员会(IASC)发布《IAS7:现金流量表》,规定从1994年1月1日起取代原来的《IAS7:财务状况变动表》。

我国于1993年开始实施的《企业会计准则》(基本准则)首次规定企业对外编报的会计报告包括资产负债表、利润表和财务状况变动表;同时规定:"企业也可以编制现金流量表.反映财务状况的变动情况。"为了适应国际惯例的发展变化趋势,我国财政部于1998年3月20日发布的《企业会计准则——现金流量表》中规定,自1998年1月1日起,我国企业一律编报现金流量表,以代替原来的财务状况变动表。以后根据执行情况和经济环境的变化,财政部于2001年1月18日对原现金流量表会计准则进行了修订,并于2001年1月1日起在全国范围内统一施行;2006年发布的《企业会计准则——现金流量表》,仅对原现金流量表会计准则进行了少量修订,基本保持原状。

现金流量表的主要作用可归纳如下几点:

(1)可以揭示企业期初、期末现金余额发生变动的原因,预测未来会计期间企业产生净现金流量的能力。

(2)通过现金盈余短缺原因的揭示,可以反映企业的经营活动、投资活动和筹资活动对企业现金及现金等价物的影响程度。

(3)通过当期现金流量信息,可以深刻揭示企业利润与经营活动所产生的净现金流量发生差异的原因,反映企业的收益质量。

(4)通过企业的现金流量信息,可以深入揭示企业的偿债能力和支付投资者报酬(如股利)的能力。

(5)可以揭示企业在财务困难时期的筹资能力、非经营性资产的变现能力和调整经营以增加短期净现金流量的适应能力。

二、企业现金流量的分类

企业编制现金流量表的目的在于为财务报告使用者提供企业在一定的会计期间内现金和现金等价物流动的基本信息，以便企业会计信息需要者考核和评价企业获取现金和现金等价物的能力，从而据此预测和分析企业在未来期间的现金流量状况。所谓现金流量，即指企业现金和现金等价物在一定时期的流入和流出数量。这里所指的现金，是企业的库存现金和可以随时用于支付的各种存款；所指的现金等价物，是企业当前持有的期限较短、流动性较强、易于变现且价值变动风险较小的投资。以下提及“现金”，均包括现金和现金等价物。编制现金流量表，首先应对现金流量进行合理分类，以便科学安排和设置该表的格式、项目及其内容。根据现金流量表的编制目的和要求，一般将企业现金流量分为经营活动现金流量、投资活动现金流量和筹资活动现金流量三大类。

(一)经营活动产生的现金流量

经营活动现金流量是指除企业投资活动和筹资活动以外的所有交易和事项所产生的现金流入与流出。经营活动产生的现金流量主要包括销售商品或提供劳务、购买商品、接受劳务、支付工资和交纳税款等流入和流出的现金和现金等价物。

(二)投资活动产生的现金流量

投资活动现金流量是指企业长期资产的购建和不包括在现金等价物范围内的投资及其处置活动所产生的现金流入与流出。投资活动产生的现金流量主要包括购建固定资产、处置子公司及其他营业单位等流入和流出的现金和现金等价物。

(三)筹资活动产生的现金流量

筹资活动现金流量是指导致企业资本及债务规模和构成发生变化的活动所产生的现金流入与流出。筹资活动产生的现金流量主要包括吸收投资、发行股票、分配利润、发行债券、偿还债务等流入和流出的现金和现金等价物。偿付应付账款、应付票据等商业应付款等属于经营活动，不属于筹资活动。

三、现金流量表的结构与编制方法

现金流量表的基本结构形式，由主表和补充资料两大部分构成。其主表包括：经营活动产生的现金流量、投资活动产生的现金流量、筹资活动产生的现金流量和汇率变动对现金的影响额等内容。其中“经营活动产生的现金流量，代表的是收付实现制确认的损益，而利润表确认的当期损益采用的是权责发生制而非收付实现制。怎样将权责发生制确认的损益转换为收付实现制确认的损益，就有“间接法”和“直接法”两种方法可供选择，从而使得现金流量表的编制方法也相应划分为间接法和直接法两种。

(一)间接法

间接法是以本期净利润为起算点，调整不涉及现金的收入、费用、营业外收支以及同经营活动有关的流动资产与流动负债的增减变动，以确定经营活动产生的现金流量净额的一种方法。

(二)直接法

直接法是以本期营业收入为起算点，按照经营活动现金收入与支出的主要类别和项目列示反映现金流量净额的一种方法。

当前我国《企业会计准则——现金流量表》所倡导的报表格式，其主表是按“直接法”设计的，而补充资料则是按"间接法"构思的，故上述两种编表方法在我国当前均具有重要的现实意义。

我国现金流量表的具体结构形式，见表 9—10。

表 9—10 **现金流量表** 会企 03 表

编制单位：××公司 20×6 年度 单位：元

项　目	行次	本期金额
一、经营活动产生的现金流量		
销售商品、提供劳务收到的现金	1	61 290 000
收到的税费返还	3	120 000
收到的其他与经营活动有关的现金	8	—180 000
经营活动现金流入小计	9	61 230 000
购买商品、接受劳务支付的现金	10	42 670 000
支付给职工以及为职工支付的现金	12	5 670 000
支付的各项税费	13	3 730 000
支付的其他与经营活动有关的现金	18	3 000 000
经营活动现金流出小计	20	55 070 000
经营活动产生的现金流量净额	21	6 160 000
二、投资活动产生的现金流量		
收回投资所收到的现金	22	1 470 000
取得投资收益所收到的现金	23	13 800 000
处置固定资产、无形资产和其他长期资产所收回的现金净额	25	5 850 000
处置子公司及其他营业单位收到的现金净额	27	
收到其他与投资活动有关的现金	28	
投资活动现金流入小计	29	21 120 000
购建固定资产、无形资产和其他长期资产所支付的现金	30	7 400 000
投资所支付的现金	31	200 000
取得子公司及其他营业单位支付的现金净额	34	
支付的其他与投资活动有关的现金	35	
投资活动现金流出小计	36	7 600 000
投资活动产生的现金流量净额	37	13 520 000
三、筹资活动产生的现金流量		
吸收投资所收到的现金	38	
取得借款所收到的现金	40	11 050 000
收到的其他与筹资活动有关的现金	43	
筹资活动现金流入小计	44	11 050 000

续表

项　目	行次	本期金额
偿还债务所支付的现金	45	
分配股利、利润或偿还利息所支付的现金	46	19 420 000
支付的其他与筹资活动有关的现金	52	11 050 000
筹资活动现金流出小计	53	30 470 000
筹资活动产生的现金流量净额	54	－19 420 000
四、汇率变动对现金的影响	55	
五、现金及现金等价物净增加额	56	260 000
加：期初现金及现金等价物余额	57	230 000
六、期末现金及现金等价物余额	58	490 000
补充资料		
1.将净利润调节为经营活动现金流量		
净利润		28 860 000
加：资产减值准备		260 000
固定资产折旧(油气资产折耗、生产性生物资产折旧)		250 000
无形资产摊销		30 000
长期待摊费用摊销		20 000
处置固定资产、无形资产和其他长期资产的损失(收益以“－”号填列)		－5 885 000
固定资产报废损失		20 000
公允价值变动损失(收益以“－”号填列)		
财务费用(收益以“－”号填列)		1 450 000
投资损失(收益以“－”号填列)		－17 630 000
递延所得税资产减少(增加以“－”号填列)		－5 000
递延所得税资产增加(减少以“－”号填列)		
存货的减少(增加以“－”号填列)		－30 000
经营性应收项目的减少(增加以“－”号填列)		－1 019 000
经营性应付项目的增加(减少以“－”号填列)		7 060 000
其他		1 950 000
经营活动产生的现金流量净额		6 160 000
2. 不涉及现金收支的投资和筹资活动		
债务转为资本		
一年到期的可转换公司债券		
融资租入固定资产		

续表

3. 现金及现金等价物净增加情况	
现金的期末余额	290 000
减:现金的期初余额	80 000
加:现金等价物的期末余额	200 000
减:现金等价物的期初余额	150 000
现金及现金等价物净增加额	260 000

第五节　所有者权益变动表与财务报表附注

一、所有者权益变动表

(一)所有者权益变动表及其意义

所有者权益变动表又称股东权益变动表,是反映企业在某一特定日期股东权益增减变动情况的报表。所有者权益变动表列示了所有者权益的增减变动情况,有利于财务报告使用者进一步了解企业净资产状况,便于会计信息使用者深入分析企业股东权益的增减变化情况,并进而对企业的资本保值、增值情况作出正确判断,从而为决策提供有用的信息。

我国《企业会计准则第 30 号——财务报表列报》颁布以前,所有者权益变动表并不是主要报表,在上市公司的财务报告中,它仅作为附表在"会计数据和业务数据摘要"中列示,然而在新颁布的会计准则中,所有者权益变动表脱颖而出成为主要报表之一,企业应至少在每年末编报一次。所有者权益变动表地位的上升,是源于我国会计准则与国际会计准则趋同的大势所趋,更源于我国经济的发展而带来的会计环境的巨大变化。在所有者权益变动表地位上升的背后,是会计目标的变化引发的会计固有理论、程序和方法与变化的经济环境的摩擦、碰撞与协调,所有者权益变动表地位的上升,标志着我国在收益报告变革方面有了实质性的进步。

(二)所有者权益变动表的结构

在所有者权益变动表中,企业至少应当单独列示反映下列信息的项目:(1)综合收益总额;(2)会计政策变更和差错更正的累积影响金额;(3)所有者投入资本和向所有者分配利润等;(4)提取的盈余公积;(5)实收资本、资本公积、盈余公积、未分配利润的期初期末余额及其调节情况。

所有者权益变动表以矩阵的形式列示:一方面,列示导致所有者权益变动的交易或事项,即所有者权益变动的来源,对一定时期所有者权益的变动情况进行全面反映;另一方面,按照所有者权益各组成部分(即实收资本、资本公积、其他综合收益、盈余公积、未分配利润和库存股)列示交易或事项对所有者权益各部分的影响。其横向在分为"本年金额"和"上年金额"两大栏的基础上,又进一步按照所有者权益的构成分为若干小栏。其具体表式如表 9－11 所示。

(三)所有者权益变动表填列方法

所有者权益变动表的各项目,应当根据"实收资本"、"资本公积"、"盈余公积"、"本年利润"和"利润分配"等账户的发生额和利润表中"其他综合收益"、"综合收益总额"分析填列,以完整

表 9－11 **所有者权益变动表** 会企 04 表

编制单位： 20×6 年度 单位：元

项目	本年金额							上年金额						
	实收资本（或股本）	资本公积	减：库存股	其他综合收益	盈余公积	未分配利润	所有者权益合计	实收资本（或股本）	资本公积	减：库存股	其他综合收益	盈余公积	未分配利润	所有者权益合计
一、上年年末余额														
加：会计政策变更														
前期差错更正														
二、本年年初余额														
三、本年增减变动金额（减少以“－”填列）														
（一）综合收益金额														
（二）所有者投入或减少资本														
1. 所有者投入资本														
2. 股份支付计入所有者权益的金额														
3. 其他														
（三）利润分配														
1. 提取盈余公积														
2. 对所有者（或股东）的分配														
3. 其他														
（四）所有者权益内部结构														
1. 资本公积转增资本（或股本）														
2. 盈余公积转增资本（或股本）														
3. 盈余公积弥补亏损														
四、本年年末余额														

揭示当期净利润、直接计入所有者权益的利得和损失项目、所有者投入资本和提取盈余公积、向所有者分配利润等情况所导致的当期所有者权益的变化。

二、企业财务报表附注

(一)财务报表附注及意义

财务报表附注是为了报表使用者完整、系统、正确地阅读和理解财务报表,恰当地运用报表中的信息资料,而对财务报表的内容,特别是对报表中某些重要项目,所作的系统说明和注释。

附注是财务报表不可或缺的组成部分。报表使用者要全面、完整、系统地了解企业的财务状况、经营成果和现金流量,必须结合会计报表,全面阅读附注。附注相对于报表而言,同样具有重要性。

根据《企业会计准则第 30 号——财务报表列报》规定,财务报表附注应当按照一定的结构进行系统合理的排列和分类,有序地披露信息。

财务报表附注可以促使企业更加充分地披露财务会计信息,有助于提高会计信息的可理解性和可比性。

(二)财务报表附注的结构与内容

根据《企业会计准则第 30 号——财务报表列报》的要求,企业应当按照现行具体会计准则要求在附注中至少披露下列项目:

1. 企业的基本情况

(1)企业注册地、组织形式和总部地址。

(2)企业的业务性质和主要经营活动,如企业所处的行业、所提供的主要产品或服务、客户的性质、销售策略、监管环境的性质等。

(3)母公司以及集团最终母公司的名称。

(4)财务报告的批准报出者和财务报告批准报出日。

2. 财务报表的编制基础

企业应当在持续经营基础下进行财务报表列报。

3. 遵循企业会计准则的声明

企业应当声明编制的财务报表符合企业会计准则的要求,真实、完整地反映了企业的财务状况、经营成果和现金流量等有关信息,以此明确企业编制财务报表所依据的制度基础。如果企业编制的财务报表只是部分地遵循了企业会计准则,附注中不得做出这种表述。

4. 重要会计政策和会计估计

根据财务报表列报准则的规定,企业应当披露采用的重要会计政策和会计估计,不重要的会计政策和会计估计可以不披露。

(1)重要会计政策的说明。企业在发生某项交易或事项选择不同的会计处理方法时,应当根据准则的规定从允许的会计处理方法中选择适合本企业特点的会计政策。比如,存货的计价可以有先进先出法、加权平均法、个别计价法等。为了有助于报表使用者理解,有必要对这些会计政策加以披露。特别需要指出的是,说明会计政策时还需要披露下列两项内容:

一是财务报表项目的计量基础。会计计量属性包括历史成本、重置成本、可变现净值、现值和公允价值,这直接显著影响报表使用者的分析。这项披露要求便于使用者了解企业财务报表中的项目是按何种计量基础予以计量的,如存货是按成本还是可变现净值计量等。

二是会计政策的确定依据，主要是指企业在运用会计政策过程中所作的对报表中确认的项目金额最具影响的判断。例如，企业应当根据本企业的实际情况说明确定金融资产分类的判断标准等。这些判断对在报表中确认的项目金额具有重要影响。因此，这项披露要求有助于使用者理解企业选择和运用会计政策的背景，增加财务报表的可理解性。

(2)重要会计估计的说明。财务报表列报准则强调了对会计估计不确定因素的披露要求，企业应当披露会计估计中所采用的关键假设和不确定因素的确定依据，这些关键假设和不确定因素在下一会计期间内很可能导致对资产、负债账面价值进行重大调整。在确定报表中确认的资产和负债的账面金额过程中，企业有时需要对不确定的未来事项在资产负债表日对这些资产和负债的影响加以估计。例如，固定资产可收回金额的计算，需要根据其公允价值减去处置费用后的净额与预计未来现金流量的现值两者之间的较高者确定；在计算资产预计未来现金流量的现值时需要对未来现金流量进行预测，并选择适当的折现率，应当在附注中披露未来现金流量预测所采用的假设及其依据、所选择的折现率为什么是合理的，等等。又如，为正在进行中的诉讼确认预计负债时最佳估计数的确定依据等。这些假设的变动对这些资产和负债项目金额的确定影响很大，有可能会在下一个会计年度内做出重大调整。因此，强调这一披露要求，有助于提高财务报表的可理解性。

5. 会计政策和会计估计变更以及差错更正的说明

企业应当按照《企业会计准则第 28 号——会计政策、会计估计变更和差错更正》及其应用指南的规定，披露会计政策和会计估计变更以及差错更正的有关情况。

6. 报表重要项目的说明

企业应当以文字和数字描述相结合，尽可能以列表形式披露报表重要项目的构成或当期增减变动情况，并且报表重要项目的明细金额合计，应当与报表项目金额相衔接。在披露顺序上，一般应当按照资产负债表、利润表、现金流量表、所有者权益变动表的顺序及其项目列示的顺序。

7. 其他需要说明的重要事项

主要包括或有和承诺事项、资产负债表日后非调整事项、关联方关系及其交易等，具体的披露要求须遵循相关准则的规定。

第六节 财务报表的初步分析

财务报表集中反映了企业一定时期的财务状况、经营成果和现金流量，向财务报表的使用者提供了了解企业经营情况、进行相关决策的财务信息。然而，财务报表所提供的有关企业财务状况和经营成果的信息，都是历史性的描述，尚不能说明现在和将来。而且财务报表信息高度浓缩，内在关系复杂，且本身存在一定的局限性，使大多数信息使用者难以有效地加以利用。要解决这些问题，必须进行会计报表分析。财务报表的分析方法一般有趋势分析法和比率分析法两种基本方法。

一、趋势分析法

趋势分析法是指以企业连续几个会计期间的报表为基础，比较各报表项目前后期的变动方向及幅度，从而揭示企业财务状况和经营成果的变化性质及发展趋势的一种分析方法。

趋势分析法属于一种动态的序列分析法，它通过选择相邻两个会计期间，或者选择连续若干个会计期间的报表资料进行比较，从动态上来观察、分析和解释企业的财务状况、经营成果和现金流量。这种分析方法主要用于不同期间的财务报表分析。

财务报表的趋势分析一般可采用两种形式：一是绘制统计图表；二是编制比较会计报表。编制比较会计报表，应将连续几个会计期间的会计报表并列在一起进行比较，并进行趋势分析说明。编制比较会计报表进行趋势分析时，首先应选择某个时期(或时日)作为比较基期，并将基期的有关报表项目数据定为基数；然后，用其他各期的报表项目数据与基数比较。在比较方法上，可以采用定比法，也可采用环比法；在比较形式上，可用绝对金额比较，也可用百分比进行比较。

二、比率分析法

比率分析法是指通过计算会计报表中相关项目之间的比率，据以分析和评价企业财务状况、经营成果和现金流量的一种分析方法。判断一个财务比率的好坏有三个标志：一是时间序列比较，即与企业历史比较；二是与公认的标准比较；三是交叉比较，即与其他企业相比较或者与行业平均水平比较。

比率分析法是通过计算一系列财务比率，用财务比率来进行分析的。反映企业财务状况、经营成果和现金流量的财务比率主要从以下几个方面进行设计：

(一)偿债能力分析指标

反映企业偿债能力的比率主要有流动比率、速动比率和资产负债率等。

1. 流动比率

流动比率是指流动资产与流动负债之间的比率。它是衡量企业流动资产在短期债务到期以前可以变为现金用于偿付流动负债的能力的重要指标。其计算公式为：

$$流动比率=流动资产/流动负债\times 100\%$$

流动比率越高，说明企业的资产变现能力越大，短期偿债能力也就越大；反之，情况相反。

一般来说，企业的流动比率应保持在200%左右为宜，如果该比率大大低于200%，表明企业可能没有足够的流动资产变现来偿付到期的流动负债；如果该比率大大高于200%，则表明企业占用流动资产过多，或者持有过多现金，或者存货大量积压。当然，上述评价标准只是一个经验标准，在实际工作中，企业应根据本身的实际情况来保持一个合理的流动比率。

2. 速动比率

速动比率是指企业速动资产与流动负债之间的比率。它是衡量企业流动资产可以立即用于偿付流动负债的能力的重要指标。其计算公式为：

$$速动比率=速动资产/流动负债\times 100\%$$

其中，速动资产是指企业能在较短时间内变现的流动资产，它一般用全部流动资产减去存货后的余额代替。由于速动资产不包括变现能力较差的存货项目，速动比率更能表明企业的变现能力以及短期偿债能力，所以往往更受到债权人的重视。一般来说，企业的速动比率应保持在100%左右为宜，当速动比率在100%左右时，表明企业有足够的能力来偿付短期债务。当然，应用这个标准时不可一概而论，而应结合企业的实际情况，并将它同流动比率结合起来进行综合比较分析。

3. 资产负债率

又称负债比率，是指负债总额占资产总额的比例。它是衡量企业利用债权人提供的资金进行经营活动的能力，以及债权人发放贷款的安全程度的重要指标。其计算公式为：

资产负债率＝全部负债总额/全部资产总额×100％

该比率说明企业的负债状况和债权的保障程度。该比率越低，表明资产对负债的保障程度就越高，债权人提供借款的安全程度就越大，企业举债经营的潜力也就越大；反之，如果该比率越大，表明资产对负债的保障程度就越低，债权人提供借款安全程度就越小，企业继续举债就会遇到困难。一般来说，该指标以不高于70％为宜，如果资产负债率大于100％，表明企业已资不抵债，已临近破产的警戒线。

（二）盈利能力分析指标

盈利能力是企业效率的终极表现，也是企业在市场竞争中立于不败之地的根本保证。反映企业盈利能力的指标一般越高越好。通常使用的比率主要有销售净利率、净资产收益率和每股收益等。

1. 销售净利率

销售净利率是净利润与销售收入的百分比。该指标反映每1元销售收入带来的利润的多少，表示销售收入的收益水平，计算公式为：

销售净利率＝净利润/销售收入×100％

从销售净利率的指标关系看，净利润与销售净利率呈正比关系，而销售收入与销售净利率呈反比关系。企业在增加销售收入的同时，必须相应地获得更多的净利润，才能使销售净利率保持不变或有所提高。通过分析销售净利率的升降变动，可以促进企业在扩大销售的同时，注意改进经营管理，提高盈利水平。

2. 净资产收益率

净资产收益率是净利润与净资产平均余额的百分比。该指标反映每1元净资产所取得的收益，是衡量所有者投资的获利能力的一项重要指标。计算公式为：

净资产收益率＝净利润/净资产平均余额×100％

该比率越大，表明企业所有者所享有的净利润越多，投资盈利水平越高，企业获利能力相应也越强；反之，则相反。

我国证监会对上市公司业绩的考核，主要依照净资产报酬率，特别是有关配股的规定，如净资产报酬率达到10％或某一水平，才允许配股。

3. 总资产报酬率

总资产报酬率是指企业的投资报酬与投资总额之间的比率。企业的投资报酬是指利息支出与税前利润之和，即息税前利润，投资总额为当期平均资产总额。该指标是以投资报酬为基础来分析企业盈利能力的财务指标。其计算公式为：

总资产报酬率＝(税前利润＋利息支出)/平均资产总额)×100％

＝息税前利润/平均资产总额×100％

总资产报酬率比值越高，说明资产盈利能力越强，资产利用效果越好。

4. 每股收益

每股收益指标一般指的是普通股每股收益，即每股普通股可享有的净利润额，它直观地反映了企业经营活动成果中投资者所可能取得的份额。其计算公式如下：

每股收益＝(净收益－优先股股利)/平均发行在外普通股股数

该比率不仅反映了企业的获利能力，也直接反映了股东的获利能力。在美国等发达的资本市场上，每股盈余已成为资本市场上非常重要的一项指标，它是影响股票价格的一个重要因素。在其他条件不变的前提下，该比率越大，表明企业的获利能力就越强，股票市价相应越高。这一指标成为股票市场比较企业业绩，股东比较各企业股票潜在价值的重要依据。

（三）营运能力分析指标

营运能力即资产的使用效率。资产使用效率的比率主要是指用来反映企业资产存量是否合理和资产使用效率高低的比率，主要有应收账款周转率、存货周转率和总资产周转率等。

1. 应收账款周转率

应收账款周转率是指企业一定期间的赊销收入净额与平均应收账款余额之间的比率。该比率用来衡量企业应收账款的流动速度，评价企业应收账款的管理效率。其计算公式如下：

应收账款周转率＝销售净额/应收账款平均余额

销售净额＝销售收入－现销收入－销售退回、折让和折扣

平均应收账款余额＝(期初应收账款＋期末应收账款)/2

应收账款周转率高，表明企业应收账款的变现速度快，坏账损失小，应收账款的催收工作做得好，管理效率高；反之，则情况相反。但过高的应收账款项而给予顾客过高的现金折扣，从而降低企业的盈利水平；或奉行严格的信用政策，付款条件过于苛刻，从而虽然降低了应收账款数额，但同时抑制了企业销售量的增加，影响了企业的销售收入，最终影响企业的盈利水平。通常所说的“三角债”或企业间的相互拖欠，体现在财务报表上，就是大量应收账款长期挂账，无法收回，这样的企业应收账款周转率一般偏低。

2. 存货周转率

存货周转率指企业一定期间的销货成本与平均存货之间的比率，该比率用来衡量企业的存货占用量是否合理以及销售能力的强弱。其计算公式为：

存货周转率＝销售成本/平均存货余额

存货周转率高，表明企业的销售能力强，存货占用量少；反之，存货周转率越低，则表明企业销售能力弱，存货占用量大。企业应尽可能提高存货周转率。

一般而言，该比率越高越好，表明企业存货管理越有效率，存货变现能力越强；存货周转率越高，存货积压的风险相对降低，资产使用效率也越高。但过高的周转率也可能表明该企业的存货管理水平过低，从而导致经常缺货并影响正常生产经营活动的进行；或由于采购次数过于频繁，每次订量过小而增加存货采购成本。存货周转率过低，往往表明存货管理不善，造成资金沉淀、销售不畅、存货积压。另外，对存货周转率分析评价还应考虑不同行业、不同经营方式等因素的影响。

3. 总资产周转率

总资产周转率是指销售收入与平均资产总额的比值。该指标反映全部资产的使用效率。其计算公式为：

总资产周转率＝销售收入/平均资产×100％

平均资产＝(年初资产＋年末资产)÷2

总资产周转率高，表明企业的全部资产的经营效率高，取得的收入多；周转率低，表明企业全部资产的经营效率低，取得的收入少，最终会影响企业的盈利能力。当然，这项比率还需与销售利润率等指标结合加以考察，因为较高的收入只是盈利的基础，企业能否获利、获利多少，最终还与销售利润率的高低等密切相关。

（四）发展能力分析指标

发展能力是企业在生存的基础上，扩大规模、壮大实力的潜在能力。分析发展能力主要考

察的指标有营业收入增长率、资本积累率、总资产增长率等。

1. 营业收入增长率

营业收入增长率是企业本年营业收入增长额与上年营业收入总额的比率，反映企业营业收入的增减变动情况。其计算公式为：

营业收入增长率＝本年营业收入增长额/上年营业收入总额×100％

本年营业收入增长额＝本年营业收入总额－上年营业收入总额

该指标若大于0，表明企业本年营业收入有所增长，指标值越高，表明增长速度越快，企业市场前景越好；若该指标小于0，则说明产品或服务不适销对路、质次价高，或是在售后服务等方面存在问题，市场份额萎缩。该指标在实际操作时，应结合企业历年的营业收入水平、企业市场占有情况、行业未来发展及其他影响企业发展的潜在因素进行前瞻性预测，或者结合企业前三年的营业收入增长率作出趋势性分析判断。

2. 资本积累率

资本积累率是企业本年所有者权益增长额与年初所有者权益的比率，反映企业当年资本的积累能力。其计算公式为：

资本积累率＝本年所有者权益增长额/年初所有者权益×100％

资本积累率越高，表明企业的资本积累越多，应对风险、持续发展的能力越强。

3. 总资产增长率

总资产增长率是企业本年总资产增长额同年初资产总额的比率，反映企业本期资产规模的增长情况。其计算公式为：

总资产增长率＝本年总资产增长额/年初资产总额×100％

本年总资产增长额＝资产总额年末数－资产总额年初数

总资产增长率是从企业资产总量扩张方面衡量企业的发展能力，表明企业规模增长水平对企业发展后劲的影响。该指标越高，表明企业一定时期内资产经营规模扩张的速度越快。但在实际分析时，应注意考虑资产规模扩张质和量的关系，以及企业的后续发展能力，避免资产盲目扩张。

上面仅仅介绍了财务比率分析的主要财务指标。实际上，财务分析要联系企业的发展趋势、同行业数据、社会平均水平等多种因素来考虑。如果能将非财务分析如技术分析、宏观政策分析等与财务指标相结合，财务分析就更有意义。

【复习思考题】

1. 什么是财务报告？我国企业财务报告体系是怎样的？
2. 财务报告的编制有哪些要求？
3. 什么是资产负债表？它有什么作用？
4. 我国资产负债表采用何种格式？资产负债表各项目是按照什么顺序排列的？
5. 资产负债表各项目如何填列？
6. 什么是利润表？我国的利润表采用什么格式？各项目如何填列？
7. 什么是现金流量表？现金流量表的结构是怎样的？
8. 所有者权益变动表包括哪些项目？
9. 反映企业的偿债能力、盈利能力、营运能力和发展能力的财务指标各有哪些？如何计算？

【练习题】

习题一

【目的】 练习资产负债表部分项目期末数的填列。

【资料】 N公司2016年6月末有关总账账户、N公司2016年6月末账户余额明细账账户的余额见表9—12所示。

表9—12 N公司2016年6月末账户余额

账户		期末余额		账户		期末余额	
总账	明细账	借方	贷方	总账	明细账	借方	贷方
库存现金		6 600		库存商品		210 000	
银行存款		272 000		固定资产		9 351 900	
应收账款		50 000		累计折旧			1 869 600
	华源公司	65 000		应付账款			41 500
	雨顺公司		15 000		苍生公司	22 000	
坏账准备			1 000		九龙公司		63 500
预付账款		58 000		预收账款		85 000	
	凤凰公司	88 000			广泰公司	85 000	
	格里公司		30 000	本年利润			153 000
在途物资		20 000		利润分配		23 000	
原材料		170 000		生产成本		20 000	

【要求】 根据以上资料，计算N公司2016年6月资产负债表中的下列项目的"期末数"：

(1)货币资金，(2)应收账款，(3)预付账款，(4)存货，(5)固定资产，(6)应付账款，(7)预收账款，(8)未分配利润。

习题二

【目的】 练习利润表的编制。

【资料】 M制药公司2016年1～6月有关账户资料如表9—13所示。

表9—13 M制药公司2016年1～6月损益类账户资料 单位：元

账户	1～5月份累计	6月份
主营业务收入	1 160 340	250 000
主营业务成本	849 110	185 090
营业税金及附加	28 000	4 800
其他业务收入	0	30 000
其他业务成本	0	21 000
销售费用	47 680	8 000
管理费用	37 500	7 000

续表

账　户	1～5 月份累计	6 月份
财务费用	7 500	1 600
营业外收入	10 000	3 000
投资收益	1 570	0
营业外支出	36 620	6 190
所得税费用	41 125	12 330
其他综合收益	40 000	6 000

【要求】 根据以上资料，编制 M 制药公司 2016 年上半年的利润表。

第十章　账务处理程序

【学习要求】

1. 理解会计循环的概念，会计循环的过程与步骤；
2. 了解账务处理程序及其种类；
3. 掌握记账凭证账务处理程序和方法；
4. 掌握科目汇总表账务处理程序；
5. 掌握汇总记账凭证账务处理程序；
6. 了解日记总账账务处理程序；
7. 了解多栏式日记账账务处理程序；
8. 了解会计电算化核算形式。

【专业术语】

会计循环(Accounting cycle)
账务处理程序(Accounting process)
调整后试算表(Adjusted balance)
记账凭证核算形式(Accounting voucher format)
科目汇总表核算形式(Categorised accounts summary format)
汇总记账凭证核算形式(Summarized voucher format)
汇总收款凭证(Summarized receipt voucher)
汇总付款凭证(Summarized payment voucher)
汇总转账凭证(Summarized transfer voucher)
日记总账核算形式(Combined journal and ledger format)
多栏式日记账核算形式(Columnar journal format)
会计电算化(Accounting computerisation)

第一节 账务处理程序概述

一、会计循环及其步骤

（一）会计循环

在会计实践中，要将各单位复杂繁多的经济业务，整理简化成财务会计报告，必须经过一个包括多个步骤的规范程序。在一个会计期间内，会计人员所进行的会计工作都是比较固定的，可划分为依次继起的几个步骤。下一个会计期间开始以后，又重复进行前一个会计期间的那些工作步骤。

所谓会计循环，就是指会计主体在一定会计期间内，对日常发生的各种经济业务，从分析经济业务起直至提供财务会计信息为止，这一全过程的工作程序循环往复地进行。科学地进行会计循环，其意义主要在于：

1. 有利于提高会计信息的质量

各单位的经济业务不仅量大，而且复杂、具体，只有建立正常的会计工作次序，才能把既庞大又理不清头绪的经济业务信息加工成对各个会计信息使用者经营决策有用的会计信息。

2. 有利于加强各单位的内部管理

只有科学地进行会计循环，各单位的管理者才能及时了解单位的真实财务状况，才能及时发现单位的财务问题产生于何处，并采取有效的措施加以防范或解决。

3. 符合国家的会计政策与法规，有利于国家的宏观调控

各单位的经济活动虽然被人为地分为一个个会计期间，但其连贯性是不可分开的，会计资料也要求前后衔接，前后可比。只有科学地进行会计循环，才能提供具有可比价值的资料，有利于国家制定相关的政策、法规。

（二）会计循环的步骤

1. 对经济业务进行分析，编制记账凭证

取得反映经济业务的原始凭证，并对其进行分析、审核，确认所记录的经济业务真实、合理、合法后，运用复式记账法，判断所应记入的账户名称，作出会计分录。会计分录的编制，即是会计确认的过程。实际工作中，会计分录的编制是通过填写记账凭证进行的。

2. 登记账簿

会计人员对记账凭证复核后，将其记录的经济业务分别过入日记账、明细分类账和总分类账。日记账和明细分类账，一般按照经济业务发生的时间顺序逐日逐笔登记；总账既可以逐日逐笔登记，也可以定期编制记账凭证汇总表而汇总登记。登记总分类账簿方法的不同，也就决定了企业不同的会计核算形式。日记账、明细账和总账的编制基础都是已经复核的记账凭证，明细账和总账要进行平行登记，保证两者数字相符。

3. 编制调整前试算平衡表

登记账簿后，应根据总账的记录结果，编制调整前本期发生额和余额表（试算平衡表），试算总分类账各账户的借方发生额之和与贷方发生额之和，借方余额和贷方余额之和是否相等。试算平衡表能够发现影响借贷平衡的错误，如过账方向或数字发生错误等，但不能发现不影响借贷平衡的错误，如重复编制会计分录或重复过账、遗漏会计分录或遗漏过账等。所以，会计

人员对不影响借贷平衡的错误，在日常会计工作中应特别严谨。

4. 按照权责发生制的要求，编制调整分录并据以过账

调整分录是在期末结账前，按照权责发生制原则、会计分期假设、收入与费用相配比原则等的要求，对有关账户内容进行调整所做的会计分录，包括对预付费用的摊销、应计费用的预提，以及应计收入和预收收入的调整等。编制调整分录的目的，是为了正确地反映一定会计期间的收入和费用，合理地确定当期的财务成果。

5. 编制账项结转分录

编制调整分录并据以登账以后，还要结转各种收入和成本、费用账户，将计算确定本期利润的会计分录过入总分类账和有关明细分类账，将利润分配分录过入总分类账和明细分类账，最后结平损益类各有关账户。然后，按期结账，凡属资产、负债、所有者权益的账户，一般都应结出期末余额，同时结转至下期，作为下期的期初余额。

6. 根据全部账户数据资料，编制结账后试算平衡表

期末，会计人员还可以在结账后、编制会计报表前，编制结账后的各账户本期发生额和余额表，以及有关明细分类账户的本期发生额和余额表（试算平衡表），检查账项结转的正确性。

7. 编制会计报表

根据结账后的各账户余额或结账后的试算平衡表编制各种会计报表，包括资产负债表、利润表和现金流量表等会计报表。

需要说明的是，上述七个步骤是会计循环通用的一般程序。可以说，一个企业的会计循环至少包括上述七个基本步骤。具体见图 10—1 所示。

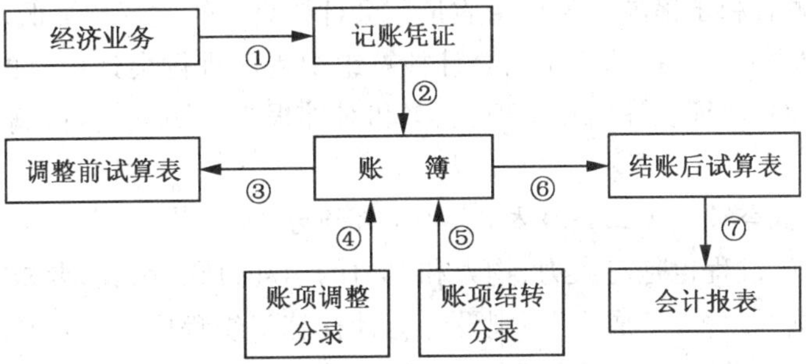

图 10—1　会计循环过程示意图

在会计循环的过程中，任何会计主体要核算和监督所发生的经济业务，都应采用合适的账务处理程序。

二、账务处理程序及意义

所谓账务处理程序，也称为核算组织程序或会计核算形式，它是指在会计循环中，以账簿组织为核心建立的核算组织形式，即会计主体将会计凭证、账簿组织、会计报表与记账方法、记账程序有机结合的工作流程和方法。

会计凭证、会计账簿和会计报表是会计用以记录和储存会计信息的重要载体。在实务中所使用的会计凭证（特别是其中的记账凭证）、会计账簿和会计报表种类繁多，格式也各不相同。一个特定的会计主体应当根据选定的业务处理程序和方法，选择一定种类和格式的会计凭证（特别是其中的记账凭证）、会计账簿和会计报表。这就决定了不同的会计主体，所采用的

会计凭证、会计账簿和会计报表的种类及格式也有所不同。因而，对其所发生的经济业务如何进行具体处理，特别是如何在有关的总分类账户中进行登记，有着不同的做法。也就是说，即使对同样内容的经济业务进行账务处理，由于所采用的会计凭证、会计账簿和会计报表的种类与格式不同，采用不同记账程序的会计主体也有着截然不同的方法，也就会形成在做法上各不相同的账务处理程序。这个程序在不同的会计主体是采用不同的组织方法来完成的。

不同的会计主体因为业务性质的不一样，组织规模有大小之分，经济业务也有繁简之别，所以它们需要设置的凭证、账簿的格式和种类，需要编制的会计报表也不尽相同。它们都应当根据各自的实际情况和具体条件，把凭证、账簿、报表合理地组织起来，设计并实施适应本单位经济业务特点的账务处理程序。

确定科学合理的会计核算组织程序，对于保证能够准确、及时地提供系统而完整的会计信息，具有十分重要的意义，也是会计部门和会计人员的一项重要工作。

（一）有利于规范会计核算组织工作，便于会计人员合理分工

会计核算工作是需要会计部门和各类会计人员之间密切配合的有机系统，只有建立了科学合理的会计核算组织程序，形成规范的会计核算工作秩序，会计机构及其会计人员在进行会计核算的过程中才能做到有序可循，按照不同的责任分工，有条不紊地处理好各个环节中的会计核算工作内容。

（二）有利于保证会计核算工作质量，提高会计工作效率

在进行会计核算的过程中，保证会计核算工作的质量是对会计工作的基本要求。建立起科学合理的会计核算组织程序，形成加工和整理会计信息的正常机制，是提高会计核算工作质量的重要保障，同时有利于提高会计信息质量。会计核算工作效率的高低，直接关系到提供会计信息的及时性和相关性。按照既定的会计核算组织程序进行会计信息的处理，将会大大提高会计核算工作效率，保证会计信息整理、加工和对外报告的顺利进行，满足会计信息质量的及时性要求。

（三）有利于降低会计核算工作成本，节省人力物力

组织会计核算的过程也是对人力、物力和财力的消耗过程，因此，要求会计核算本身也要讲求经济效益，根据“效益大于成本”原则设计会计核算组织程序。会计核算组织程序安排得科学合理，选用的会计凭证、会计账簿和会计报表种类适当、格式适用、数量适中，在一定程度上也能够降低会计核算工作的成本，节约会计核算方面的支出。

三、账务处理程序设计原则

（一）从会计主体的实际情况出发

充分考虑本会计主体经济活动的性质、经济管理的特点、规模的大小、经济业务的繁简以及会计机构及其会计人员的设置等相关因素，使会计账务处理程序与本单位会计核算工作的需要相适应。一般而言，在经济活动内容比较庞杂、规模比较大、经济业务繁多的企业，其账务处理程序相对比较复杂，反之则比较简单。

（二）要保证满足会计核算信息使用者的需要

确定账务处理程序的目的是要保证能够准确、及时和完整地提供系统而完备的会计信息资料，以满足会计信息使用者了解会计信息并据以作出经济决策的需要。因而，会计核算组织程序应以保证会计信息质量为根本立足点。

(三)要力求降低会计核算成本

在满足会计核算工作需要、保证会计核算工作质量、提高会计核算工作效率的前提下，力求简化会计核算手续，节省会计核算时间，降低会计核算成本。

(四)应有利于建立会计工作岗位责任制

设计会计核算组织程序，应有利于会计部门及其会计人员的分工与合作，有利于明确各会计人员工作岗位的职责，并应有利于不同程序之间的相互牵制，使各个处理环节分工明确，责任清楚，约束力强。

以上各项是建立账务处理程序的基本要求，但在实际工作中，由于各个会计主体的具体情况不同，账务处理程序也不可能完全相同。

四、账务处理程序的类型

不同的账务处理程序的主要区别在于登记总分类账的依据和方法不同。按照登记总分类账的依据和方法不同将账务处理程序分为以下几种类型：记账凭证账务处理程序、汇总记账凭证账务处理程序、科目汇总表账务处理程序、多栏式日记账账务处理程序和日记总账账务处理程序等。我国企业采用前三种的账务处理程序居多。

而西方一些国家普遍采用通用日记账会计核算形式，与前述会计核算形式相比，这种核算形式的最大特点是不需要编制记账凭证，而是根据原始凭证或者汇总原始凭证直接登记通用日记账，然后再根据日记账的记录登记分类账。

各种账务处理程序既有共同点，又有各自的特点。

第二节　记账凭证账务处理程序

一、记账凭证账务处理程序含义

记账凭证账务处理程序是直接根据各种记账凭证逐笔登记总分类账的一种账务处理程序，它是最基本的账务处理程序，也是其他账务处理程序的基础。

二、记账凭证账务处理程序下记账凭证和账簿设置

采用记账凭证账务处理程序，设置的记账凭证可采用通用记账凭证，也可以采用收款凭证、付款凭证和转账凭证。设置的账簿一般有：库存现金日记账、银行存款日记账、总分类账和明细分类账。库存现金日记账和银行存款日记账一般采用收、付、余三栏式的日记账簿；总分类账一般也采用借、贷、余三栏式，并按每一账户开设账页，根据业务量的大小，每一账户期初预留一部分账页；明细分类账则根据账户性质和管理的需求，采用三栏式、数量金额式或多栏式。

三、记账凭证账务处理程序的基本步骤

(1)根据原始凭证或原始凭证汇总表编制记账凭证；

(2)根据收款凭证、付款凭证逐笔登记库存现金日记账和银行存款日记账；

(3)根据原始凭证、原始凭证汇总表和记账凭证逐笔登记各种明细分类账；

(4)根据记账凭证逐笔登记总分类账；

(5)月终,库存现金日记账、银行存款日记账的余额以及各种明细分类账的余额合计数,应分别与总分类账中有关账户的余额核对相符;

(6)月终,根据核对无误的总分类账和明细分类账的记录编制会计报表。

记账凭证账务处理程序的基本步骤如图10—2所示。

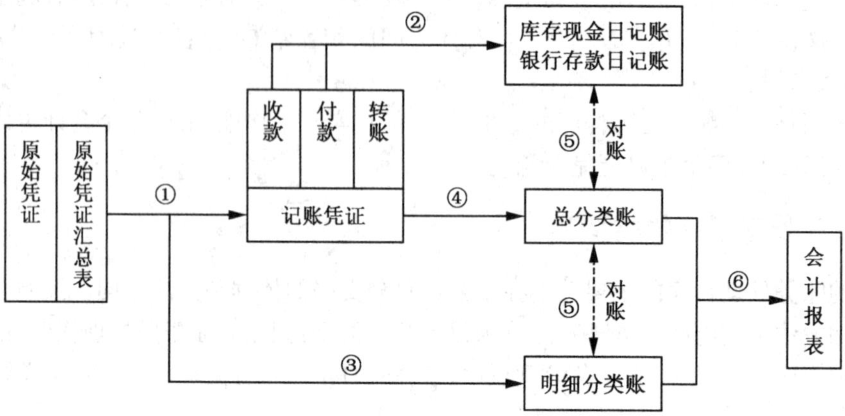

图10—2 记账凭证账务处理程序示意图

四、记账凭证账务处理程序的适用范围

记账凭证核算形式的特点是根据记账凭证逐笔地登记总分类账,因而容易理解,便于掌握。但是,当企业经济业务量大、繁杂时,逐笔登记总分类账会增加登记总账的工作量,而且容易产生预留账页多少难以把握和过账错误等问题。这种账务处理程序一般只适用于规模小、业务量少、凭证不多的单位。

第三节 汇总记账凭证账务处理程序

一、汇总记账凭证账务处理程序的含义

汇总记账凭证账务处理程序是定期将所有记账凭证汇总编制成汇总记账凭证,然后再根据汇总记账凭证登记总分类账的账务处理程序。汇总记账凭证账务处理程序的主要特点是根据记账凭证分类编制汇总收款凭证、汇总付款凭证和汇总转账凭证,并以此作为登记总分类账的依据。这种账务处理程序可以将日常发生的大量记账凭证分散在平时整理,通过汇总归类,月末时一次登记总分类账。

二、汇总记账凭证账务处理程序下的凭证和账簿设置

采用汇总记账凭证账务处理程序,仍然设置收款、付款、转账凭证或通用记账凭证,同时增设汇总收款凭证、汇总付款凭证、汇总转账凭证或通用汇总记账凭证。日记账、明细账、总分类账与前记账凭证账务处理程序相同。

三、汇总记账凭证的编制方法

汇总记账凭证分为汇总收款凭证、汇总付款凭证和汇总转账凭证。

汇总收款凭证是按日常核算工作中所填制的专用记账凭证中的收款凭证上会计分录的借方科目设置汇总收款凭证，按分录中相应的贷方科目定期(如每5天或10天等)进行汇总，每月编制一张。汇总时计算出每一个贷方科目发生额合计数，填入汇总收款凭证的相应栏次。

汇总收款凭证是根据专用记账凭证中的收款凭证汇总编制而成的。在编制汇总收款凭证时，首先应确定是以记账凭证上的哪一个会计科目为主进行汇总。由于收款凭证上反映的是收款业务，因而必须围绕反映货币资金收入的会计科目("库存现金"或"银行存款"等)进行汇总。在借贷记账法下，这些科目的增加又应在借方登记。因而，编制汇总收款凭证时要求按借方科目设置，实际上就是要求按"库存现金"或"银行存款"设置汇总记账凭证上的主体科目，以其为主进行汇总。

汇总付款凭证是根据一定时期的全部付款凭证，按期汇总编制而成的。付款凭证是按贷方科目设置的，汇总付款凭证也按贷方库存现金和银行存款科目设置，按其相对应的借方科目加以归类，定期汇总，按期编制。月末时，结算出汇总付款凭证中各借方科目的合计数，作为登记总分类账的依据。因此，按月编制汇总付款凭证时，只需编制一张库存现金汇总付款凭证和一张银行存款汇总付款凭证就可概括所有的付款凭证。

汇总转账凭证是根据一定时期的全部转账凭证，按期汇总编制而成的。转账凭证的借、贷方科目均无规律性，为避免混乱，规定汇总转账凭证一律按转账凭证的贷方科目分别设置，按与设置科目相对应的借方科目加以归类，定期汇总，按期编制。因此，汇总转账凭证只能按照一借一贷或多借一贷的转账凭证编制，而不能相反。

为了简化会计核算，如在一个会计期间，某一贷方科目的转账凭证不多，可以直接根据转账凭证登记总分类账，如："累计折旧"账户通常每月只有一张转账凭证或汇总原始凭证，自制原始凭证已按贷方科目设置，也可以不编制汇总转账凭证，直接根据转账凭证登记总分类账。

【例10—1】 某企业201×年11月根据银行存款收款凭证和付款凭证编制的汇总记账凭证如表10—1、表10—2、表10—3所示。

表10—1　　**汇总收款凭证**

借方科目：银行存款　　201×年11月　　汇收字第01号

贷方科目	金额				总账页数	
	(1)	(2)	(3)	合计	借方	贷方
主营业务收入	10 000	30 000	60 000	100 000	(略)	(略)
应交税费	1 700	5 100	10 200	17 000		
应收账款		55 000		55 000		
其他货币资金			80 000	80 000		
合　计	11 700	90 100	150 200	252 000		
附注 (1)自1日至10日收款凭证，共1张 (2)自11日至20日收款凭证，共2张 (3)自21日至30日收款凭证，共2张						

会计　　主管　　记账　　复核　　制表

表 10—2 **汇总付款凭证**

贷方科目:银行存款 201×年 11 月 汇付字第 01 号

借方科目	金额				总账页数	
	(1)	(2)	(3)	合计	借方	贷方
应付账款	50 000	4 500		54 500	(略)	(略)
管理费用	7 000			7 000		
库存现金		3 000		3 000		
在途物资	40 000			40 000		
应交税费	6 800		18 000	24 800		
合　计	103 800	7 500	18 000	129 300		

附注
(1)自 1 日至 10 日付款凭证,共 3 张
(2)自 11 日至 20 日付款凭证,共 2 张
(3)自 21 日至 30 日付款凭证,共 1 张

会计　主管　记账　复核　制表

表 10—3 **汇总转账凭证**

贷方科目:原材料 201×年 11 月 汇转字第 01 号

借方科目	金额				总账页数	
	(1)	(2)	(3)	合计	借方	贷方
生产成本	23 000		11 000	34 000	(略)	(略)
制造费用		17 000		17 000		
合　计	23 000	17 000	11 000	51 000		

附注
(1)自 1 日至 10 日转账凭证,共 6 张
(2)自 11 日至 20 日付款凭证,共 4 张
(3)自 21 日至 30 日付款凭证,共 2 张

会计　主管　记账　复核　制表

根据以上银行存款汇总收款凭证、汇总付款凭证登记银行存款总分类账如表 10—4 所示。

表 10—4 **总分类账**

会计科目:银行存款 第 11 页

201×年		凭证号数	摘　要	对应账户	借方	贷方	借或贷	余额
月	日							
11	1		期初余额				借	185 000
	30	汇收01		主营业务收入	100 000			
	30	汇收01		应交税费	17 000			
	30	汇收01		应收账款	55 000			
	30	汇收01		其他货币资金	80 000			

续表

201×年		凭证号数	摘　要	对应账户	借方	贷方	借或贷	余额
月	日							
	30	汇付01		应付账款		54 500		
	30	汇付01		管理费用		7 000		
	30	汇付01		库存现金		3 000		
	30	汇付01		在途物资		40 000		
	30	汇付01		应交税费		24 800		
11	30		本月发生额及余额		252 000	129 300	借	307 700

四、汇总记账凭证账务处理程序的基本步骤

(1)根据原始凭证或原始凭证汇总表编制记账凭证；

(2)根据收、付款凭证逐笔登记库存现金日记账和银行存款日记账；

(3)根据原始凭证、原始凭证汇总表和记账凭证登记各种明细分类账；

(4)根据各种记账凭证定期汇总编制汇总收款凭证、汇总付款凭证、汇总转账凭证；

(5)根据各种汇总记账凭证登记总分类账；

(6)月终，将库存现金日记账、银行存款日记账的余额以及各种明细分类账的余额合计数，分别与有关总分类账的余额核对相符；

(7)月终，根据核对无误的总分类账和明细分类账的资料编制会计报表。

汇总记账凭证核算形式的账务处理程序的基本内容如图 10—3 所示。

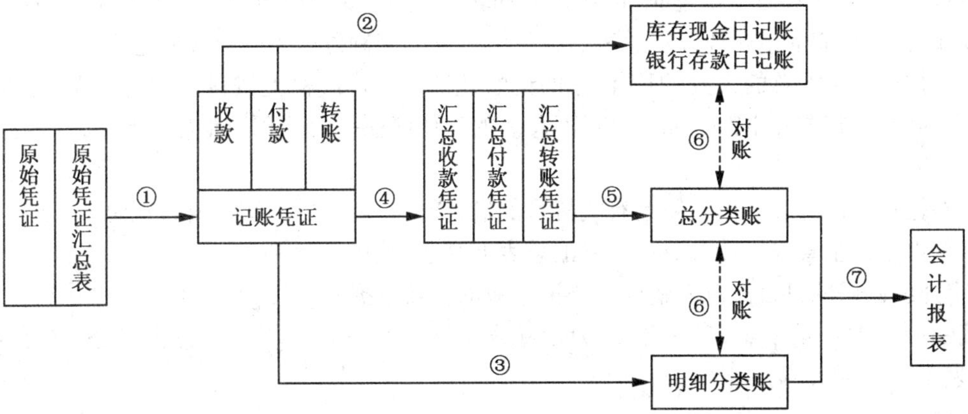

图 10—3　汇总记账凭证账务处理程序示意图

五、汇总记账凭证账务处理程序的适用范围

汇总记账凭证账务处理程序的优点是在各种汇总记账凭证中都反映了账户的对应关系；减轻登记总账的工作量，为及时编制会计报表提供方便。汇总记账凭证是按照科目对应关系汇总编制的，能够明确地反映账户之间的对应关系，便于日常分析、检查经济活动的发生情况。

但是,汇总转账凭证按每一贷方科目归类汇总,不考虑经济业务的性质,不利于会计核算工作的分工,而且编制汇总记账凭证的工作量也较大。这种核算形式主要适用于规模较大、业务较多的企业。

第四节 科目汇总表账务处理程序

一、科目汇总表账务处理程序含义

科目汇总表账务处理程序是定期将所有记账凭证汇总编制成科目汇总表,再根据科目汇总表登记总分类账的账务处理程序。

科目汇总表账务处理程序是从记账凭证账务处理程序发展而来的,它的特点是根据科目汇总表登记总分类账。

二、科目汇总表账务处理程序下的凭证与账簿设置

采用科目汇总表账务处理程序,仍然需要设置收、付、转三种记账凭证或通用记账凭证,还需设置科目汇总表.科目汇总表是根据记账凭证编制的全部汇总记账凭证。记账凭证以采用专用记账凭证为好,以便分别归类汇总借方科目和贷方科目的本期发生额,而且不容易发生差错。库存现金日记账、银行存款日记账和总分类账、明细分类账的设置与记账凭证账务处理程序相同。

三、科目汇总表的编制方法

科目汇总表是根据收款凭证、付款凭证和转账凭证,按照相同会计科目归类,定期(10 天或 15 天)汇总填制的记账凭证汇总表。科目汇总表的编制分以下三个步骤进行:

(1)按照要求汇总的天数,把需汇总的记账凭证在工作底稿上按科目进行汇总,分别计算各科目的借方、贷方发生额之和。科目汇总表的工作底稿一般采用酷似"T"形账户的形式,但并不是"T"形账户。

(2)把科目汇总表工作底稿上有关科目的借、贷方发生额之和填入科目汇总表。

(3)由会计主管或经办人员在科目汇总表上签字、盖章。

上述编制好的科目汇总表就成了登记总账的直接依据。

【例 10－2】 某企业 201×年 10 月上旬发生下列经济业务,在记账凭证上编制的会计分录如表 10－5 所示。

表 10－5　　某企业 201×年 10 月上旬记账凭证

银收1			银付1		
借:银行存款	500 000		借:在途物资	20 000	
贷:短期借款		500 000	应交税费	3 400	
			贷:银行存款		23 400

续表

转1 借:制造费用 2 000 贷:原材料 2 000	转2 借:生产成本 60 000 管理费用 1 000 贷:原材料 61 000
转3 借:生产成本 15 000 贷:制造费用 15 000	银收2 借:银行存款 14 040 贷:主营业务收入 12 000 应交税费 2 040
银付2 借:库存现金 30 000 贷:银行存款 30 000	转4 借:应收账款 93 600 贷:主营业务收入 80 000 应交税费 13 600
银付3 借:销售费用 10 000 贷:银行存款 10 000	银付4 借:财务费用 7 500 贷:银行存款 7 500
银付5 借:管理费用 3 000 贷:银行存款 3 000	银收3 借:银行存款 90 000 贷:应收账款 90 000

将以上记账凭证分别按借、贷发生额进行汇总时，编制科目汇总表工作底稿，如表10—6所示。

表10—6　　科目汇总表工作底稿

库存现金

银付2	30 000		
合计	30 000	合计	0

在途物资

银付1	20 000		
合计	20 000	合计	0

应收账款

转4	93 600	银收3	90 000
合计	93 600	合计	90 000

原材料

转1	2 000	转2	61 000
合计	0	合计	63 000

银行存款

银收1	500 000	银付1	23 400
银收2	14 040	银付2	30 000
银收3	90 000	银付3	10 000
		银付4	7 500
		银付5	3 000
合计	604 040	合计	73 900

生产成本

转2	60 000		
转3	15 000		
合计	75 000	合计	0

制造费用

转1	2 000	转3	15 000
合计	2 000	合计	15 000

续表

应交税费

银付1	3 400	银收2	2 040
		转4	13 600
合计	3 400	合计	15 640

短期借款

		银收1	500 000
合计	0	合计	500 000

管理费用

转2	1 000		
银付5	3 000		
合计	4 000	合计	0

财务费用

银付4	7 500		
合计	7 500	合计	0

销售费用

银付3	10 000		
合计	10 000	合计	0

主营业务收入

		银收2	12 000
		转4	80 000
合计	0	合计	92 000

根据表10—6的汇总结果，编制企业201×年10月上旬的科目汇总表，如表10—7所示。

表10—7 科目汇总表

201×年10月1日至10日 第01号

会计科目	总账页数	本期发生额		记账凭证起止号数
		借方	贷方	
库存现金	（略）	30 000	0	（略）
银行存款		604 040	73 900	
应收账款		93 600	90 000	
在途物资		20 000	0	
原材料		0	63 000	
短期借款		0	500 000	
应交税费		3 400	15 640	
制造费用		2 000	15 000	
生产成本		75 000	0	
主营业务收入		0	92 000	
销售费用		10 000	0	
管理费用		4 000	0	
财务费用		7 500	0	
合　计		849 540	849 540	

会计　　主管　　记账　　复核　　制表

根据科目汇总表登记银行存款总分类账如表10—8所示，其余总分类账的登记以此类推。

表 10—8　　　　总分类账

会计科目:银行存款　　　　第　页

201×年		凭证号数	摘　要	借方	贷方	借或贷	余额
月	日						
10	1		月初余额			借	100 000
	10	科汇01	1—10日发生额	604 040	73 900		
10	31		本月发生额及余额	905 000	756 200	借	248 800

四、科目汇总表账务处理程序的基本步骤

(1)根据原始凭证或原始凭证汇总表编制记账凭证;

(2)根据收、付款凭证逐笔登记库存现金日记账和银行存款日记账;

(3)根据原始凭证、原始凭证汇总表和记账凭证登记明细分类账;

(4)根据各种记账凭证定期汇总填制科目汇总表;

(5)根据科目汇总表登记总分类账;

(6)月终,将库存现金日记账、银行存款日记账的余额及各明细分类账的余额合计数,分别与总分类账中有关账户的余额核对相符;

(7)月终,根据核对无误的总分类账和明细分类账记录编制会计报表。

科目汇总表核算形式的账务处理程序的基本内容如图 10—4 所示。

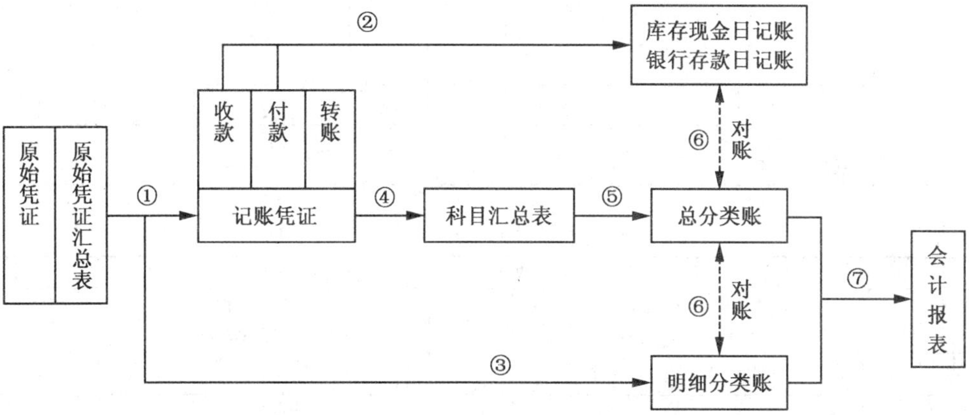

图 10—4　科目汇总表账务处理程序示意图

五、科目汇总表账务处理程序的适用范围

科目汇总表账务处理程序可以减少登记总分类账的工作量,手续也比较简便,而且科目汇总表还起着试算平衡的作用,在试算平衡的基础上登记总分类账,保证了总分类账登记的正确性。但是,按照科目编制的汇总表只反映各科目的借方本期发生额和贷方本期发生额,不能反

映各科目的对应关系及经济业务的来龙去脉，不便于分析、检查经济活动情况，不便于查对账目，而且编制科目汇总表的工作量比较大。这种账务处理程序一般适用于业务量较大、记账凭证较多的单位。我国工业企业大多数采用科目汇总表核算形式。

第五节　多栏式日记账账务处理程序

一、多栏式日记账账务处理程序的含义

多栏式日记账账务处理程序是设置多栏式库存现金和银行存款日记账，并据以登记总分类账。其要求现金日记账和银行存款日记账都采用多栏式；期末，分别根据库存现金日记账、银行存款日记账各专栏的合计数，登记总分类账；转账业务，根据转账凭证或转账凭证科目汇总表登记总分类账。

二、多栏式日记账账务处理程序下的凭证与账簿设置

多栏式日记账核算形式下，记账凭证仍然采用收款、付款、转账凭证，或通用记账凭证。现金日记账、银行存款日记账采用多栏式，见表 10－9、表 10－10 所示。此外，还需设置转账凭证科目汇总表，用来据以登记总分类账。明细分类账仍然采用三栏式、数量金额式、多栏式等。

表 10－9　　多栏式库存现金日记账

年		凭证		摘要	收入				支出					余额
月	日	字	号		银行存款	其他应收款	……	合计	在途物资	应付职工薪酬	管理费用	……	合计	
				本月发生额及月末余额										

表 10－10　　多栏式银行存款日记账

年		凭证		摘要	收入				支出				余额
月	日	字	号		应收账款	主营业务收入	……	合计	库存现金	在途物资	……	合计	
				本月发生额及月末余额									

三、多栏式日记账账务处理程序的基本步骤

(1)根据原始凭证或原始凭证汇总表编制记账凭证；

(2)根据收款、付款凭证登记库存现金日记账和银行存款日记账(多栏式);

(3)根据原始凭证、原始凭证汇总表和记账凭证登记各种明细分类账;

(4)如转账凭证较多,可根据转账凭证定期编制转账凭证科目汇总表;

(5)月终,根据多栏式库存现金日记账、多栏式银行存款日记账各专栏合计数和转账凭证科目汇总表登记总分类账;

(6)月终,将总分类账与明细分类账核对相符;

(7)月终,根据核对无误的总账和各种明细分类账记录编制会计报表。

需要注意的是,将多栏式银行存款日记账各专栏本月合计数过入总账时,库存现金这一专栏的合计数不应据以过入库存现金总账。因为库存现金总账已根据多栏式的库存现金日记账的合计数进行了登记,再登记就会造成重复。同理,也不可根据多栏式库存现金日记账中银行存款专栏合计中银行存款专栏合计数登入银行存款总账,以免重复登账。

多栏式日记账账务处理程序如图 10—5 所示。

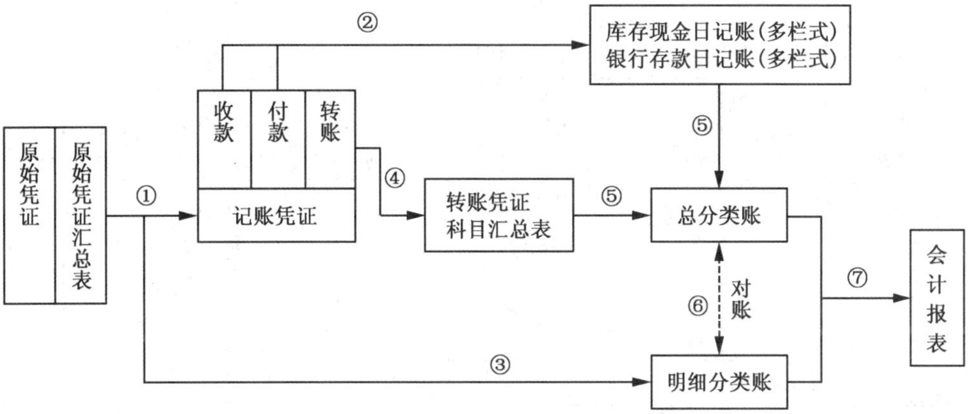

图 10—5　多栏式日记账账务处理程序示意图

四、多栏式日记账账务处理程序适用范围

多栏式日记账账务处理程序采用多栏式日记账,既解决了分类汇总,保持反映账户间的对应关系,又节省了汇总的程序和时间,方便财会机构内部分工操作。但是多栏式日记账账务处理程序登记总账的是根据多栏式日记账而不是会计凭证,没有按平行登记的要求记账,破坏了总账与明细账之间的相互稽核作用关系。因此,账簿记录错误的查找要回到依据凭证登记日记账的环节。另外,多栏式反映了账户的对应关系,但限制了会计科目的数量,转账凭证科目汇总表仍然不能反映账户的对应关系。这种账务处理程序只适用于会计科目不多的单位。

第六节　日记总账账务处理程序

一、日记总账账务处理程序的含义

日记总账账务处理程序是设置一本将日记账和总分类账结合起来的联合账簿——日记总

账，并以所有经济业务编制的记账凭证为依据直接登记日记总账的账务处理程序。

日记总账账务处理程序的特点是根据记账凭证直接登记日记总账，把日记账和明细分类账结合起来，简化记账手续，便于检查记账的正确性。

二、日记总账账务处理程序下的凭证与账簿设置

日记总账核算形式要求设置收款、付款、转账凭证以及库存现金日记账和银行存款日记账。日记账采用三栏式。明细分类账也与前述记账凭证账务处理程序相同，根据具体情况设置三栏式、多栏式、数量金额式。总分类账采用日记总账形式，即以日记总账代替总分类账，日记总账的账页如表 10－11 所示。

在采用三栏式库存现金日记账和银行存款日记账的情况下，根据收、付款凭证及转账凭证逐日逐笔登记日记总账。将每一笔经济业务的发生额分别登记在同一行有关会计科目的借方栏和贷方栏内，同时，将其发生额登记在“发生额”栏内。月末结出各栏的合计数，计算各账户的余额。

表 10－11 日记总账

年		凭证		摘要	发生额	库存现金		银行存款		应收账款		其他应收款		在途物资		……	
月	日	字	号			借方	贷方	借方	贷方	借方	贷方	借方	贷方	借方	贷方	借方	贷方
				本月发生额													
				本月余额													

三、日记总账账务处理程序的基本步骤

(1)根据原始凭证或原始凭证汇总表编制记账凭证；

(2)根据收、付款凭证逐笔登记库存现金日记账和银行存款日记账；

(3)根据原始凭证、原始凭证汇总表和记账凭证登记各种明细分类账；

(4)根据各种记账凭证及库存现金日记账、银行存款日记账登记日记总账；

(5)月终，将库存现金日记账、银行存款日记账的余额以及各明细分类账的余额合计数与日记 总账的有关账户余额核对相符；

(6)月终，根据核对无误的日记总账和各种明细分类账记录编制会计报表。

日记总账账务处理程序的基本步骤如图 10－6 所示。

四、日记总账账务处理程序的适用范围

采用日记总账账务处理程序，会计科目全都集中在一张账页上，全月的经济业务按记账凭证逐日逐笔登记日记总账，可以反映每一笔经济业务所记录的账户对应关系，为检查分析经济业务提供了方便。但如果会计科目较多，日记总账的账页将为之加长，不便于登账，容易登错行次，也不便于会计人员分工。这种账务处理程序只适用于规模小、业务简单、使用会计科目

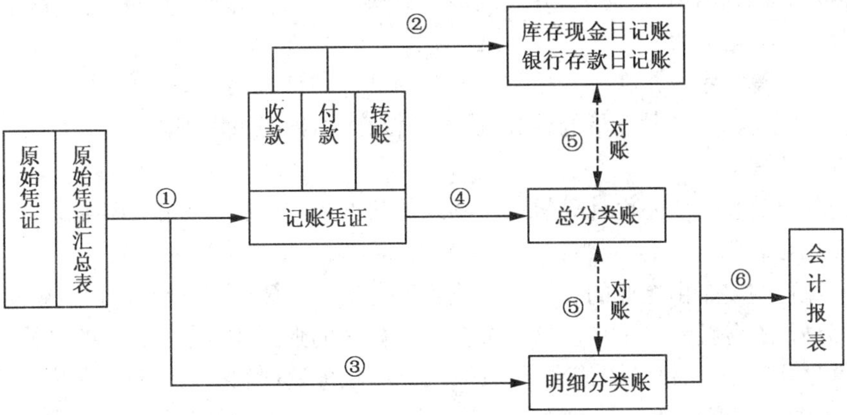

图 10－6　日记总账账务处理程序示意图

较少的单位。

第七节　会计电算化账务处理程序

一、会计电算化账务处理程序的特点

会计电算化是将以计算机为主的信息技术应用到会计的实际工作中，以计算机代替手工建账、记账、算账、报账，以及部分替代人脑完成对会计信息的分析、判断和处理，并参与经济活动辅助决策的过程。它的实施，不仅有效地减轻了会计人员的工作强度，而且促进了会计工作规范化，提高了会计工作质量。

由于会计电算化归根到底仍然是会计，因此它还具有手工会计的一般特点。比如说，它们的直接目标都是为相关的会计信息使用者提供对决策有用的会计信息，它们的最终目标都是为了提高经济利益；再比如，手工会计和会计电算化都要遵循基本的会计理论和会计方法，都要遵守会计法规和会计准则，都是运用复式借贷记账法的原理编制会计分录，记入账户，再进行排序、分类、计算、判断等加工处理，然后编制会计报表等。

然而，会计电算化也有它自己的独特性。从其使用的计算工具来看，会计电算化使用的是计算机和一些辅助设备；从其数据的载体来看，会计电算化是以磁性介质作为数据载体的；从其数据处理形式来看，会计电算化只需输入原始数据、填制会计凭证后，便可由计算机自动进行记账、转账、查账、生成报表等一系列会计职能的操作，并通过打印机按规定的格式和内容输出。

二、会计电算化账务处理形式

从会计工作的主要内容和计算机工作的特点来看，会计电算化的形式包括以下四个方面：

(一)账务处理电算化

账务处理电算化主要是运用计算机完成记账凭证或原始凭证的输入、汇总、复核、校对，产生总账、各级明细账和各种汇总表，并处理银行对账、数量核算、外币核算等内容。

（二）核算工作电算化

核算工作电算化主要是在各个单位已选择的会计估计和会计政策的基础上，进行工资的核算、固定资产的核算、各种存货的核算、成本的核算、销售的核算等内容。

（三）报表处理电算化

报表处理电算化主要是由计算机从已输入的数据和其他资料中自动生成。

（四）管理电算化

管理电算化主要是由企业的会计人员或管理者运用计算机进行财务计划、财务预算、财务预测、财务分析、财务控制等工作。这四种会计电算化的形式中，前一部分的电算化内容是后一部分电算化的基础，由浅到深依次进行的。其中，账务处理和报表电算化是财会工作基础的内容；核算工作的电算化可以大大提高财会工作的效率；管理的电算化是从财务管理的角度提出的会计工作的自动化。

三、会计电算化系统

会计电算化系统是利用计算机进行模块设计后，可以用计算机替代手工，处理部分或全部会计业务的会计信息系统，它是企业管理信息系统的一个子系统。按照会计职能的划分，会计电算化系统可以相应地分为会计核算子系统、会计管理子系统和决策支持子系统，每个子系统可分为几个功能模块，每个功能模块都有相对独立的功能。在这三个子系统中，会计核算子系统是基础，一般可分为账务处理、存货、往来账、工资、固定资产、成本、报表等模块，它们之间以账务处理模块为核心，以机制转账凭证为接口连接在一起，构成一个完整的会计电算化系统。

随着会计电算化的普及，会计软件快速发展，我国会计软件产业得以繁荣，先后出现了先锋、用友、金蝶、安易、浪潮等大型的会计软件公司。当前，会计软件正逐步向管理型软件发展，进入到了 ERP 阶段，不仅为企业财务管理服务，而且开始为企业整体战略提供服务。ERP 涵盖了整个企业管理的信息系统，实现了企业财务管理与业务管理的一体化。

【复习思考题】

1. 什么是会计循环？其有哪些步骤？
2. 什么是账务处理程序？设计账务处理程序应该遵循哪些原则？
3. 什么是记账凭证账务处理程序？有什么优缺点？
4. 如何编制汇总收款凭证、汇总付款凭证和汇总转账凭证？
5. 什么是科目汇总表账务处理程序？如何编制科目汇总表？
6. 不同账务处理程序的适用范围是怎样的？

【练习题】

【目的】 练习汇总收款凭证、汇总付款凭证和汇总转账凭证和科目汇总表的编制。

【资料】 假定某企业 201×月 7 月 1～10 日发生了以下经济业务：

(1)1日，收到 K 公司投资款200 000元，存入银行。

(2)1日，采购甲材料1吨，价款18 000元，增值税税率17%，货款未付。甲材料验收入库。

(3)2日，采购乙材料2吨，价款19 000元，增值税税率17%，货款用存款支付。乙材料验收入库。

(4)3日，采购丙材料1吨，价款26 000元，增值税税率17%，货款已用存款支付。丙材料验收入库。

(5)4日，销售产品50件，合计500 000元，增值税税率17%，货款存入银行。

(6)4日，收到L公司前欠货款70 200元，存入银行。

(7)5日，用银行存款支付前欠货款18 000元。

(8)5日，从银行提取现金20 000元备用。

(9)6日，销售产品2件，单价10 000元，合计20 000元，增值税税率17%，货款未收。

(10)6日，办公室购办公用品一批，用银行存款支付3 000元。

(11)7日，收到某公司包装物押金8 000元，款存银行。

(12)8日，生产产品领用甲材料，计14 000元。

(13)9日，管理部门领用乙材料，计3 000元

(14)10日，用银行存款支付广告费40 000元。

(15)10日，车间领用丙材料，计8 000元。

【要求】

(1)根据以上业务编制会计分录，并标明专用记账凭证的类型。

(2)根据记账凭证编制“银行存款”科目的汇总收款凭证、汇总付款凭证和“原材料”科目的汇总转账凭证(汇总记账凭证格式见表10—12、表 10—13、表 10—14)。

(3)编制科目汇总表(格式见表10—15)。

表 10—12 **汇总收款凭证**

借方科目:银行存款

贷方科目	金额				总账页数	
	(1)	(2)	(3)	合计	借方	贷方
合 计						

表 10—13 **汇总付款凭证**

贷方科目:银行存款

借方科目	金额				总账页数	
	(1)	(2)	(3)	合计	借方	贷方

续表

借方科目	金　额				总账页数	
	(1)	(2)	(3)	合计	借方	贷方
合　计						

表 10—14　　**汇总转账凭证**

贷方科目:原材料

借方科目	金　额				总账页数	
	(1)	(2)	(3)	合计	借方	贷方
合　计						

表 10—15　　**科目汇总表**

201×月 7 月 1 至 10 日

会计科目	借方金额	贷方金额	总账页数
合　计			

第十一章　会计规范体系

【学习要求】

1. 了解我国会计规范体系；
2. 了解国内主要的会计法律法规；
3. 了解会计准则的主要内容；
4. 掌握会计核算的基本假设；
5. 掌握会计信息质量要求的内容。

【专业术语】

会计准则(Accounting standards)
会计主体(Accounting entity)
货币计量(Currency accumulation)
一致性(Consistency)
重要性(Materiality)
会计假设(Accounting assumption)
持续经营(Going concern)
会计分期(Periodicity of accounting)
客观性(Objectivity)
稳健性(Conservatism)

第一节　我国会计规范体系

一、会计规范的含义及特征

所谓会计规范是指协调、统一会计处理过程中对不同处理方法作出合理选择的假设、原则、制度等的总和，它是会计行为的标准。会计规范的内容多种多样，所有会计规范的内容综合在一起，就构成了会计规范体系。

会计规范体系具有权威性、统一性、科学性和相对稳定性等特征。会计规范体系的权威性可以来自于会计规范的制定机关，如国家立法机关和行政机关，也可以来自社会的广泛支持；会计规范体系在一定的范围是统一的，适用对象是一定范围内的任何会计行为；会计规范体系的科学性是会计工作的内在规律和内在要求；会计规范体系在一定时期、一定客观环境下是相对稳定的,但不是一成不变的。会计规范体系的建立和发展是一个动态的演进过程。

二、我国会计规范体系的构成

从我国目前的实际情况来看,会计规范体系主要由以下几个方面构成。

(一)会计法律规范

会计法律规范包括与会计有关的法律和行政法规,是会计规范体系中最具有约束力的组成部分,它是调整经济活动中会计关系的法律规范的总称,是社会法律制度在会计方面的具体体现,是调节和控制会计行为的外在制约因素。我国目前与会计有关的法律主要是《会计法》《注册会计师法》及其他有关法律;与会计有关的行政法规主要是国务院颁布的各种条例,如《企业财务会计报告条例》《总会计师条例》等。

(二)会计准则与制度规范

法律和制度都是一种社会制度,一种合理安排。会计准则与制度规范是从技术角度对会计实务处理提出的要求、准则、方法和程序的总称。从广义来看,会计制度是指国家制定的会计方面所有规范的总称,包括会计核算制度、会计人员管理制度和会计工作管理制度等。但狭义的会计制度仅指会计核算制度。会计准则与制度规范主要是由财政部根据会计法律和行政规范制定并发布的各种会计准则、会计制度。

(三)会计职业道德规范

会计职业道德规范是从事会计工作的人员所应该遵守的具有本职业特征的道德准则和行为规范的总称,是对会计人员的一种主观心理素质的要求,控制和掌握着会计管理行为的方向和合理化程度。会计职业道德规范是一类比较特殊的会计规范,采用道德的形式对会计人员进行理性规范,促使会计人员确立正确的人生观、会计观,使其行为符合社会习俗和惯例。

(四)会计理论规范

理论是实践的总结,它来源于实践,反过来又指导实践,促进实践的发展,会计理论现已形成了比较完备的概念框架和结构。从一般意义上来看,整个成熟的会计理论都是会计规范体系的组成部分,包括会计目标、会计假设、会计要素、会计原则、会计处理程序和方法。它所要揭示和规定的,是会计系统内在的特性问题,确定会计管理行为所要遵循的内在要求,是引导会计管理行为科学化、有效化的重要标准。尽管会计理论规范是会计规范体系中重要的内容,但作为指导实践的规范而言,没有必要也不可能单独制定会计理论方面的规范,只能将其融入其他实务处理的规范中。如我国的《企业财务会计报告条例》和《企业会计制度》等都有各种会计理论的规范内容。

综上所述,我国会计规范体系由五个层次构成,具体如图 11－1 所示。

三、我国会计规范体系的具体内容

(一)会计法律

会计法律是指由全国人民代表大会及其常务委员会经过一定立法程序制定的有关会计工作的法律。会计法律是会计法律制度中层次最高的法律规范,是制定其他会计法规的依据,也是指导会计工作的最高准则。我国目前有两部会计法律,分别是第九届全国人民代表大会常务委员第十二次会议修订通过的《中华人民共和国会计法》(简称《会计法》)、第十二届全国人民代表大会第十次会议修订通过的《中华人民共和国注册会计师法》(简称《注册会计师法》)。

《会计法》是调整我国经济生活中会计关系的总规范,是会计法律制度中层次最高的法律

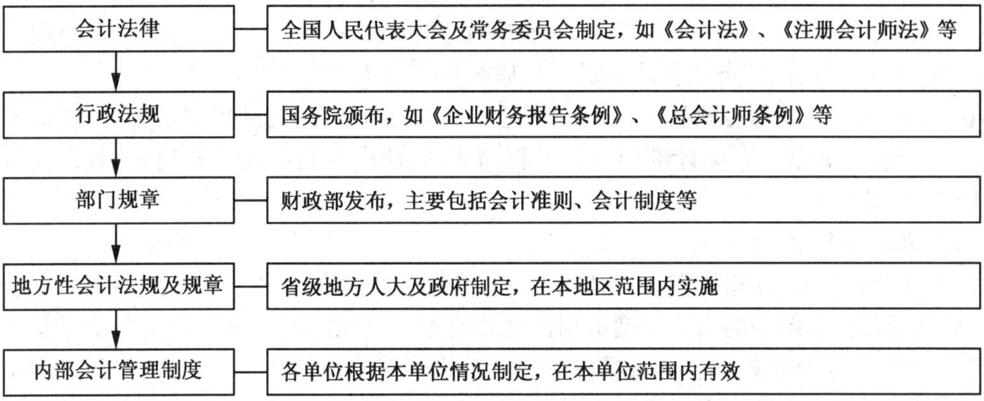

图 11—1 我国会计规范体系的构成示意图

规范，是指导和规范会计工作的最高准则，也是制定其他会计法规的依据。《会计法》于 1985 年 1 月 21 日，经第六届全国人民代表大会常务委员第九次会议通过，这是新中国第一部会计法律。现行的《会计法》是于 1999 年 10 月 31 日，经第九届全国人民代表大会常务委员第十二次会议修订，自 2000 年 7 月 1 日起施行。

《会计法》的立法宗旨是规范会计行为，保证会计资料真实、完整，加强经济管理和财务管理，提高经济效益，维护社会主义经济秩序。现行《会计法》共有 7 章 52 条，主要对会计工作总的原则、会计核算、公司和企业会计核算的特别规定、会计监督、会计机构和会计人员以及法律责任等方面作了具体的规定。

我国国家机关、社会团体、公司、企业、事业单位和其他组织都必须按照《会计法》的规定办理会计事务。

《注册会计师法》于 1993 年 10 月 31 日，经第八届全国人民代表大会常务委员第四次会议通过，2014 年 8 月 31 日第十二届全国人民代表大会第十次会议修订。《注册会计师法》共有 7 章 46 条，其立法宗旨是发挥注册会计师在社会经济活动中的鉴证和服务作用，加强对注册会计师的管理，维护社会公共利益和投资者的合法权益，促进社会主义市场经济的健康发展。《注册会计师法》对注册会计师行业管理体制、注册会计师考试和注册、会计师事务所组织形式和业务范围、法律责任等进行了系统规范，为注册会计师行业发展提供了有力的法律保障。

(二)会计行政法规

会计行政法规，是由国务院制定并发布，或者由国务院有关部门拟订并经国务院批准发布，调整经济生活中某些方面会计关系的法律规范。例如，1990 年 12 月 31 日国务院发布的《总会计师条例》，共有 5 章 23 条；2000 年 6 月 21 日国务院发布的《企业财务会计报告条例》，共 6 章 46 条。会计行政法规的制定依据是《会计法》。

(三)会计部门规章

会计部门规章，是指国家主管会计工作的行政部门即财政部门以及其他相关部委根据法律和国务院的行政法规、决定、命令，在本部门的权限范围内制定的，调整会计工作中某些方面内容的国家统一的会计制度和规范性文件，包括国家统一的会计核算制度、会计监督制度、会计机构和会计人员制度以及会计工作管理制度等，如：2001 年 2 月 20 日以财政部第 10 号令形式发布的《财政部门实施会计监督办法》；2005 年 1 月 22 日以财政部第 26 号、第 27 号令发布，于同年3月1日起实施的《会计从业资格管理办法》、《代理记账管理办法》等；2012年12月6日以财政部第72号令形式发布的《事业单位会计准则》等；2006年2月15日以财政部第33号令发布的修订后的《企业会计准则——基本准则》也属于会计部门规章。

国务院其他部门根据其职责权限制定的会计方面的规范性文件也属于会计规章，但必须报财政部审核或者备案。会计部门规章不得与宪法、法律和行政法规相违背，其效力低于宪法、法律和行政法规。

（四）地方性会计法规

地方性会计法规，是指由省、自治区、直辖市人民代表大会或常务委员会在同宪法、会计法律、行政法规和国家统一的会计制度不相抵触的前提下，根据本地区情况制定发布的关于会计核算、会计监督、会计机构和会计人员以及会计工作管理的规范性文件。根据规定，实行计划单列市、经济特区的人民代表大会及其常务委员会，在宪法、法律和行政法规允许的范围内也可制定会计规范性文件，也属于地方性会计法规，如深圳市人大制定的《深圳市注册会计师条例》即属于地方性会计法规。

第二节　会计准则

一、会计准则的构成

会计准则是反映经济活动、确定产权关系、规范收益分配的会计技术标准，是生成和提供会计信息的主要依据，也是政府干预经济活动、规范经济秩序和从事国际经济交往的重要手段。我国已颁布的会计准则有《企业会计准则》《小企业会计准则》和《事业单位会计准则》。

（一）企业会计准则

我国自1988年起开始研究起草企业会计准则，1992年11月正式发布了《企业会计准则》，并于1993年7月1日起施行。之后，为适应我国市场经济发展和经济全球化的需要，财政部对上述准则做了系统的修改，并制定了一系列新的准则。2006年2月15日，我国发布了包括《企业会计准则——基本准则》和38项具体准则在内的企业会计准则体系，从2007年1月1日起开始施行，从而实现了我国会计准则与国际财务报告准则的实质性趋同。

为了适应社会主义市场经济的发展，进一步完善我国企业会计准则体系，提高财务报表列报质量和会计信息透明度，保持我国企业会计准则与国际财务报告准则的持续趋同，财政部在2014年初对会计准则进行了大规模修订，相继修订5项会计准则，发布3项新准则，形成包括《企业会计准则——基本准则》和41项具体准则在内的企业会计准则体系，并规定于2014年7月1日起在所有执行企业会计准则的企业范围内施行。

我国企业会计准则体系由基本准则、具体准则、企业会计准则应用指南和解释公告等组成。其中，基本准则在整个企业会计准则体系中起着统驭作用，是具体准则的制定依据；具体准则是在基本准则的基础上对具体交易或事项进行会计处理的规范；应用指南是对具体准则的一些重点难点问题作出的操作性规定；解释公告是随着企业会计准则的贯彻实施，就实务中遇到的实施问题而对准则作出的具体解释。经过2014年大规模修订后的41项具体会计准则名称及分布如表11－1所示。

表 11—1　《企业会计准则》具体准则名称及分布表

序号	具体会计准则名称	序号	具体会计准则名称
1	存货	22	金融工具确认和计量
2	长期股权投资(修订)	23	金融资产转移
3	投资性房地产	24	套期保值
4	固定资产	25	原保险合同
5	生物资产	26	再保险合同
6	无形资产	27	石油天然气开采
7	非货币性资产交换	28	会计政策、会计估计变更和差错更正
8	资产减值	29	资产负债表日后事项
9	职工薪酬(修订)	30	财务报表列报(修订)
10	企业年金基金	31	现金流量表
11	股份支付	32	中期财务报告
12	债务重组	33	合并财务报表(修订)
13	或有事项	34	每股收益
14	收入	35	分部报告
15	建造合同	36	关联方披露
16	政府补助	37	金融工具列报(修订)
17	借款费用	38	首次执行企业会计准则
18	所得税	39	公允价值计量(新增)
19	外币折算	40	合营安排(新增)
20	企业合并	41	在其他主体中权益的披露(新增)
21	租赁		

(二)小企业会计准则

为了规范小企业会计确认、计量和报告行为,促进小企业可持续发展,发挥小企业在国民经济和社会发展中的重要作用,根据《会计法》及其他有关法律和法规,2011 年 10 月 18 日,财政部发布《小企业会计准则》,要求符合适用条件的小企业自 2013 年 1 月 1 日起执行,并鼓励提前执行。

小企业会计准则适用于在中华人民共和国境内依法设立的、符合《中小企业划型标准规定》所规定的小型企业标准的企业。符合《中小企业划型标准规定》所规定的微型企业标准的企业参照执行。但有三类小企业除外:一是股票或债券在市场上公开交易的小企业;二是金融机构或者其他具有金融性质的小企业;三是企业集团内的母公司和子公司。

《小企业会计准则》共 10 章,与《企业会计准则》的制定依据和基本原则相同,同时兼顾了小企业自身的特点,主要表现在:(1)简化了会计确认的程序和方法,如确认对外投资时区分短期投资、长期债权投资、长期股权投资,不划分为交易性金融资产、持有至到期投资和可供出售金融资产等内容;(2)简化了会计计量方法,仅要求采用历史成本计量;(3)简化了披露要求,财务报表内容相对简单,且不要求提供股东权益变动表;(4)删除了小企业不常涉及经济业务的会计处理,如资产负债表日后事项、合并财务报表、企业年金基金和企业合并等内容;(5)取消了《企业会计准则》中某些会计方法,如实际利率法摊销、计提减值准备和所得税核算的债务法等方法;(6)减少了会计职业判断,如按照税法确定资产的使用年限等。

(三)事业单位会计准则

为了适应我国社会主义市场经济体制和社会事业发展的需要,规范事业单位会计核算,保证会计信息质量,根据《会计法》,2012 年 12 月 5 日,财政部修订发布《事业单位会计准则》,自 2013 年 1 月 1 日施行。该准则适用于我国各级各类国有事业单位,对事业单位会计工作予以规范。

《事业单位会计准则》共 9 章,包括总则、会计信息质量要求、资产、负债、净资产、收入、支出或者费用、财务会计报告、附则等。

与《企业会计准则》相比,《事业单位会计准则》的主要特点如下:(1)要求事业单位采用收付实现制进行会计核算,部分另有规定的经济业务或事项才能采用权责发生制核算;(2)将事业单位会计要素划分为资产、负债、净资产、收入、支出(或费用)五类;(3)要求事业单位的财务会计报告至少包括资产负债表、收入支出表(或费用表)和财政补助收入支出表。

第三节　会计假设

会计假设也称会计基本前提,它是对会计核算所处的时间、空间等环境所做的合理设定,是进行会计工作所必须具备的前提条件。会计假设包括会计主体、持续经营、会计分期和货币计量。

一、会计主体

会计主体,是指会计工作服务的特定对象,它规范了会计确认、计量和报告的空间范围。要开展会计工作,首先要明确会计主体,会计人员只为特定的会计主体服务。在会计主体的前提下,会计核算应当以其实际发生的交易或事项为核算对象,进行会计确认、计量和报告。明确了会计主体,才能划定会计所要处理的交易或事项的范围,把握会计处理的立场,以便区分会计主体和其他会计主体的经济活动,以及会计主体和主体所有者的经济活动。

会计主体不同于法律主体。一般来说,法律主体必然是会计主体,但会计主体不一定是法律主体。任何企业,无论是独资、合伙还是公司企业,都是会计主体。在企业规模较大的情况下,为了便于掌握其分支机构的生产经营活动及收支情况,可以将其分支机构作为一个会计主体,要求其定期编制并报送会计报表。此外,在控股经营的情况下,母公司及其控制的子公司均为独立的法律主体,且各为会计主体,但为了全面反映企业集团整体财务状况、经营成果和现金流量,可将母公司及其子公司这些独立的法律主体组成的企业集团视为一个会计主体,编制合并会计报表。

【例 11—1】 A 基金管理公司共管理了 10 只证券投资基金。对于该公司而言,一方面公司本身既是法律主体,又是会计主体,需要以公司为主体进行会计核算,对外提供财务报表;另一方面其管理的各只基金,不具有法人资格,不属于法律主体,但因各自拥有独立的资金,需要单独进行会计核算,并向基金持有人定期披露基金的财务状况和经营成果等,因此,每只基金都是独立的会计主体。

二、持续经营

持续经营是指在可以预见的将来，会计主体会按当前的规模和状态继续经营下去，不会停业，也不会大规模削减业务。即在可以预见的未来，该会计主体不会破产清算，所持有的资产将正常营运，所负有的债务将正常偿还。持续经营假设要求会计人员以会计主体持续、正常的经营活动为前提，在此前提下选择确定会计程序及会计处理方法，进行会计核算。

会计所采用的一系列会计处理方法都是建立在会计主体持续经营前提的基础上的。例如，企业的资产按历史成本计价；机器设备、厂房等固定资产按使用年限计提折旧；无形资产的价值按有效期进行摊销；企业所负担的债务按照原先规定的年限和条件偿还；等等。如果没有规定持续经营这一前提，这些原则和方法就失去了存在的基础。因此，只有在持续经营的前提下，会计核算中所使用的会计处理方法才能保持稳定。

【例 11－2】 B企业购入一条生产线，预计使用年限为 10 年。考虑到企业将会持续经营下去，因此可以假定企业的固定资产会在持续经营的生产经营过程中长期发挥作用，并服务于生产经营过程，即不断地为企业生产产品，直至生产线使用寿命结束。为此，该生产线就应当根据历史成本进行记录，并采用折旧的方法将历史成本分摊到预计使用寿命期间所生产的相关产品成本中。

在现实生活中，企业不能持续经营的风险总是存在的。一旦判定企业不再具备持续经营的前提条件，已经面临停业或破产清算，就应当改变会计核算的程序和方法，并在财务会计报告中作相应披露。一旦进入破产清算，持续经营基础就将被清算基础所取代，就应当该按清算会计处理。

三、会计分期

会计分期又称会计期间，是指将会计主体持续不断的经营活动划分为若干连续的、长短相同的期间。会计分期的目的在于及时结算账目，编制会计报表，提供会计信息，以满足企业内部加强经营管理及其他有关方面进行决策的需要。

在持续经营的情况下，从理论上来说，要想最终确定企业的经营成果，只有等到会计主体所有的生产经营活动最终结束时，才能确认收入和费用的归集和比较，计算会计主体的盈亏。但是，这样做实际上是行不通的，也是不允许的。因为企业的经营管理者以及投资者、债权人都需要及时了解会计信息，以便进行相关决策。因此，有必要将持续不断的经营活动划分为一个个相等的会计期间，分期进行会计核算，提供会计报表。

会计分期通常分为年度和中期。在我国，年度和中期起讫日期与公历日期一致，即每年 1 月 1 日起至 12 月 31 日。中期是指短于一个完整的会计年度的报告期间，半年度、季度和月度均称为会计中期。

会计分期假设对于会计核算具有极为重要的影响。正因为有了会计分期，才产生了本期和非本期的区别；因为有了本期和非本期的区别，才有了权责发生制和收付实现制两种会计基础。在权责发生制的基础上，产生了应收、应付、预收、预付、待摊、预提等会计处理方法。

四、货币计量

货币计量是指会计主体在会计确认、计量和报告时采用货币作为统一的计量单位，记录和报告会计主体的经营情况。

在会计实务确认、计量和报告过程中之所以选择货币为基础进行计量，是由货币本身的属性决定的。货币是商品的一般等价物，是衡量一般商品价值的共同尺度，具有价值尺度、流通手段、贮藏手段和支付手段等特点。在货币计量的前提下，才能综合、全面地反映企业的财务状况和经营成果。

在有些情况下，统一采用货币计量也有缺陷。某些影响企业财务状况和经营成果的因素，往往难以用货币计量，如企业经营战略、在消费者中的信誉度、企业的地理位置、企业的技术研发能力等，这些信息对于使用者决策而言也很重要。为此，企业可以在财务会计报表附注中披露有关的非财务信息以弥补货币量度的局限性。

我国会计核算以人民币作为记账本位币。业务收支以人民币以外的货币为主的单位，也可以选定其中一种货币作为记账本位币，但编制的财务会计报告应当折算为人民币反映。在境外设立的中国企业向国内报送的财务会计报告，也应当折算为人民币。

上述会计核算的四项基本假设，具有相互依存、相互补充的关系。会计主体确立了会计核算的空间范围；持续经营和会计分期确立了会计核算的时间长度；而货币计量则为会计核算提供了必要手段。没有会计主体，就不会有持续经营；没有持续经营，就不会有会计分期；没有货币计量，就不会有现代会计。

第四节　会计信息质量要求

会计信息质量要求是对企业财务会计报告中所提供高质量会计信息的基本规范，是使财务会计报告中所提供的会计信息对投资者等信息使用者决策有用应具备的基本特征。根据我国《企业会计准则——基本准则》的规定，会计信息的质量要求包括可靠性、相关性、可理解性、可比性、实质重于形式、重要性、谨慎性和及时性等。

一、可靠性

可靠性要求企业应当以实际发生的交易或者事项为依据进行会计确认、计量和报告，如实反映符合确认和计量要求的各项会计要素及其他相关信息，保证会计信息真实可靠、内容完整。

可靠性是对会计核算工作的基本要求。会计信息是国家宏观经济管理部门、企业管理层以及投资者、债权人等有关各方进行经济决策的依据。如果会计数据不能真实、客观地反映企业经济活动的实际情况，就无法满足有关各方了解企业经营情况、进行经济决策的需要，甚至可能导致错误的决策。

可靠性通常包括以下三层含义：一是以实际发生的交易或事项为依据进行确认、计量和报告；二是在符合重要性和成本效益原则的前提下，保证会计信息的完整性；三是会计信息应当是中立的、无偏的。

二、相关性

相关性是指企业提供的会计信息应当与财务报告使用者的经济决策需要相关，有助于财务报告使用者对企业过去、现在或者未来的情况作出评价或者预测。

会计的目标就是为有关方面提供会计信息，充分发挥会计信息的作用，提高会计信息的使用价值，必须让提供的会计信息与信息使用者的决策需要相关。如果提供的信息不能满足使用者的要求，对信息使用者的决策无用，就不具有相关性。

相关性要求在会计核算过程中，考虑会计信息使用者对会计信息需求的不同特点，确保提供的会计信息与有关各方的决策需要相关。由于不同的会计信息使用者有着不同的需要，即使再全面的会计报表也不可能完全满足所有各方的需要。因此，会计核算只能提供通用的会计信息，会计信息的使用者通过对通用报表中的信息进行加工整理，能够得到其所需要的会计信息，这样的会计信息就符合相关性的要求。

三、可理解性

可理解性是指企业提供的会计信息应当清晰明了，便于投资者等财务报告使用者理解和使用。

企业编制财务报告、提供会计信息的目的在于使用，而为了方便使用者有效使用会计信息，应当能让其了解会计信息的内涵，弄懂会计信息的内容。这就要求财务报告所提供的会计信息应当清晰明了，易于理解。只有这样，才能提高会计信息的有用性，实现财务报告的目标，满足向投资者等财务报告使用者提供决策有用信息的要求。

会计信息是一种专业性较强的信息产品，在强调会计信息的可理解性要求的同时，还应假定使用者具有一定的有关企业经营活动和会计方面的知识，并且愿意付出努力去研究这些信息。对于某些复杂的信息，如交易本身较为复杂或者会计处理较为复杂，但其对使用者的经济决策相关的，企业就应当在财务报告中予以充分披露。

四、可比性

可比性要求企业提供的会计信息应当相互可比，主要包括两层含义：

一是同一企业不同时期可比(纵向可比)。会计信息质量的可比性要求同一企业不同时期发生的相同或者相似的交易或事项，应当采用一致的会计政策，不得随意变更。但是，满足会计信息可比性要求，并非表明企业不得变更会计政策。如果按照规定或者在会计政策变更后可以提供更可靠、更相关的会计信息，可以变更会计政策。有关会计政策变更的情况，应当在附注中予以说明。

二是不同企业相同会计期间可比(横向可比)。会计信息质量的可比性要求不同企业同一会计期间发生的相同或者相似的交易或事项，应当采用一致的会计政策，保证会计信息口径一致，相互可比。

不同的企业可能处于不同的行业、不同地区，经济业务发生于不同时点，为了保证会计信息能够满足决策的需要，便于比较不同企业的财务状况、经营成果和现金流量，只要是相同的交易或事项，就应当采用相同的会计处理方法。

按照可比性的要求，应当按照国家统一规定的会计处理程序和方法进行会计核算，使所有企业的会计核算资料和数据能够相互比较，便于分析、汇总，以满足国家经济宏观管理和调控的需要。

在会计核算中坚持可比性，既可以提高会计信息的相关性，又可以制约和防止会计主体通过会计处理程序和方法的变更在会计核算中弄虚作假，从而保证会计信息的客观性。

五、实质重于形式

实质重于形式是指企业应当按照交易或事项的经济实质进行会计确认、计量和报告，不应仅仅以交易或事项的法律形式为依据。

在实际工作中，交易或者事项的外在法律形式并不总能完全反映其实质内容。企业发生的交易或事项在多数情况下，其经济实质和法律形式是一致的，但在有些情况下，会出现不一致。例如，以融资租赁方式租入的资产，虽然从法律形式来讲企业并不拥有其所有权，但是由于租赁合同中规定的租赁期相当长，往往接近于该资产的使用寿命；租赁期结束时承租企业有优先购买该资产的选择权；在租赁期内承租企业有权支配资产并从中受益；等等。所以，从其经济实质来看，企业能够控制融资租入资产所创造的未来经济利益。据此，在会计核算上，将以融资租赁方式租入的资产视为企业的资产，列入企业的资产负债表。

六、重要性

重要性是指企业提供的会计信息应当反映与企业财务状况、经营成果和现金流量有关的所有重要交易和事项。

在实务中，如果某会计信息的省略或者错报会影响投资者等财务报告使用者据此作出决策的，该信息就具有重要性。重要性的应用需要依赖职业判断，企业应当根据其所处环境和实际情况，从项目的性质和金额大小两方面加以判断。

对重要会计事项，必须按照规定的会计方法和程序进行会计处理，并在财务报告中予以充分、准确地披露；对于次要的会计事项，在不影响会计信息真实性和不至于误导财务报告使用者作出正确判断的前提下，可适当简化处理。

七、谨慎性

谨慎性又称稳健性，是指企业对交易和事项进行会计确认、计量和报告应当保持应有的谨慎，不应高估资产或收益、低估负债或费用。

在市场经济环境下，企业的生产经营活动面临着许多风险和不确定性，如应收账款的可收回性、固定资产的使用寿命、无形资产的使用寿命、售出存货可能发生的退货或者返修等。会计信息质量的谨慎性要求，需要企业在面临不确定性因素的情况下作出职业判断时，应当保持应有的谨慎，充分估计各种风险和损失，既不高估资产或者收益，也不低估负债或者费用。例如，要求企业对可能发生的资产减值损失计提资产减值准备、对售出商品可能发生的保修义务等确认预计负债等，都体现了会计信息质量的谨慎性要求。

谨慎性的应用不允许企业设置秘密准备，如果企业故意低估资产或者收益，或者故意高估负债或者费用，将不符合会计信息的可靠性和相关性要求，损害会计信息质量，扭曲企业实际的财务状况和经营成果，从而对使用者的决策产生误导。这是不符合会计准则的。

八、及时性

及时性是指企业对于已经发生的交易或者事项，应当及时进行确认、计量和报告，不得提前或者延后。

会计信息的价值在于帮助会计信息使用者作出经济决策，具有时效性。即使是可靠、相关的会计信息，如果不及时提供，就失去了时效性，对于使用者的效用就大大降低，甚至不再具有实际意义。在会计确认、计量和报告过程中贯彻及时性：一是要及时收集会计信息，即在经济业务发生后，及时收集整理各种原始单据或者凭证；二是要及时处理会计信息，即按照会计制度统一规定的时限，及时编制出财务会计报告；三是要及时传递会计信息，即在统一规定的时限内，及时将编制的财务会计报告传递给财务报告使用者，以供及时参考、使用。

在实务中，为了及时提供会计信息，可能需要在有关交易或者事项的信息全部获得之前进行会计处理，这样就满足了会计信息的及时性要求，但可能会影响会计信息的可靠性；反之，如果企业等到与交易或者事项有关的全部信息获得之后再进行会计处理，这样的信息披露可能会由于时效性问题，对于投资者等财务报告使用者决策的有用性将大大降低。这就需要在及时性和可靠性之间作相应权衡，以最大程度地满足投资者等财务报告使用者的经济决策需要为判断标准。

【复习思考题】

1. 我国企业规范体系由哪些方面构成的？其具体内容有哪些？
2. 会计核算的基本前提有哪些？
3. 会计主体与法律主体两者有何不同？
4. 持续经营和会计分期是什么关系？
5. 会计信息质量要求有哪些？
6. 为什么要在会计核算中运用谨慎性原则？
7. 及时性信息质量要求从哪些方面做到及时性？
8. 如何理解实质重于形式原则？

第十二章　会计工作组织

【学习要求】

1. 了解会计工作组织的意义，明确会计工作组织的要求；
2. 了解会计机构设置的影响因素、办理会计事务的组织方式；
3. 了解会计专业技术资格与职务，明确会计人员的任职资格、工作职责和工作权限；
4. 了解会计职业道德的特征及作用，明确会计职业道德规范的主要内容；
5. 了解会计岗位责任制的含义和内容；
6. 了解会计档案的内容，熟悉会计档案的管理。

【专业术语】

会计机构(Accountancy firm)　　会计人员(Accountant personnel)
职业道德(Professional ethics)
会计岗位责任制(Accounting post responsibility system)
会计档案(Accounting archives)

第一节　会计工作组织的意义和要求

一、会计工作组织的含义

会计工作组织，是指如何安排、协调和管理好企业的会计工作。其内容有广义和狭义之分。从广义上讲，包括与组织会计工作有关的一切事务；从狭义上讲，主要包括会计机构的设置、会计人员的配备、会计人员的职责权限、会计工作的规范、会计法规制度的制定、会计档案的保管、会计工作的电算化等。会计机构和会计人员是会计工作系统运行的必要条件，而会计法律法规是保证会计工作系统正常运行的必要约束机制。

二、会计工作组织的意义

科学地组织会计工作对于完成会计职能，实现会计的目标，发挥会计在经济管理中的作用，具有十分重要的意义。其具体表现在以下四个方面。

（一）有利于提高会计工作的质量和效率

会计工作各个环节协调一致，互相配合、互相牵制，能够防止会计差错发生，保证会计工作质量。企业应根据经济业务的实际发生情况，按需配备会计人员，合理分工和安排，避免忙闲不均，才能够提高会计工作的质量和效率。

（二）有利于协调与其他经济管理工作的关系

会计工作与其他经济管理工作有着密切的联系。会计工作需要得到其他经济管理部门的配合和支持，同时会计工作也能促进其他经济管理工作。会计部门与企业内部的生产经营、市场营销、计划统计等部门互相配合，有利于计划、预算指标的制定、实施、控制、分析和考核。

（三）有利于巩固和加强企业内部经济责任制

实行内部经济责任制离不开会计，科学的经济预测、正确的经济决策、经营过程的控制、经营业绩的考核评价，都需要会计部门提供详实、有效的数据。科学组织会计工作，可以巩固和发展单位内部的经济责任制，促使各部门用好、管好资金，节约资金的使用，提高经济效益。

（四）有利于维护国家财经法纪

财经法纪是一切经济单位从事经济活动必须遵循的基本准绳和依据。会计工作涉及面广、政策性强，而且很多问题都关系到国家的财经纪律。会计人员必须发挥会计的监督作用，认真贯彻执行国家有关方针、政策和法令、制度，揭露和制止一切违法、违纪行为，维护财经纪律。

三、会计工作组织的要求

组织会计工作的要求，是指企业在组织会计工作过程中，为做好会计工作、提高会计工作质量和效率必须遵守的一般原则。

（一）统一性要求

组织会计工作，必须按照国家对会计工作的统一要求来组织会计工作。会计工作组织受到法律法规和制度的制约，只有按照统一要求组织会计工作，才能发挥会计工作在维护社会主义市场经济秩序、加强经济管理、提高经济效益中的作用。

（二）适应性要求

组织会计工作，必须根据各企业生产经营管理特点来组织会计工作。各企业应根据自身的特点，确定本企业的会计制度，对会计机构的设置和会计人员的配备作出切合实际的安排。

（三）效益性要求

科学地组织会计工作，应在保证会计工作质量的前提下，尽量节约人力、物力；在保证会计信息质量的前提下，讲求工作效率，节约时间和费用。会计工作十分繁杂，如果组织不好，就会造成重复劳动，花费较多的人力和物力。因此，对会计管理程序的规定，所有会计凭证、账簿、报告的设计，会计机构的设置以及会计人员的配备等，都应避免烦琐，力求精简。

（四）内部控制及责任制要求

科学地组织会计工作，应在保证贯彻整个单位的经济责任制的同时，建立和完善会计工作本身的责任制度。建立内部控制及责任制是单位会计人员履行岗位职责、提高工作效率的有效保证。

第二节 会计机构和会计人员

会计机构是各单位办理会计事务的职能机构，会计人员是直接从事会计工作的人员。建立健全会计机构，配备数量和质量都相当的、具备从业资格的会计人员，是各单位做好会计工作，充分发挥会计职能作用的重要保证。

一、会计机构的设置

会计机构是组织处理会计工作的职能机构，合理设置会计机构是保证会计工作顺利进行的首要条件。

一个单位是否需要设置会计机构，一般取决于以下因素：一是单位规模的大小；二是经济业务和财务收支的繁简；三是经营管理的要求。一般而言，大、中型企业和一定规模的行政事业单位，以及财务收支数额较大、会计业务较多的社会团体和其他经济组织，应单独设置会计机构。对于规模较小、业务和人员都不多的单位，可以不单独设置会计机构，而应将会计业务并入其他机构，或委托中介机构代理记账。但不单独设置会计机构的单位应在有关机构中配备会计人员并指定会计主管人员。

（一）办理会计事务的组织方式

1. 单独设置会计机构

单独设置会计机构，是指单位依法设置独立负责会计事务的内部机构，负责进行会计核算，实行会计监督，拟定本单位办理会计事务的具体办法，参与拟定经济计划、业务计划，考核、分析预算、财务计划的实行情况，办理其他会计事务等。会计机构内部应当建立稽核制度。

2. 在有关机构中配置专职会计人员

不具备单独设置会计机构条件的，应当在有关机构中配置专职会计人员，并指定会计主管人员。会计主管人员是指不单独设置会计机构的单位里，负责组织管理会计事务、行使会计机构负责人职权的负责人。

3. 实行代理记账

没有设置会计机构且未配置会计人员的单位，应当根据《代理记账管理暂行办法》委托会计师事务所或者持有代理记账许可证书的其他代理记账机构进行代理记账。

（二）会计机构负责人的任职资格

会计机构负责人（会计主管人员）是指在一个单位内部具体负责会计工作的中层领导人员。在一个单位内部，无论是单独设置会计机构，或者不单独设置会计机构而在有关机构中设置会计人员，都要指定负责人。对于单独设置会计机构的单位，该负责人就是会计机构负责人；对于在有关机构中设置会计人员的单位，该负责人就是会计主管人员。需要说明的是，会计主管人员不同于通常所说的“会计主管”、“主管会计”和“主办会计”等，它是指在一个单位内负责组织管理会计事务、行使会计机构负责人职权的负责人。

根据《会计法》的规定，担任会计机构负责人（会计主管人员）的，除取得会计从业资格证书外，还应当具备会计师以上会计技术职务资格或者从事会计工作 3 年以上经历。会计机构负责人（会计主管人员）也是会计人员，所以应当同从事会计工作的其他普通人员一样，必须取得会计从业资格证书。而对会计专业技术资格等级或者工作提出要求，则是由会计机构负责人(会计主管人员)岗位职责所决定的。

二、会计人员

配备适当的会计人员，是单位会计工作得以正常开展的重要条件。

(一)会计人员的任职资格

同从事任何技术工作一样，从事会计工作的人员要在专业素质方面具备一定的条件。《会计基础工作规范》对此提出了三方面要求。

1. 要持有会计证，即会计从业资格证书

《会计法》第 38 条第 1 款规定："从事会计工作的人员，必须取得会计从业资格证书。"持证者才能上岗，这既是对用人单位的要求，也是对用人单位利益的保护。同时，对已经持证的人员来说，这项规定在一定程度上保护了他们的工作权利；而对希望从事会计工作但尚不具备条件的人员来说，这项规定为他们确立了努力的方向。

2. 应具备必要的专业知识、专业技能和良好的职业道德

《会计基础工作规范》第 14 条规定："会计人员应当具备必要的专业知识和专业技能，熟悉国家有关法律、法规、规章和国家统一会计制度，遵守职业道德。"这是对会计人员最基本的要求。至于如何考核和确认会计人员的专业知识和业务技能，从目前来说，主要是通过设置会计专业职务和会计专业技术资格考试来进行的。

3. 要按照规定参加会计业务培训。

《会计基础工作规范》第 14 条规定："会计人员应当按照国家有关规定参加会计业务的培训，各单位应当合理安排会计人员的培训，保证会计人员每年有一定时间用于学习和参加培训。"这是对会计人员的关心和爱护，也是与各单位的根本利益一致的。

(二)会计专业技术资格与职务

会计工作的专业性要求会计人员应具备一定的专业知识和专业技能。设置会计专业职务，举办会计专业技术资格考试，是考核和确认会计人员的专业知识和业务技能水平，鼓励会计人员不断提高职业道德和专业素质的重要途径。

1. 会计专业技术资格

会计专业技术资格，是指担任会计专业职务的任职资格，分为初级资格、中级资格和高级资格三个级别。它与会计从业资格、会计专业职务是不同的概念。会计从业资格是对会计人员最基本的要求，是从事会计工作的上岗证。会计专业职务是一种技术职称。持有会计从业资格证书并实际从事会计工作的人员才可以参加会计专业技术资格考试，取得会计专业技术资格后通过单位聘任或者任命才能担任会计专业职务。会计专业技术资格，分别对应助理会计师或会计员、会计师和高级会计师。

初级、中级会计专业技术资格的取得实行全国统一考试制度；符合报名条件的人员，均可报考。其中，初级会计资格考试科目包括初级会计实务和经济法基础；中级会计实务考试科目包括中级会计实务、财务管理和经济法。

高级会计师资格实行考试与评审相结合制度。符合报名条件的人员，均可报考。考试合格后，方可申请参加高级会计师资格评审。其中，专业考试科目为高级会计实务。参加考试并达到国家合格标准的人员，由全国会计专业技术资格考试办公室核发高级会计师资格考试成绩合格证，该证在全国范围内 3 年有效。

2. 会计专业职务

会计专业职务是区别会计人员业务技能的技术等级。会计专业职务分为高级会计师、会计师、助理会计师和会计员。高级会计师为高级职称,会计师为中级职称,助理会计师和会计员为初级职务。不同级别会计专业职务的任职条件及其基本职责都不一样,国家对此都有相应的规定。

(三)会计人员的职责

会计人员的职责,就是及时提供真实可靠的会计信息,认真贯彻执行和维护国家财经制度和财经纪律,积极参与经营管理,提高经济效益。根据《会计法》的规定,会计人员的主要职责是:

1. 进行会计核算

按规定设置总账、明细账及辅助账(页),做好收入、支出、费用、债权债务等业务的会计凭证填制、会计账簿登记工作,做到判断准确,科目使用无误;每月按时结账,定期与出纳核对现金日记账和银行存款日记账,及时清理往来账目;及时、完整编制财务报告,做到数字真实、计算准确、内容完整、说明清楚。

进行会计核算,及时提供真实可靠的、能满足各方需要的会计信息,是会计人员最基本的职责。

2. 实行会计监督

定期进行财产清查,做到账账相符、账实相符、账表相符;定期检查财会制度的执行情况,发现问题及时向领导报告、提出建议;对单位制定的预算、财务计划、业务计划的执行情况进行监督;积极宣传、维护国家财经制度和纪律,预防违法违纪行为发生。

3. 拟定本单位办理会计事务的具体办法

会计主管人员应根据国家的有关会计法规及其他相关规定,结合本单位的实际情况,制定本单位办理会计事务的具体办法,包括会计人员岗位责任制度、钱账分管制度、内部核算制度、财产清查制度、成本核算办法、会计政策的选择以及会计档案的保管制度等。

4. 参与拟定业务计划及财务预算,并考核、分析其执行情况

会计人员应根据会计资料并结合其他相关资料,按照国家各项政策和制度规定,认真编制并严格执行财务计划、预算,遵照经济核算原则,定期检查和分析财务计划、预算的执行情况。遵守各项收支制度、费用开支范围和开支标准,合理使用资金,考核资金使用效果。

(四)会计人员的工作权限

为了保障会计人员更好地履行其职责,《会计法》及其他相关法规在明确会计人员职责同时,也赋予了会计人员相应的权限。会计人员的工作权限主要包括以下三个方面:

(1)有权要求本单位有关部门、人员认真执行国家批准的计划、预算,遵守国家财政纪律和财务会计制度,如有违反,会计人员有权拒绝付款、拒绝报销和拒绝执行,并向本单位领导人报告。

对于弄虚作假、营私舞弊、欺骗上级等违法乱纪行为,会计人员必须坚决拒绝执行,并向本单位领导或上级机关、财政部门报告。

(2)有权参与本单位编制计划、制定定额、签订经济合同,参加有关的生产、经营管理会议和业务会议,并以会计人员特有的专业地位就有关事项提出自己的建议和意见。

(3)有权监督、检查本单位有关部门的财务收支、资金使用和财产保管、收发、计量、检验等情况;有关部门要提供资料,如实反映情况。

第三节　会计职业道德

一、会计职业道德的特征及其作用

（一）会计职业道德的含义

会计职业道德是指在会计职业活动中应遵循的、体现会计职业特征的、调整会计职业关系的职业行为准则和规范。其含义包括以下三个方面：

(1)会计职业道德是调整会计职业活动利益关系的手段；

(2)会计职业道德具有相对稳定性；

(3)会计职业道德具有广泛的社会性。

（二）会计职业道德的特征

会计作为社会经济生活中的一种特殊职业，除具有职业道德职业性、实践性、继承性和多样性等一般特征外，还具有一定的强制性和较多关注公众利益的特征。

1. 具有一定的强制性

法律是具有强制性的，而道德一般不具有强制性。但在我国，为了强化会计职业道德的调整职能，我国会计职业道德中的许多内容都直接纳入了会计法律制度，如《会计法》、《会计基础工作规范》等都对会计职业道德的内容和要求作出了规定。因此，会计职业道德也体现出一定的强制性。

会计职业道德的这种独特的强制性，是由会计工作在市场经济活动中的特殊地位所决定的。当然，会计职业道德的许多非强制性内容仍然存在，而且也在发挥着作用。例如，会计职业道德中的提高技能、强化服务、参与管理、奉献社会等内容虽然是非强制性要求，但其直接影响到专业胜任能力、会计信息质量和会计职业的声誉，也要求会计人员遵守。

2. 较多关注公众利益

会计人员在遵循职业道德的过程中，往往会受到经济利益的驱动。由于会计人员的利益取决于经济主体的利益，当个人利益、经济主体利益与国家利益、社会公众利益出现矛盾时，如果会计人员与经济主体利益协调一致，而忽视国家利益和社会公众利益，便产生了会计职业道德危机。

在会计工作中，会计确认、计量、记录和报告的程序、标准和方法，在选择和运用上发生任何变化，都会引起与经济主体有关的各方经济利益受到直接的影响。因此，会计职业的特殊性，对会计职业道德提出了更高的要求，要求会计人员客观公正，在会计职业活动中，发生道德冲突时要坚持准则，把国家利益、社会公众利益放在第一位。

（三）会计职业道德的作用

1. 规范会计行为的基础

动机是行为的先导，有什么样的动机就有什么样的行为。会计行为是由内心信念来支配的，信念的善与恶将导致行为的是与非。会计职业道德对会计的行为动机提出了相应的要求，如诚实守信、客观公正等，引导、规劝、约束会计人员树立正确的职业观念，遵循职业道德要求，从而达到规范会计行为的目的。

2. 实现会计目标的重要保证

从会计职业关系角度讲，会计目标就是为会计职业关系中的各个服务对象提供有用的会计信息。能否为这些服务对象及时提供相关的、可靠的会计信息，取决于会计职业者能否严格履行职业行为准则。如果会计职业者故意或非故意地提供了不充分、不可靠的会计信息，会严重背离会计目标，造成会计信息严重失真，使服务对象的决策失误，甚至导致社会经济秩序混乱。因此，会计职业道德规范约束着会计人员的职业行为，是实现会计目标的重要保证。

3. 对会计法律制度的重要补充

会计法律制度是会计职业道德的最低要求，会计职业道德是对会计法律规范的重要补充，其作用是其他会计法律制度所不能替代的。例如，会计法律只能对会计人员不得违法的行为作出规定，不宜对他们如何爱岗敬业、提高技能、强化服务等提出具体要求；但是，如果会计人员缺乏爱岗敬业的热情和态度，没有一定的职业技能和服务意识，则很难保证会计信息达到真实、完整的法定要求。很显然，会计职业道德可以对此起到很重要的辅助和补充作用。

二、会计职业职业道德规范的主要内容

会计职业道德规范，是指一定社会经济条件下，对会计职业行为及职业活动的系统要求或明文规定，是会计人员处理职业活动中各种关系的行为准则，是职业道德在会计职业行为和会计职业活动中的具体体现。我国会计职业道德规范的主要内容包括：爱岗敬业、诚实守信、廉洁自律、客观公正、坚持准则、提高技能、参与管理、强化服务 8 个方面的内容。

(一)爱岗敬业

爱岗敬业指的是忠于职守的事业精神。这是会计职业道德的基础。爱岗敬业是爱岗与敬业的总称。爱岗和敬业互为前提，相互支持、相辅相成。爱岗是敬业的基石，敬业是爱岗的升华。

(二)诚实守信

诚实是指言行跟内心思想一致，不弄虚作假、不欺上瞒下，做老实人、说老实话、办老实事；守信就是遵守自己所做出的承诺，讲信用，重信用，信守诺言，保守秘密。诚实守信是做人的基本准则，是人们在古往今来的交往中产生出的最根本的道德规范，也是会计职业道德的精髓。

(三)廉洁自律

廉洁是指不贪污钱财，不收受贿赂，保持清白；自律是指行为主体按照一定的标准，自己约束自己、自己控制自己的言行和思想的过程。自律的核心就是用道德观念来自觉地抵制自己的不良欲望。会计职业自律包括两层含义：一是会计行业自律；二是会计人员的自律。廉洁自律是会计职业道德的前提和内在要求，也是会计职业声誉的“试金石”。

(四)客观公正

客观是指按事物的本来面目去反映，不掺杂个人的主观意思，也不为他人意见所左右；公正，就是平等、公平、正直，没有偏失。客观是公正的基础，公正是客观的反映。客观公正是会计职业道德所追求的理想目标。

(五)坚持准则

坚持准则是指会计人员在处理业务过程中，要严格按照会计法律制度办事，不为主观或他人意志所左右。这里所说的准则，不仅指会计准则，而且包括会计法律法规、国家统一的会计制度以及会计工作相关的法律制度。坚持准则是会计职业道德的核心，也是会计人员胜任本职工作的基础。

(六)提高技能

提高技能是指会计人员通过学习、培训和实践等途径,提高会计职业技能,以达到和维持足够的专业胜任能力的活动。

就会计职业而言,会计职业技能包括会计理论水平、会计实务能力、职业判断能力、自动更新知识能力、沟通交流能力以及职业经验等。会计人员要想在职业生涯中得到发展,就必须加强自身对会计专业知识的学习,提高自身的专业技能。

(七)参与管理

参与管理,简单地讲就是参加管理活动,为管理者当参谋,为管理活动服务。会计人员要树立参与管理的意识,在做好本职工作的同时,积极主动地经常向上级领导者反映经营活动情况和存在的问题,提出合理化建议,协助领导决策,参与经营管理活动,不能只是消极被动地记账、算账、报账。

(八)强化服务

强化服务是指会计人员树立服务意识,提高服务质量,努力维护和提升会计职业的良好社会形象。会计工作的性质决定了会计人员要经常与各方面打交道,其一言一行、一举一动不仅反映自身素质和道德水平的高低,直接影响着会计工作的质量,而且也维系着会计人员的社会形象。

第四节 会计岗位责任制

一、会计岗位责任制的含义

会计岗位责任制,是指在会计机构内部,按照会计工作的内容和会计人员的配备情况,将会计机构的工作划分为若干个岗位,并按岗位规定职责进行考核的责任制度。

二、会计岗位责任制的具体内容

会计工作岗位主要由机构负责人、出纳、财务物资核算、工资核算、成本费用核算、财务成果核算、资金、往来结算、总账报表、档案管理和稽核等组成,各岗位都必须履行相应的职责。

(一)会计机构负责人工作岗位

会计机构负责人主要负责领导本单位的财务会计工作,完成各项工作任务,对本单位的财务工作负全面责任。

(二)出纳人员工作岗位

出纳人员负责办理现金收付和银行结算业务;登记库存现金、银行存款日记账;保管现金和各种有价证券;保管有关印章、空白票据等。

(三)财务物资核算工作岗位

财务物资核算人员负责拟定固定资产管理和核算办法;参加固定资产需用量的核定,参与固定资产更新改造和大修理计划的编制;负责固定资产的明细核算,对购置、调入、内部转移、租赁、封存、调出的固定资产,要督促有关部门或人员办理手续,做到账卡物相符,按期编核反映固定资产增减变动的会计报表;计算和提取固定资产折旧;会同有关部门定期对固定资产进行盘点和清查,发现盘盈、盘亏和毁损,要查明原因、弄清责任,按规定的审核权限履行报批手续，及时进行账务处理等。

（四）工资核算工作岗位

工资核算人员负责计算职工的各种工资、奖金，进行工资结算和明细核算；协助人力资源部门负责薪酬的计算和发放工作等。

（五）成本费用核算工作岗位

成本费用核算人员负责编制成本、费用计划，并将其指标分解落实到有关责任单位和个人；会同有关部门拟定成本费用管理与核算办法，建立健全各项原始记录和定额资料；正确归集和分配费用，计算产品成本，登记成本费用明细账，编制成本报表，分析成本计划的执行情况等。

（六）财务成果核算工作岗位

财务成果核算人员负责编制利润计划并对实现情况进行分析；正确计算销售收入和经营业务收入，认真审查收入凭证，正确计算和分配利润；做好利润的明细分类核算，登记销售、利润和税费明细账；按税法规定计量和缴纳税金；根据市场情况预测销售前景，提出增加利润的措施等。

（七）资金工作岗位

资金人员负责资金的筹集、使用和调度。

（八）往来结算工作岗位

往来结算人员负责办理应收、应付款项的往来结算业务；负责备用金的管理和核算，以及其他应收、应付款的明细核算等。

（九）总账报表工作岗位

总账报表人员负责总账的登记与核对，并与有关的日记账和明细账核对，依据账簿记录编制有关会计报表和附注等。

（十）档案管理工作岗位

档案管理人员负责会计档案的立卷、归档、保管、查阅和销毁等。

（十一）稽核工作岗位

稽核人员负责复核会计凭证、账目、报表；审查各项财务收支以及计划的执行情况；审查财务收支是否合理合法，符合政策规定；复核会计凭证和账表是否合理，内容是否真实，手续是否完备，数字是否正确；复核账簿登记和报表编制是否符合制度规定；对审核签署的凭证，账簿和报表的正确性负责；分析财务状况和经营成果，找出存在问题及原因，提出经营管理的建议；编写财务状况说明书，按季、年编写财务情况说明书，说明报告期内财务收支情况和经营成果，连同会计报表一并上报；进行财务预测，提供经营决策资料等。

第五节　会计档案管理

一、会计档案的内容

根据财政部、国家档案局第 79 号令发布的新《会计档案管理办法》，会计档案是指单位在进行会计核算等过程中接收或形成的，记录和反映单位经济业务事项的，具有保存价值的文字、图表等各种形式的会计资料，包括通过计算机等电子设备形成、传输和存储的电子会计档案。具体包括以下内容：

(1)会计凭证类：原始凭证、记账凭证、汇总凭证、其他会计凭证；

(2)会计账簿类：总账、明细账、日记账、固定资产卡片、辅助账簿、其他会计账簿；

(3)财务报告类：月度、季度、半年度、年度财务报告，包括会计报表、附表、附注及文字说明，其他财务报告；

(4)其他类：银行存款余额调节表，银行对账单，其他应当保存的会计核算专业资料，会计档案移交清册、会计档案保管清册、会计档案销毁清册。会计档案鉴定意见书及其他具有保存价值的会计资料等。

符合条件的可只建电子档案。

二、会计档案的管理

为规范会计档案管理工作，提高会计档案现代化管理水平，财政部、国家档案局对原《会计档案管理办法》(财会字〔1998〕32 号，以下简称原《管理办法》)进行了修订，以财政部、国家档案局令第 79 号发布了新的《会计档案管理办法》(以下简称新《管理办法》)，于 2016 年 1 月 1 日起施行。

新《管理办法》共 31 条，与原《管理办法》相比，主要作了以下调整：一是完善了会计档案的定义和范围；二是增加并明确了电子会计档案的管理要求；三是完善了会计档案的销毁程序；四是明确了会计档案出境的管理要求；五是调整了会计档案的定期保管期限，并延长了会计档案向单位档案管理机构移交的期限。

(一)电子会计档案的管理要求

为确保电子会计档案的真实、完整、可用、安全，对于电子会计资料仅以电子形式归档保存的方式，新《管理办法》提出了如下要求：

(1)形成的电子会计资料来源真实有效，由计算机等电子设备形成和传输；

(2)使用的会计核算系统能够准确、完整、有效接收和读取电子会计资料，能够输出符合国家标准归档格式的会计凭证、会计账簿、财务会计报表等会计资料，设定了经办、审核、审批等必要的审签程序；

(3)使用的电子档案管理系统能够有效接收、管理、利用电子会计档案，符合电子档案的长期保管要求，并建立了电子会计档案与相关联的其他纸质会计档案的检索关系；

(4)采取有效措施，防止电子会计档案被篡改；

(5)建立电子会计档案备份制度，能够有效防范自然灾害、意外事故和人为破坏的影响；

(6)形成的电子会计资料不属于具有永久保存价值或者其他重要保存价值的会计档案；

(7)电子会计资料附有符合《电子签名法》规定的电子签名。

以上要求中：第(1)、(7)项规定是确保电子会计档案的真实，第(2)、(3)、(6)项是确保电子会计档案的准确、完整、可用，第(4)、(5)项规定是确保电子会计档案的安全。单位内部生成的电子会计资料仅以电子形式归档保存必须同时满足第(1)至(6)项规定；单位外部接收的电子会计资料仅以电子形式归档保存必须同时满足第(1)至(7)项规定。

(二)会计档案保管期限

为便于单位档案的统一管理，并结合会计档案的实际利用需求，新《管理办法》将会计档案的定期保管期限由原 3 年、5 年、10 年、15 年、25 年五类调整为 10 年、30 年两类，并将原附表中保管期限为 3 年、5 年、10 年的会计档案统一规定保管期限为 10 年，将保管期限为 15 年、25

年的会计档案统一规定保管期限为30年。其中会计凭证、会计账簿等主要会计档案的最低保管期限已延长至30年，其他辅助会计资料的最低保管期限延长至10年。会计档案的保管期限，从会计年度终了后的第一天算起。具体保管时间如表12—1所示。

表12—1　企业和其他组织会计档案保管期限表

序号	档案名称	保管期限	备　注
一	会计凭证		
1	原始凭证	30年	
2	记账凭证	30年	
二	会计账簿		
3	总账	30年	
4	明细账	30年	
5	日记账	30年	
6	固定资产卡片		固定资产报废清理后保管5年
7	其他辅助性账簿	30年	
三	财务会计报告		
8	月度、季度、半年度财务会计报告	10年	
9	年度财务会计报告	永久	
四	其他会计资料		
10	银行存款余额调节表	10年	
11	银行对账单	10年	
12	纳税申报表	10年	
13	会计档案移交清册	30年	
14	会计档案保管清册	永久	
15	会计档案销毁清册	永久	
16	会计档案鉴定意见书	永久	

（三）会计档案的销毁

新《管理办法》规定，单位应当定期对已到保管期限的会计档案进行鉴定，并形成会计档案鉴定意见书。经鉴定，仍需继续保存的会计档案，应当重新划定保管期限；对保管期满，确无保存价值的会计档案，可以销毁。

会计档案鉴定工作应当由单位档案管理机构牵头，组织单位会计、审计、纪检监察等机构或人员共同进行。经鉴定可以销毁的会计档案，应当按照以下程序销毁：

(1)单位档案管理机构编制会计档案销毁清册，列明拟销毁会计档案的名称、卷号、册数、起止年度、档案编号、应保管期限、已保管期限和销毁时间等内容。

(2)单位负责人、档案管理机构负责人、会计管理机构负责人、档案管理机构经办人、会计管理机构经办人在会计档案销毁清册上签署意见。

(3)单位档案管理机构负责组织会计档案销毁工作，并与会计管理机构共同派员监销。监销人在会计档案销毁前，应当按照会计档案销毁清册所列内容进行清点核对；在会计档案销毁后，应当在会计档案销毁清册上签名或盖章。

(四)单位间会计档案的交接

新《管理办法》规定，单位之间交接会计档案时，交接双方应当办理会计档案交接手续。

移交会计档案的单位，应当编制会计档案移交清册，列明应当移交的会计档案名称、卷号、册数、起止年度、档案编号、应保管期限和已保管期限等内容。

交接会计档案时，交接双方应当按照会计档案移交清册所列内容逐项交接，并由交接双方的单位有关负责人负责监督。交接完毕后，交接双方经办人和监督人应当在会计档案移交清册上签名或盖章。

电子会计档案应当与其源数据一并移交，特殊格式的电子会计档案应当与其读取平台一并移交。档案接受单位应当对保存电子会计档案的载体及其技术环境进行检验，确保所接收电子会计档案的准确、完整、可用和安全。

【复习思考题】

1. 什么是会计工作组织？会计工作组织的意义有哪些？
2. 组织会计工作有哪些要求？
3. 影响会计机构设置的因素有哪些？
4. 会计人员的任职资格有哪些？
5. 会计专业技术资格与会计专业职务有何区别？
6. 我国会计职业职业道德规范包括哪些具体内容？
7. 什么是会计岗位责任制？其由哪些内容构成？
8. 会计档案包括哪几种类型？其具体的保存年限是多少？

参考文献

1. 财政部企业会计准则编审委员会．企业会计准则应用指南 2017 版[M]. 上海：立信会计出版社，2017.

2. 财政部企业会计准则编审委员会．企业会计准则案例讲解 2017 版[M]. 上海：立信会计出版社，2017.

3. 陈国辉，迟旭升主编．基础会计(第 5 版)[M]. 大连：东北财经大学出版社：2016.

4. 钟新桥，曾祺林主编．会计学基础[M]. 武汉：武汉理工大学出版社：2008.

5. 李海波主编．新编会计学原理(第 17 版)[M]. 上海：立信会计出版社：2016.

6. 财政部．企业会计准则——基本准则[S]. 2016.

7. 财政部．企业会计准则第 9 号——职工薪酬[M]. 北京：中国财政经济出版社，2014.

8. 财政部．企业会计准则第 30 号——财务报表列报[M]. 北京：中国财政经济出版社，2014.

9. 财政部．企业会计准则第 9 号——公允价值计量[M]. 北京：中国财政经济出版社，2014.

10. 财政部，国家档案局．会计档案管理办法[S]. 2016.

11. 唐国宁主编．会计学原理[M]. 北京：中国财政经济出版社，2011.

12. 约翰·J. 怀尔德著．会计学原理[M]. 北京：中国人民大学出版社，2015.

13. 陈晓芳主编．会计学原理[M]. 大连：东北财经大学出版社(第二版)，2016.

14. 陆新葵．财经法规与会计职业道德[M]. 南京：江苏人民出版社，2015.

15. 刘永红．会计基础[M]. 长春：吉林大学出版社，2014.

16. 王振武，刘媛媛．会计信息系统(第三版)[M]. 大连：东北财经大学出版社，2014.

17. 索晓辉主编．初级会计实务[M]. 北京：中国宇航出版社，2014.

18. 中华会计网校，http://www.chinaacc.com/wangxiao/.

19. 中国会计视野，http://www.esnai.com/.

20. 中国注册会计师协会网站，http://www.cicpa.org.cn/.